MOS 2016
Microsoft Office Specialist

Powerpoint

모스 2016 파워포인트

Information

MOS란?

MOS(Microsoft Office Specialist)는 마이크로소프트 오피스 프로그램 활용 능력을 검증하는 자격증으로 170여 개 국에서 인정하고, 마이크로소프트사가 인증하는 국제 인증 자격시험입니다. 실기시험으로만 시험이 진행되며 Word, Excel, Powerpoint, Access, Outlook에 대한 활용 능력을 평가합니다. 시작부터 종료까지 100% 컴퓨터 상에서 진행되는 CBT(Computer Based Test)로 평가 방식이 정확함은 물론 시험 종료 즉시 시험 결과를 알 수 있습니다.

MOS 활용

현재 170여 개 국, 9,500여 개 시험센터에서 시행되는 국제 자격증은 세계 어디서나 인정받을 수 있습니다. 미국에서는 이미 MOS 자격증이 보편화되었고, 국내에서는 취업 자격을 갖추고자 하는 대학생들과 직장인들의 승진 및 인사고과 자료로 적극 활용되고 있습니다.

MOS 시험 개요

- **응시자격** : 제한 없음
- **시험구성** : 과목당 15~40 문제로 구성되며, Core(일반), Expert(상급) 모두 50분간 진행/종료 후 결과 확인
- **시험진행** : 전국 시험센터에서 진행, 실기 100%
- **시험일정** : 상시 시험(월요일~일요일), 센터별 상이
- **시험접수** : 응시일 2일 전까지 접수 가능
- **시험연기** : 응시일 2일 전까지 횟수 제한 없이 무료 연기 가능 (단, 1일 1회만 가능, 응시일 1일 전, 응시일에는 변경이 불가능함)

MOS 2016의 특징

MOS 2016은 한 개의 프로젝트를 해결하는 MOS 2013과 달리 소규모 프로젝트 다수(5~8개)를 완료해야 합격이 가능하도록 변경되었습니다. 시험 시간 50분 동안 여러 가지 프로젝트를 완료해야 하며, 작업형 평가 방식으로 메뉴 이름을 사용하지 않습니다. 또한, 시험 종료 후 바로 시험 결과 확인 및 MOS 자격증 활용이 가능합니다. 성적표에는 취득 점수와 합격 여부는 물론 기능별 0~100% 성취도를 확인할 수 있어 취약 부분을 분석해 심화 학습할 수 있습니다.

합격 기준

1,000점 만점으로 과목별 Level별 각각 상이함 (보통 700점 이상)

자격증 Level

Level	설명	자격증
Master	MS Office 응용프로그램 전체를 완전히 터득한 전문가	필수 : Word(Expert), Excel(Expert), Powerpoint(Core) 선택 : Outlook(Core) or Access(Core)
Expert	특정 MS Office 응용프로그램 전문가 수준	Word (Expert) Excel (Expert)
Core	특정 MS Office 응용 프로그램을 능숙하게 다룰 수 있는 수준	Word (Core) Excel (Core) Powerpoint (Core) Outlook (Core) Access (Core)

🎯 평가항목

- **Word 2016 Expert (상급) 평가항목** (시험시간 50분 / 합격점수 1000점 중 700점 이상 합격)

Skill Set	시험 구성
문서 관리 및 공유	여러 문서 및 템플릿 관리 검토용 문서 준비 문서 변경 내용 관리
고급 문서 디자인	고급 서식 적용과 수정 고급 스타일 적용
고급 참조 만들기	색인 만들기 및 관리 참조 만들기 및 관리 양식, 필드 및 편지 병합 작업 관리
사용자 지정 WORD 요소 만들기	블록, 매크로, 콘텐츠 컨트롤 만들기와 수정 사용자 스타일 및 템플릿 만들기 국제화 및 접근성을 위한 문서 준비

- **PowerPoint 2016 Core (일반) 평가항목** (시험시간 50분 / 합격점수 1000점 중 700점 이상 합격)

Skill Set	시험 구성
프레젠테이션 만들기 및 관리	프레젠테이션 만들기 슬라이드 삽입과 서식 슬라이드, 핸드아웃, 노트 수정 슬라이드 정렬 및 그룹화 프레젠테이션 옵션과 보기 변경, 프레젠테이션 인쇄 프레젠테이션 슬라이드쇼 구성 및 표시
텍스트, 도형, 이미지 삽입 및 서식 지정	텍스트 삽입 및 서식 지정 도형 및 텍스트 박스 삽입 및 서식 지정 이미지 삽입 및 서식 지정, 개체 정렬 및 그룹화
테이블, 차트, 스마트아트, 미디어 삽입	테이블 삽입 및 서식 지정, 차트 삽입 및 서식 지정 스마트아트 삽입 및 서식 지정, 미디어 삽입 및 서식 지정
전환 및 애니메이션 적용	슬라이드 간 전환 적용 슬라이드 내용에 애니메이션 효과 주기 전환 및 애니메이션 타이밍 설정
여러 프레젠테이션 관리	여러 프레젠테이션 내용 병합 프레젠테이션 완성하기

- Excel 2016 Expert (상급) 평가항목 (시험시간 50분 / 합격점수 1000점 중 700점 이상 합격)

Skill Set	시험 구성
통합문서 옵션 및 설정 관리	통합문서 관리, 통합문서 검토
사용자 지정 서식 및 레이아웃 적용	사용자 지정 데이터 서식 적용 고급 조건부 서식 및 필터링 적용 사용자 통합문서 요소 만들기 및 수정 접근성을 위한 통합문서 준비
고급 수식 만들기	수식에 함수 적용 함수를 사용하여 데이터 찾기 고급 날짜 데이터 분석과 경영 정보 분석, 수식 검사 범위와 개체 정의
고급 차트와 테이블 작성	고급 차트 만들기 피벗 테이블 만들기 및 관리 피벗 차트 만들기 및 관리

- Access 2016 Core (일반) 평가항목 (시험시간 50분 / 합격점수 1000점 중 700점 이상 합격)

Skill Set	시험 구성
데이터베이스 작성 및 관리	데이터베이스 작성 및 수정 관계 및 키 관리 데이터베이스 탐색 데이터베이스 보호 및 유지 데이터베이스 인쇄 및 내보내기
테이블 구축	테이블 만들기, 테이블 관리 기록 관리 필드 만들기 및 수정
쿼리 작성	쿼리 작성 쿼리 수정 쿼리 내의 계산된 필드 및 그룹 활동
양식 작성	폼 작성, 폼 컨트롤 설정 폼 양식
보고서 작성	보고서 만들기 보고서 컨트롤 설정 보고서 형식

주요 화면 구성

MOS 시험 화면 구성

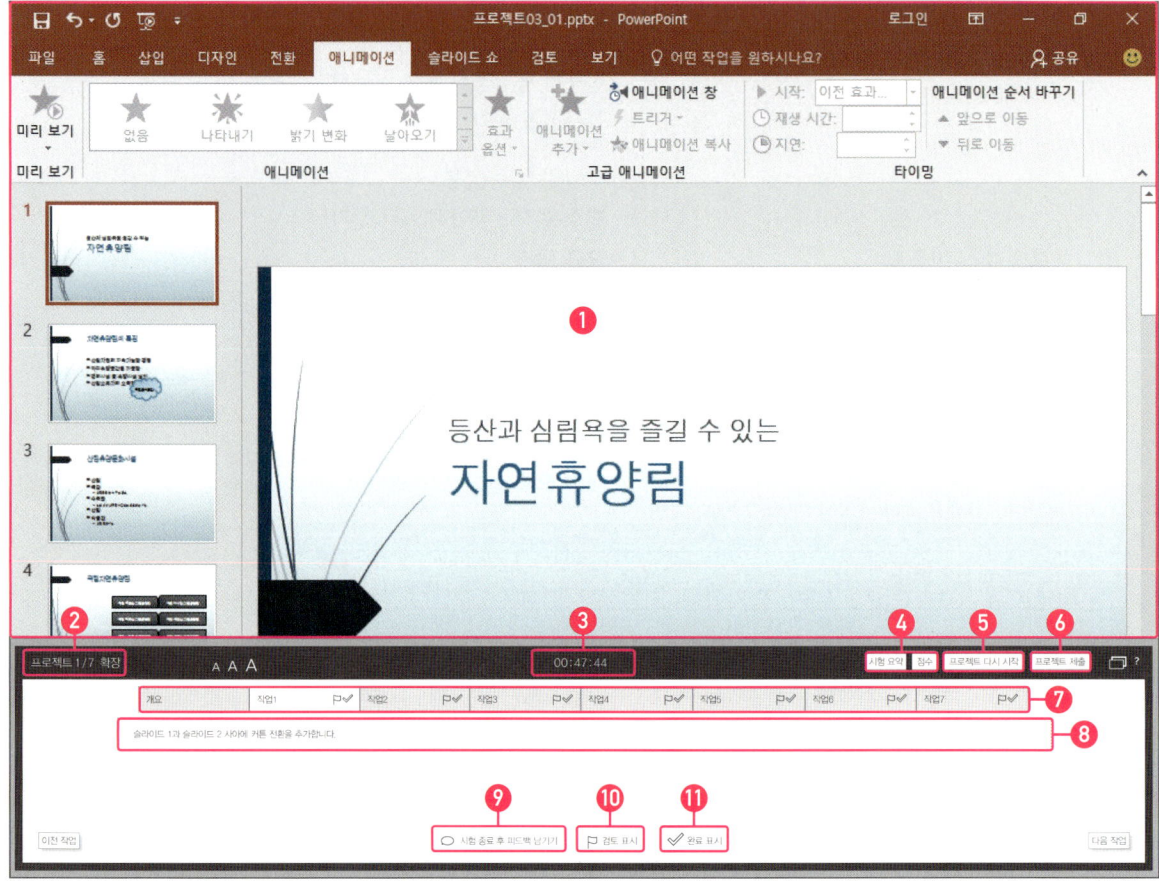

1. **응용 프로그램** : 지시사항에 따라 작업하게 될 창입니다.
2. **프로젝트 번호** : 현재 진행 중인 프로젝트를 나타내며, 프로젝트마다 다른 작업 문항이 존재합니다.
3. **타이머** : 제한시간이 표시됩니다.
4. **시험 요약/점수** : 모든 프로젝트를 제출하면 나타납니다. 작업 목록을 확인할 수 있습니다.
5. **프로젝트 다시 시작** : 작업 중이던 프로젝트가 초기화됩니다.
6. **프로젝트 제출** : 작업을 완료한 프로젝트를 제출합니다. 제출하면 다음 프로젝트로 이동할 수 있으며 제출한 프로젝트는 수정할 수 없습니다.
7. **개요/작업** : 개요에서는 프로젝트의 배경을 설명하며, 작업 번호에서는 문제가 나타납니다.
8. **문제(지시사항)** : 해결해야 할 문제(지시사항)입니다.
9. **시험 종류 후 피드백 남기기** : 작업에 대한 피드백을 남길 수 있습니다.
10. **검토 표시** : 작업을 한번 더 살펴볼 수 있습니다.
11. **완료 표시** : 완료를 표시하여 진행도를 파악할 수 있습니다.

🎯 PowerPoint 화면 구성

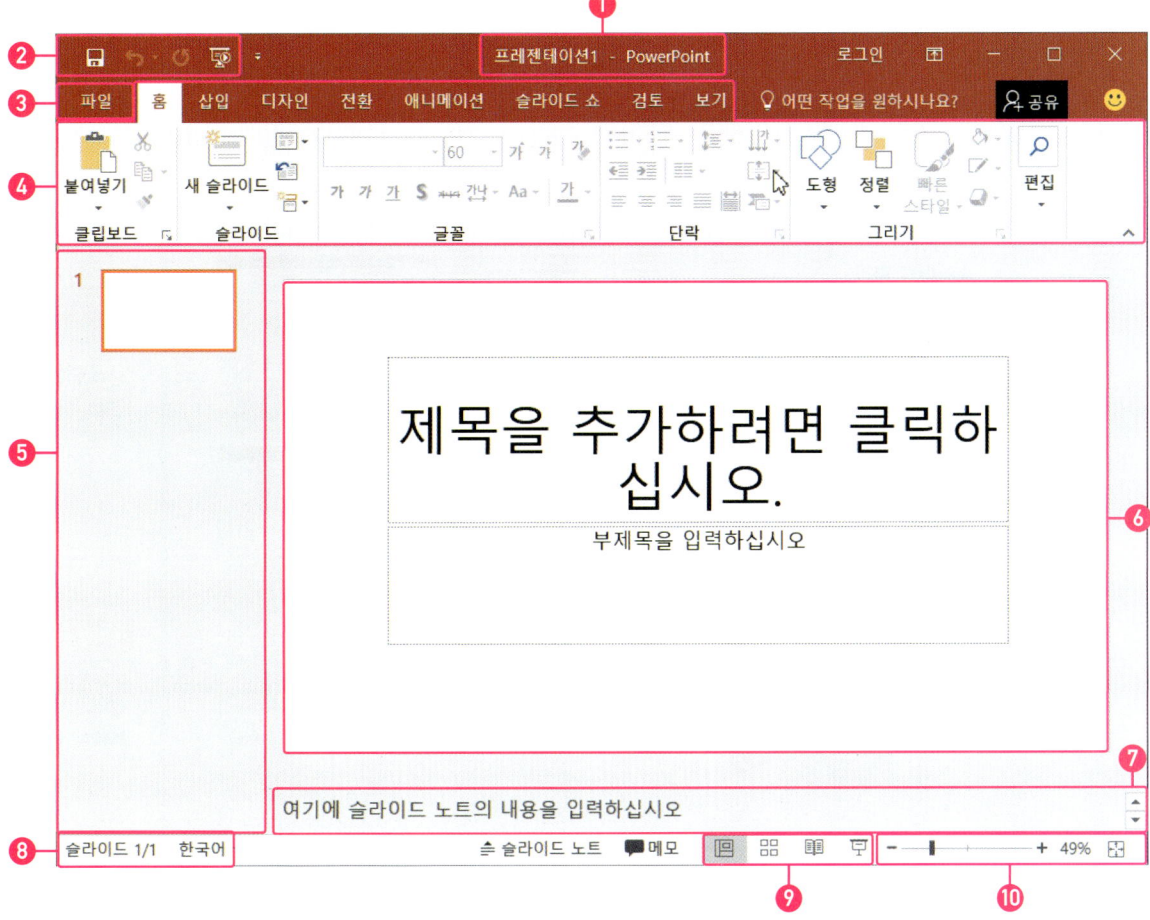

❶ **제목 표시줄** : 현재 열려 있는 문서 이름과 사용하고 있는 프로그램의 이름이 표시됩니다. 저장하지 않은 문서는 새로 열 때마다 프레젠테이션1, 프레젠테이션2... 형식으로 표시됩니다.

❷ **빠른 실행 도구 모음** : 자주 사용하는 도구를 모아 놓은 곳으로, 필요에 따라 도구를 추가/삭제할 수 있습니다.

❸ **[파일] 탭** : 파일 관리 메뉴로 백스테이지 보기로 열립니다. 정보, 새로 만들기, 열기, 닫기, 저장, 인쇄 기능 등이 있고 옵션을 설정할 수 있습니다.

❹ **리본 메뉴** : 선택한 탭과 그룹, 명령 단추로 구성되어 있고, 각 탭을 선택 시 관련된 기능이 그룹별로 묶여 있습니다. 또한 슬라이드에 삽입된 개체 선택 시 상황별 탭이 표시됩니다.

❺ **슬라이드 목록 창** : 슬라이드의 축소판을 보여주는 창으로, 슬라이드의 순서를 설정할 수 있습니다.

❻ **슬라이드 창** : 직접 텍스트, 그림, 차트, 클립 아트 등을 삽입하고 편집할 수 있습니다.

❼ **슬라이드 노트 창** : 상태 표시줄의 [슬라이드 노트]를 클릭하면 슬라이드 노트 창이 열리는데, 슬라이드 내용에 대해 자세한 부연 설명을 입력하는 곳입니다.

❽ **상태 표시줄** : 슬라이드 번호/전체 슬라이드 수, 사용한 테마, 서식 파일 등의 문서 상태를 보여줍니다.

❾ **화면 보기 단추** : 기본, 여러 슬라이드, 읽기용 보기, 슬라이드 쇼 보기로 빠르게 이동할 수 있습니다.

❿ **확대/축소** : 슬라이드 바를 드래그하여 슬라이드 크기를 확대하거나 축소합니다.

이 책의 구성

SECTION 간단한 설명과 체크 포인트를 살펴봅니다.

예제파일 실습을 위한 파일입니다.

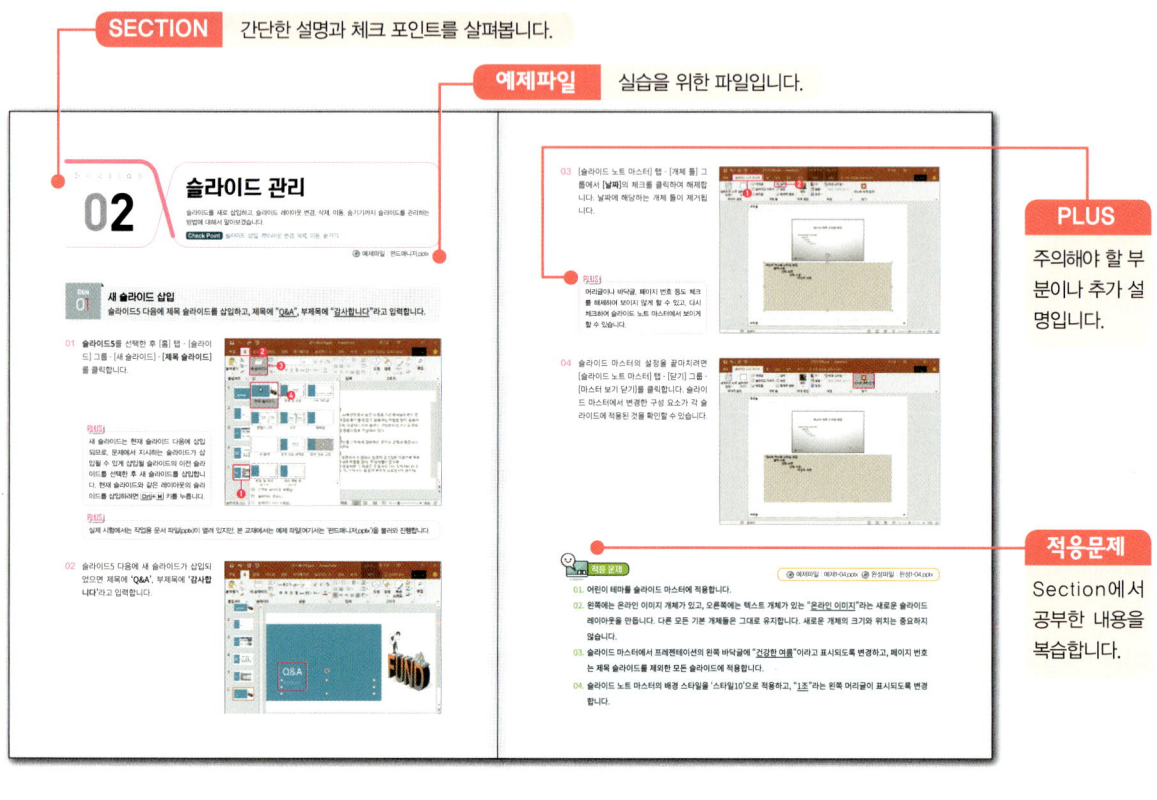

PLUS 주의해야 할 부분이나 추가 설명입니다.

적용문제 Section에서 공부한 내용을 복습합니다.

모의고사 공부한 내용을 실제 시험처럼 연습해 봅니다. 실력을 점검할 수 있습니다.

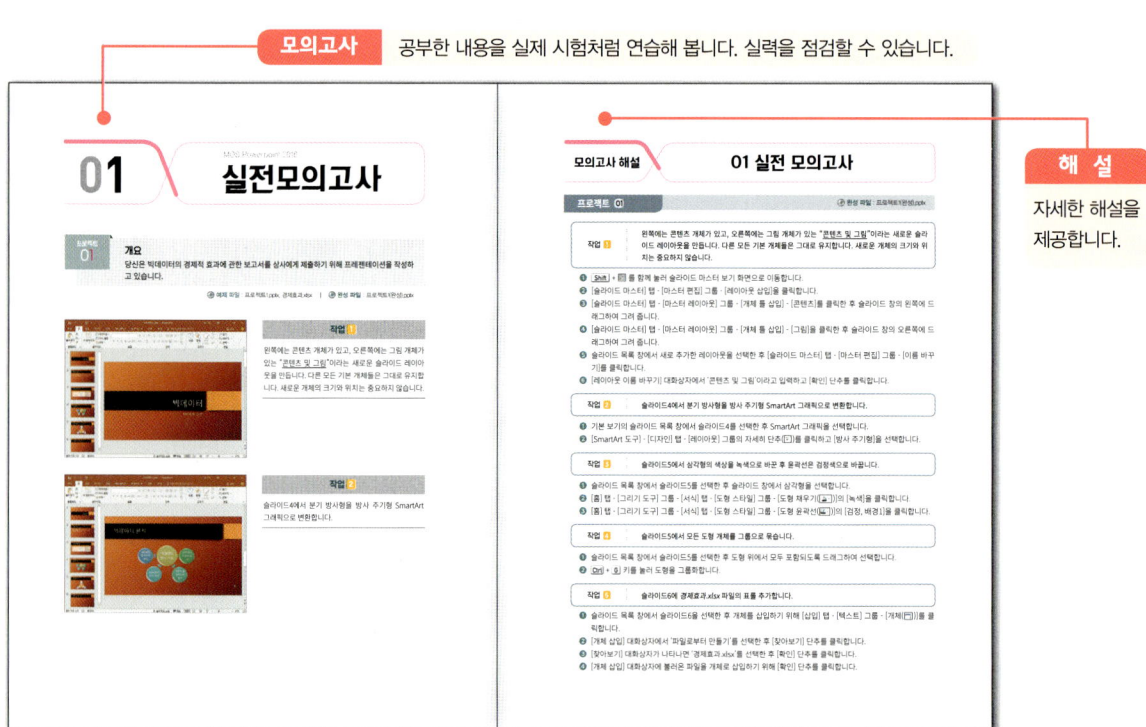

해 설 자세한 해설을 제공합니다.

소스파일 다운로드

시대인 홈페이지(www.edusd.co.kr)에 접속하여 로그인을 합니다.

화면 아래쪽에서 [자료실]을 클릭합니다.

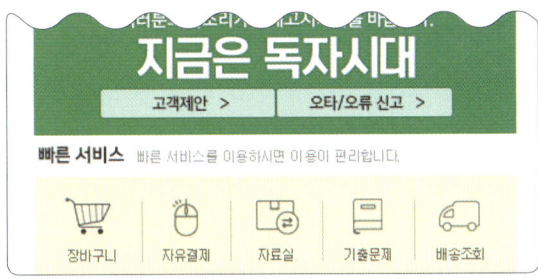

[프로그램 자료실]을 클릭합니다.

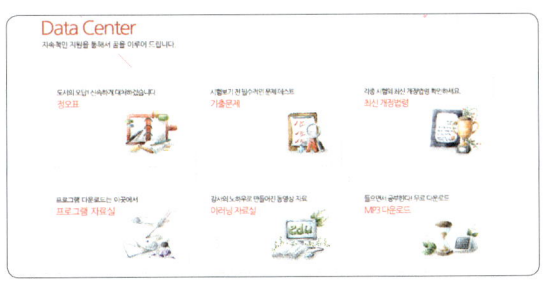

도서명을 검색하고 첨부된 파일을 다운로드합니다.

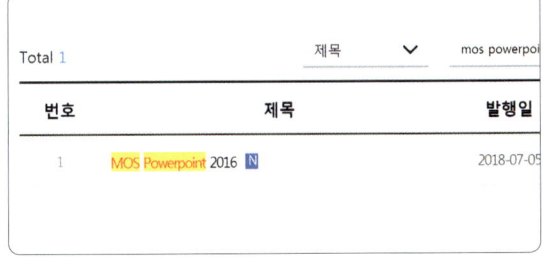

Contents

| Part | 01 유형 분석

Chapter 1 프레젠테이션 만들기 및 관리

      Section 01 새 프레젠테이션 _ 14
      Section 02 슬라이드 관리 _ 20
      Section 03 프레젠테이션 보기 옵션 변경 _ 26
      Section 04 슬라이드 마스터 _ 33
      Section 05 슬라이드 구역 관리 _ 45
      Section 06 프레젠테이션 인쇄 _ 48
      Section 07 슬라이드 쇼 구성 _ 51

Chapter 2 텍스트, 도형 및 그림

      Section 01 텍스트 삽입과 서식 _ 58
      Section 02 텍스트 단락 _ 64
      Section 03 도형 삽입 _ 69
      Section 04 도형 효과 _ 71
      Section 05 그림 삽입 _ 78
      Section 06 그림 효과 _ 80
      Section 07 개체 그룹과 정렬 _ 86

Chapter 3 표, 차트, SmartArt 및 미디어

      Section 01 표 삽입 _ 92
      Section 02 표 편집과 서식 _ 95
      Section 03 차트 삽입 _ 101
      Section 04 차트 종류 변경과 효과 _ 105
      Section 05 SmartArt 그래픽 삽입 _ 113
      Section 06 SmartArt 그래픽 편집 _ 116
      Section 07 WordArt 삽입 _ 122
      Section 08 WordArt 서식 _ 124

Section 09 오디오 삽입과 편집 _ 126
Section 10 비디오 삽입과 편집 _ 129
Section 11 메모 _ 134
Section 12 하이퍼링크 _ 137

Chapter 4 **애니메이션과 전환**

Section 01 애니메이션 효과 _ 142
Section 02 애니메이션 타이밍 설정 _ 147
Section 03 전환 효과 _ 151
Section 04 화면 전환 효과 타이밍 설정 _ 153

Chapter 5 **프레젠테이션 정렬과 보호**

Section 01 프레젠테이션 정렬과 슬라이드 다시 사용 _ 158
Section 02 프레젠테이션 검토 _ 164
Section 03 프레젠테이션 보호 _ 168

| Part | 02 실전 문제

Chapter 1 **모의고사**

01 실전모의고사 _ 178
02 실전모의고사 _ 190
03 실전모의고사 _ 204

| Part | 03 문제 해설

Chapter 1 **적응문제 및 모의고사 해설**

적응문제 해설 _ 218
모의고사 해설 _ 229

Chapter 1

프레젠테이션 만들기 및 관리

Section 01 새 프레젠테이션

Section 02 슬라이드 관리

Section 03 프레젠테이션 보기 옵션 변경

Section 04 슬라이드 마스터

Section 05 슬라이드 구역 관리

Section 06 프레젠테이션 인쇄

Section 07 슬라이드 쇼 구성

Section 01 새 프레젠테이션

파워포인트 기능을 알아보기 전에 새 프레젠테이션을 만드는 방법을 알아보겠습니다.

Check Point 새 프레젠테이션, 서식 파일, 다른 이름으로 저장, 슬라이드 개요

예제파일 : 종목.docx

Skill 01 새 프레젠테이션

새 프레젠테이션을 만들고 제목에 "**2018 동계 올림픽**", 부제목에 "**조직위원회**"라고 입력한 후 문서 폴더에 "**보고서**" 파일로 저장합니다.

01 파워포인트 2016이 실행되면 [파일] 탭 - [새로 만들기] - [**새 프레젠테이션**]을 클릭합니다.

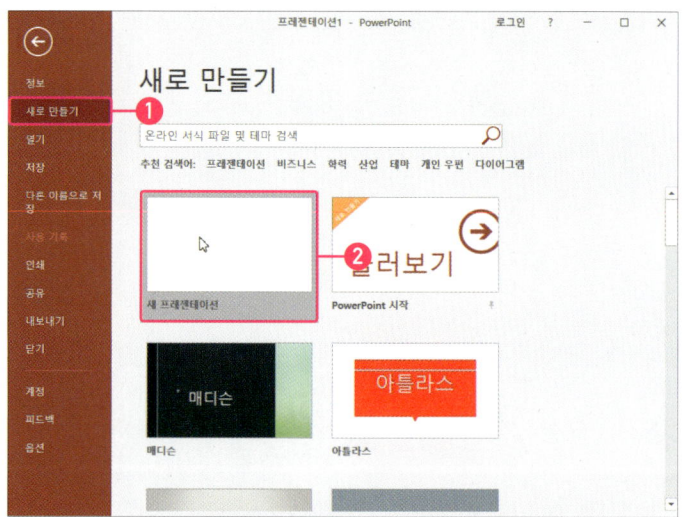

02 제목과 부제목에 각각 '**2018 동계 올림픽**', '**조직위원회**'를 입력합니다.

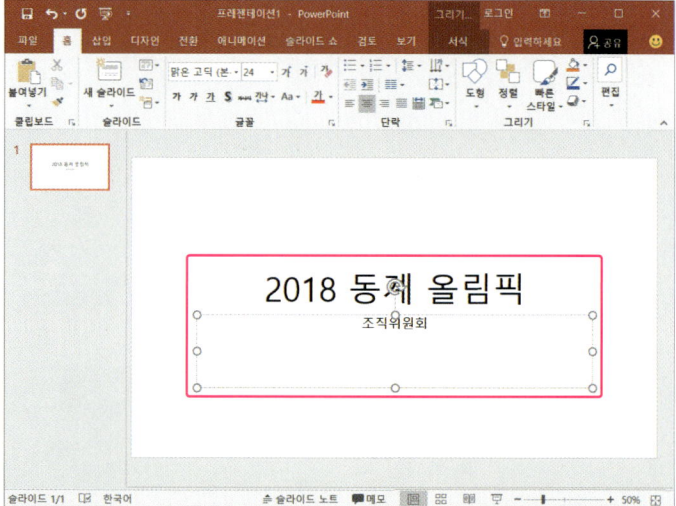

14 Part 01 • 유형분석

03 문서를 저장하기 위해 [파일] 탭 - **[다른 이름으로 저장]**을 클릭한 후 [이 PC]를 더블 클릭합니다.

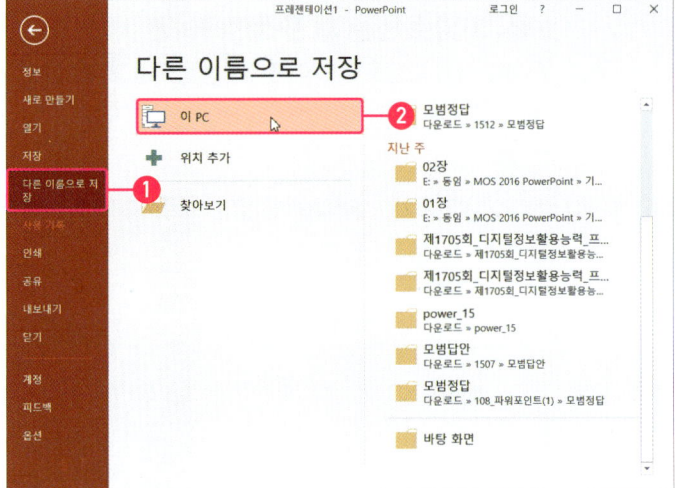

PLUS
다른 이름으로 저장 화면에서 최근 경로 중 [문서]가 있는 경우 [문서]를 클릭하여 저장합니다.

04 [다른 이름으로 저장] 대화상자에서 경로를 '문서' 폴더로 설정한 후 파일 이름을 '**보고서**'라고 입력하고 [저장] 단추를 클릭합니다.

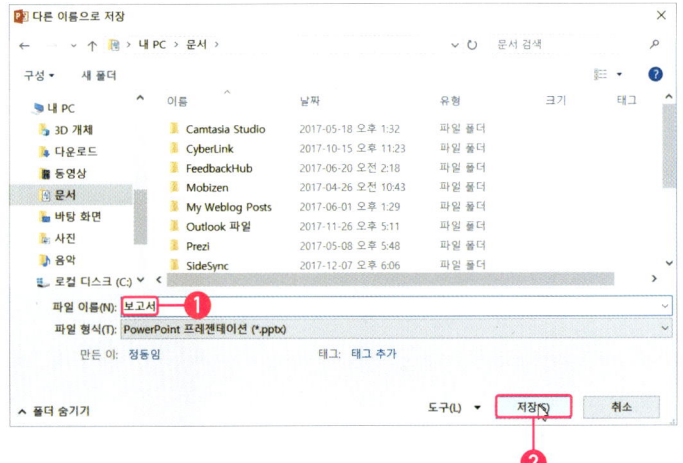

서식 파일로 만든 새 프레젠테이션

매디슨 서식 파일로 새 프레젠테이션을 만들고, 제목에 "<u>동계 올림픽</u>", 부제목에 "<u>2018 평창</u>"이라고 입력한 후 문서 폴더에 "<u>평창올림픽</u>" 파일로 저장합니다.

01 [파일] 탭 - [새로 만들기] - **[매디슨]**을 클릭합니다.

> **PLUS**
> 프로그램 버전 업데이트에 따라 매디슨 서식이 없을 수도 있습니다. 새 프레젠테이션을 만들고 저장하는 과정을 학습하기 위한 부분으로 없는 분들은 다른 서식을 선택하거나 예제 파일에서 불러와 사용합니다.

02 매디슨의 이미지 색을 확인한 후 **[만들기]**를 클릭합니다.

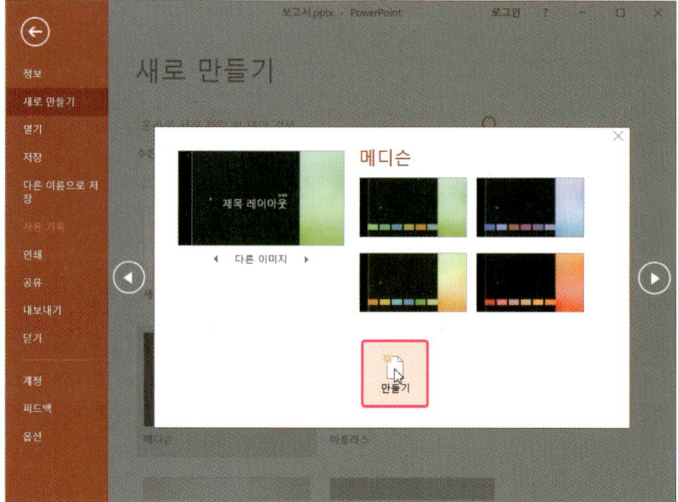

03 매디슨 서식 파일로 새 프레젠테이션이 생성되었습니다. 제목과 부제목 개체 틀을 각각 클릭한 후 '**동계 올림픽**'과 '**2018 평창**'을 입력합니다.

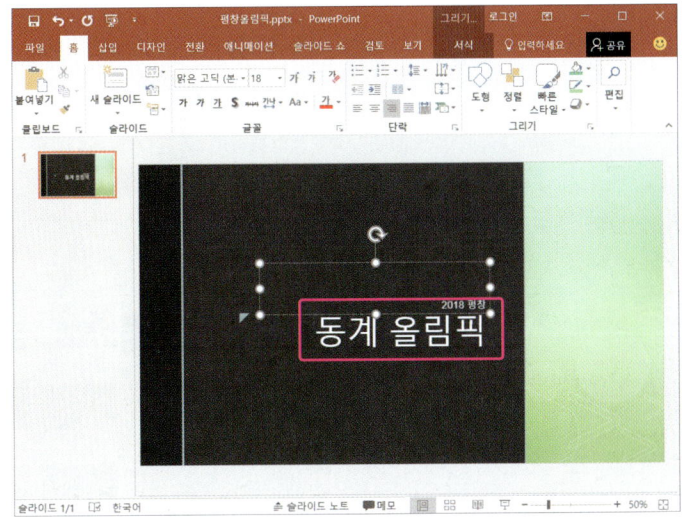

PLUS

슬라이드 테마 설정
- [디자인] 탭 – [테마] 그룹에서 자세히 단추(▼)를 클릭하여 [매디슨]을 선택하면 프레젠테이션이 매디슨 서식 파일로 변경됩니다. 테마 색, 테마 글꼴, 테마 효과도 프레젠테이션에 적용할 수 있습니다.
- [디자인] 탭 – [적용] 그룹에서 자세히 단추(▼)를 클릭한 후 [색]을 클릭하여 문제에서 제시한 색상을 선택합니다. 테마 글꼴과 테마 효과도 마찬가지 방법으로 변경할 수 있습니다.

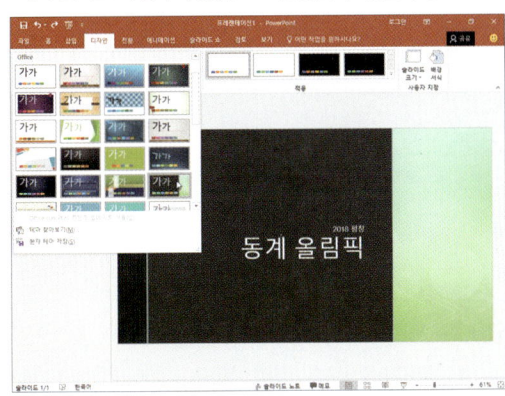 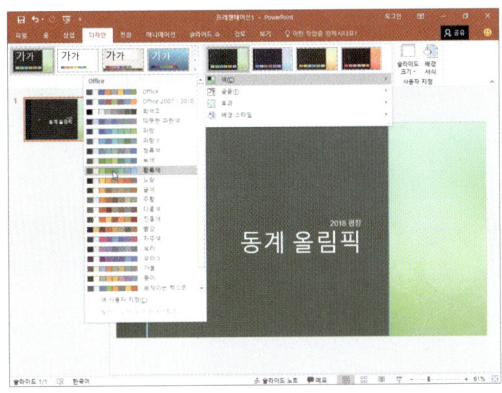

04 문서를 저장하기 위해 [파일] 탭 - [다른 이름으로 저장]을 클릭합니다. [다른 이름으로 저장] 대화상자에서 경로를 '문서' 폴더로 설정한 후 '**평창올림픽**'이라고 입력하고 [저장] 단추를 클릭합니다.

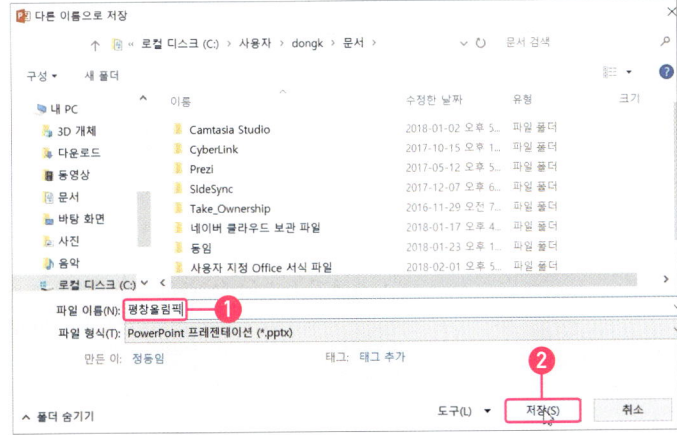

슬라이드 개요 추가하기

종목.docx 파일을 평창올림픽.pptx 파일 맨 마지막에 슬라이드 개요로 추가합니다.

01 [홈] 탭 - [슬라이드] 그룹 - [새 슬라이드] - [슬라이드 개요]를 클릭합니다.

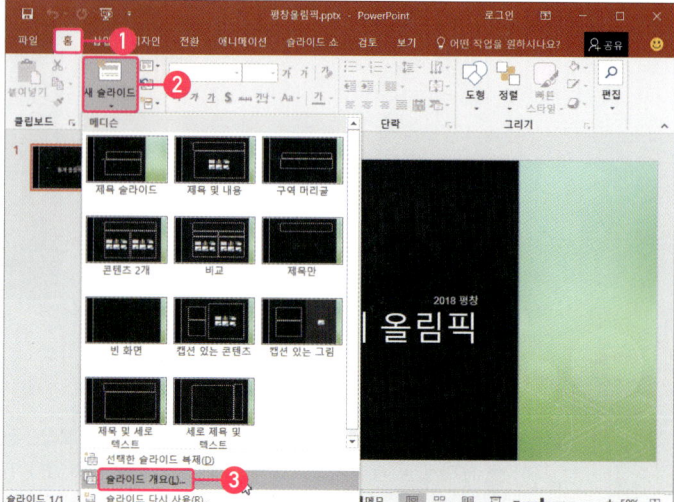

PLUS
개요를 삽입할 때는 현재 슬라이드 다음에 삽입되기 때문에 문제에서 제시한 슬라이드를 선택한 후 [슬라이드 개요]를 실행합니다.

02 [개요 삽입] 대화상자에서 **'종목.docx'**를 선택한 후 [삽입] 단추를 클릭합니다.

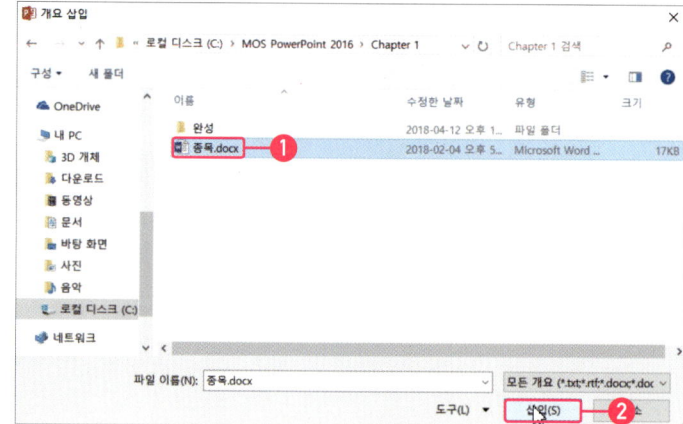

PLUS
슬라이드 개요에서는 *.txt, *.docx 등의 문서를 개요로 추가할 수 있습니다.

PLUS
실제 시험에서는 지정된 폴더에서 찾아 가져옵니다. 여기서는 실습을 위해 제공하는 예제 폴더에서 가져와 작업을 진행합니다.

03 현재 슬라이드 다음에 워드 문서의 내용이 슬라이드로 추가되었고, 각 슬라이드에 수준이 조정되어 삽입되었습니다.

PLUS

워드 문서 슬라이드 개요로 추가 시

워드 문서에서 제목1 스타일로 설정된 텍스트는 슬라이드에서 제목으로, 워드 문서에서 제목2 스타일은 슬라이드에서 수준1 단락으로, 워드 문서에서 제목3 스타일은 슬라이드에서 수준2 단락이 됩니다.

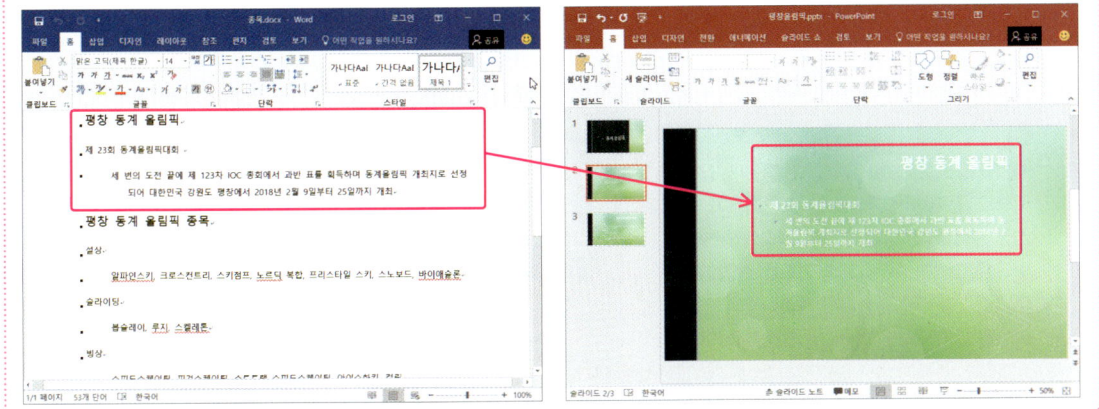

 적응 문제

예제파일 : 소개.docx 완성파일 : 리포트.pptx

01. 목판 서식 파일로 새 프레젠테이션을 만들어 봅니다. 제목에 "한국의 집", 부제목에 "전통문화 복합공간"이라고 입력하고, 문서 폴더에 "리포트" 파일로 저장합니다.

02. 소개.docx 파일을 리포트.pptx 파일 맨 마지막에 슬라이드 개요로 추가합니다.

Section
02

슬라이드 관리

슬라이드를 새로 삽입하고, 슬라이드 레이아웃 변경, 삭제, 이동, 숨기기까지 슬라이드를 관리하는 방법에 대해서 알아보겠습니다.

Check Point 슬라이드 삽입, 레이아웃 변경, 삭제, 이동, 숨기기

◉ 예제파일 : 펀드매니저.pptx

Skill 01 새 슬라이드 삽입

슬라이드5 다음에 제목 슬라이드를 삽입하고, 제목에 "**Q&A**", 부제목에 "**감사합니다**"라고 입력합니다.

01 **슬라이드5**를 선택한 후 [홈] 탭 - [슬라이드] 그룹 - [새 슬라이드] - [**제목 슬라이드**]를 클릭합니다.

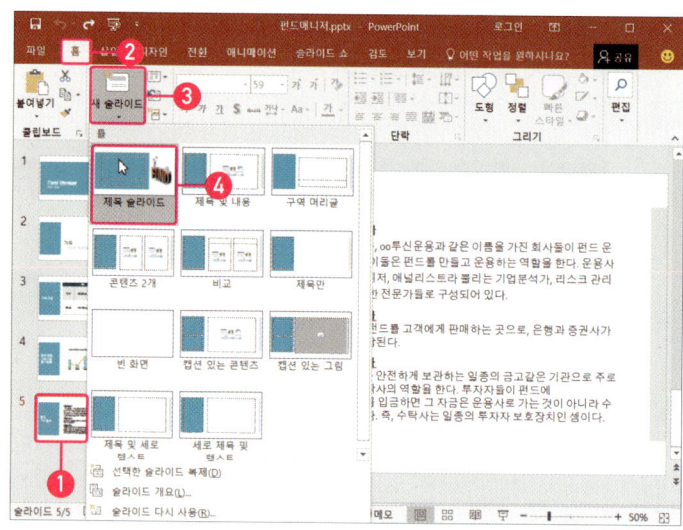

PLUS
새 슬라이드는 현재 슬라이드 다음에 삽입되므로, 문제에서 지시하는 슬라이드가 삽입될 수 있게 삽입될 슬라이드의 이전 슬라이드를 선택한 후 새 슬라이드를 삽입합니다. 현재 슬라이드와 같은 레이아웃의 슬라이드를 삽입하려면 Ctrl+M 키를 누릅니다.

PLUS
실제 시험에서는 작업용 문서 파일(pptx)이 열려 있지만, 본 교재에서는 예제 파일(여기서는 '펀드매니저.pptx')을 불러와 진행합니다.

02 슬라이드5 다음에 새 슬라이드가 삽입되었으면 제목에 '**Q&A**', 부제목에 '**감사합니다**'라고 입력합니다.

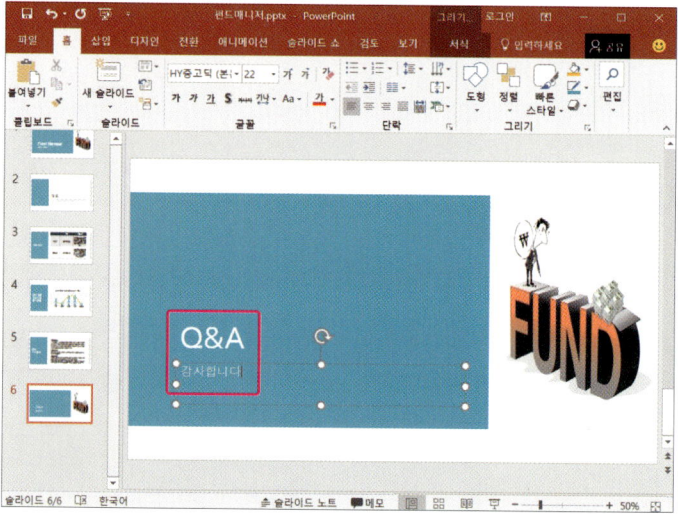

레이아웃 변경

슬라이드2를 제목 및 내용 레이아웃으로 변경합니다.

01 **슬라이드2**를 선택한 후 [홈] 탭 - [슬라이드] 그룹 - [레이아웃] - **[제목 및 내용]**을 클릭합니다.

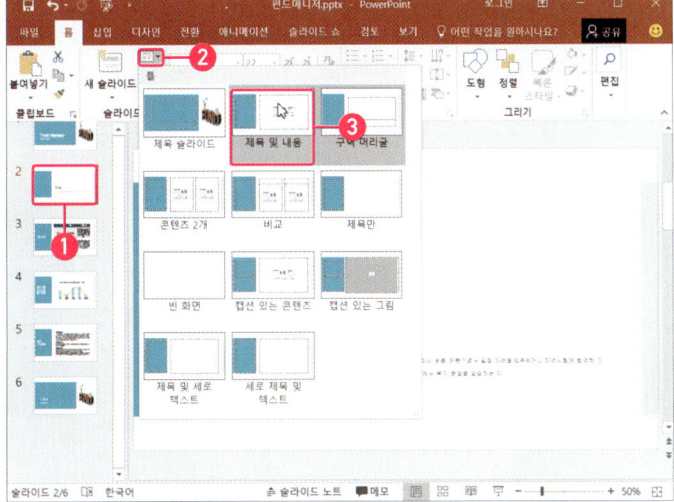

02 슬라이드2의 레이아웃이 제목 및 내용 레이아웃으로 변경되었습니다.

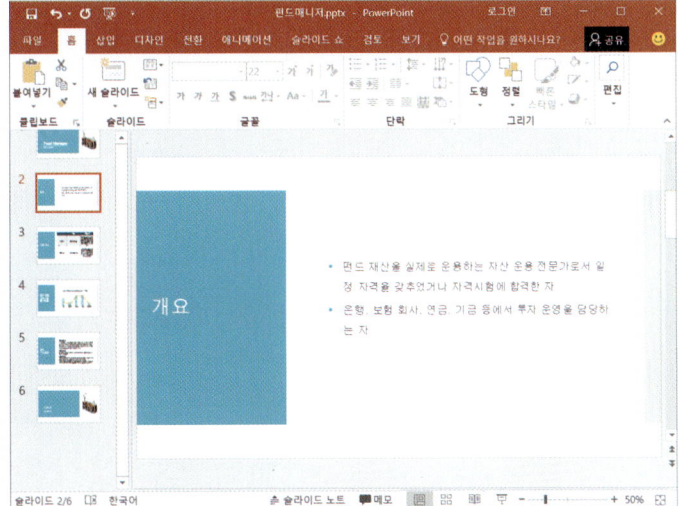

슬라이드 이동

슬라이드5를 슬라이드2 다음으로 이동합니다.

01 **슬라이드5**를 드래그하여 **슬라이드2 아래**로 이동합니다.

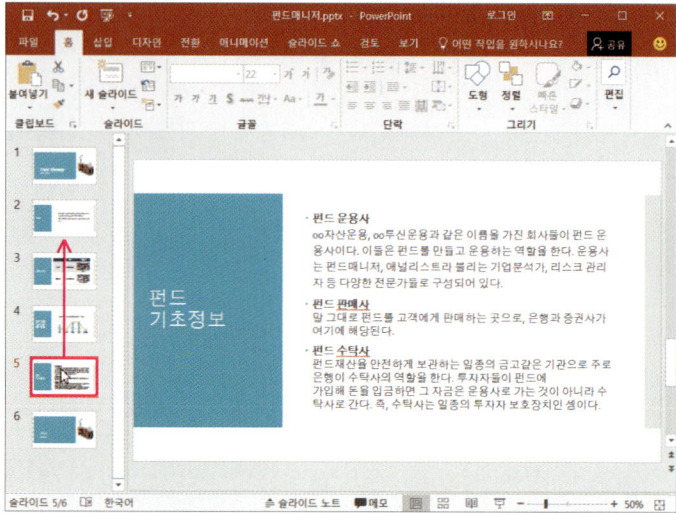

02 슬라이드5가 슬라이드3이 되었습니다.

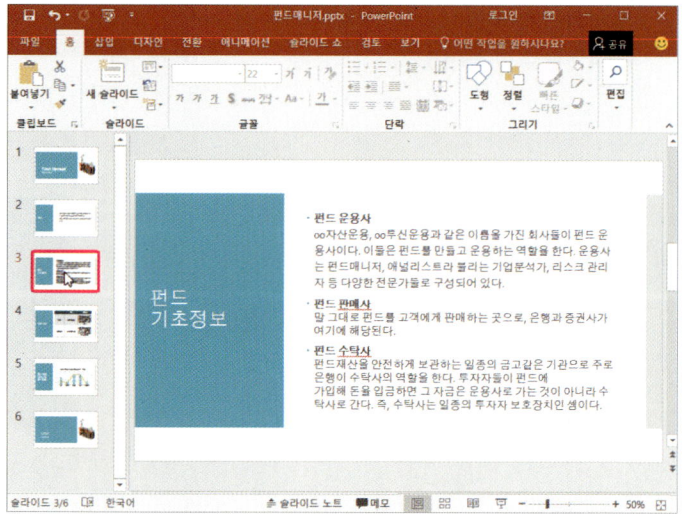

Skill 04 슬라이드 삭제
슬라이드6을 삭제합니다.

01 슬라이드6을 선택한 후 마우스 오른쪽 단추를 눌러 [슬라이드 삭제]를 클릭합니다.

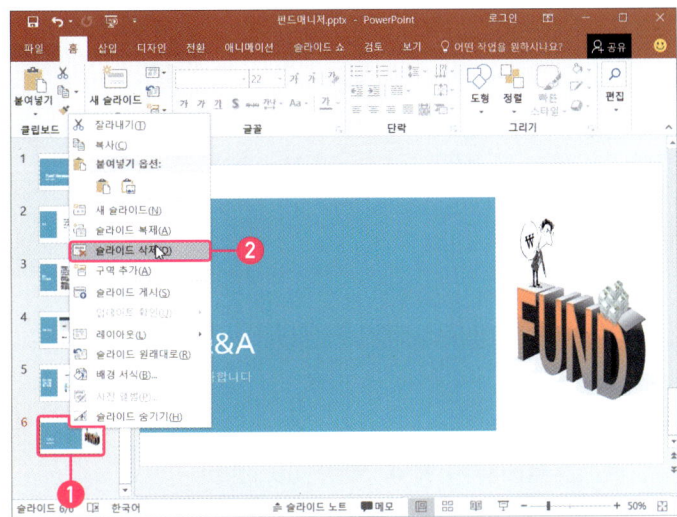

> **PLUS**
> 삭제할 슬라이드를 선택한 후 Delete 키를 눌러서 삭제할 수도 있습니다. 연속된 슬라이드를 삭제하려면 Shift 키를 누른 채 모두 선택한 후 Delete 키를 눌러서 삭제합니다. 비연속된 슬라이드를 삭제하려면 Ctrl 키를 누른 채 선택한 후 Delete 키를 눌러서 삭제합니다.

02 슬라이드6이 삭제되었습니다.

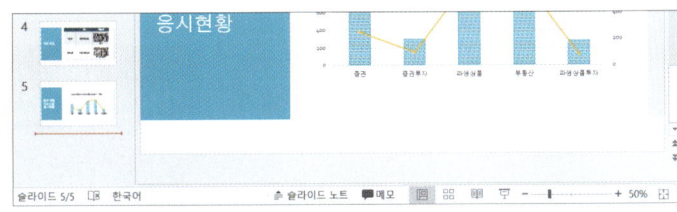

Skill 05 슬라이드 숨기기
슬라이드4를 슬라이드 쇼에서 보이지 않게 숨깁니다.

01 슬라이드4를 선택한 후 마우스 오른쪽 단추를 눌러서 [슬라이드 숨기기]를 클릭합니다.

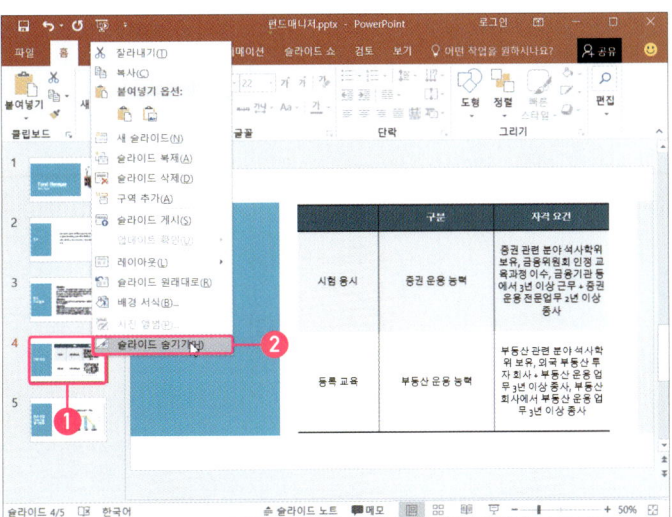

02 슬라이드4가 숨김 처리되어서 슬라이드 쇼에서는 보이지 않게 됩니다.

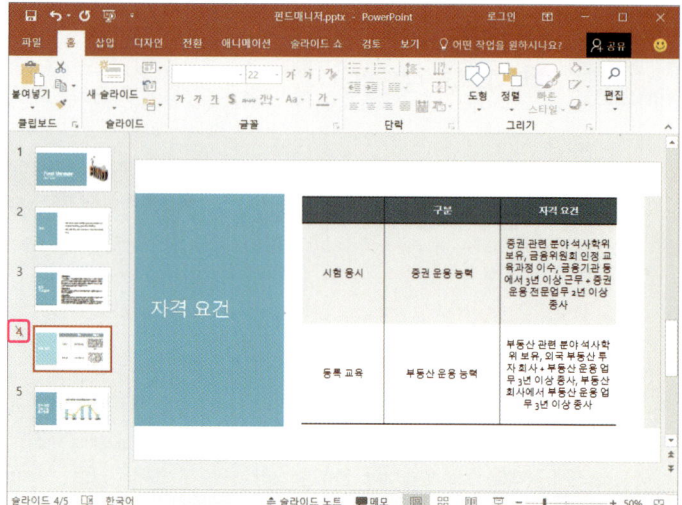

PLUS
숨긴 슬라이드에서 [슬라이드 숨기기]를 다시 클릭하면 슬라이드 숨기기가 취소됩니다.

 **슬라이드 배경 서식**
전체 슬라이드에 방사형 그라데이션-강조1 배경을 적용합니다.

01 슬라이드에 배경 서식을 설정하기 위해 [디자인] 탭 – [사용자 지정] 그룹 - [**배경 서식**]을 클릭합니다.

02 [배경 서식] 옵션 창의 [채우기]에서 '**그라데이션 채우기**'를 선택하고, 그라데이션 미리 설정에서 [**방사형 그라데이션-강조1**]을 클릭합니다.

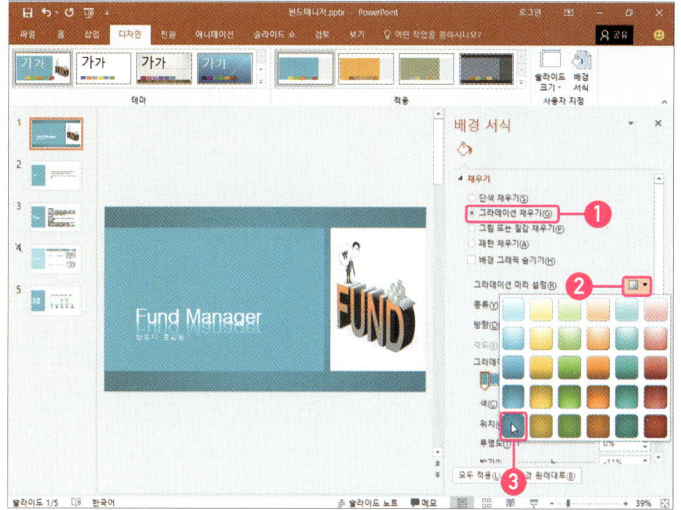

03 슬라이드 전체에 설정한 그라데이션 배경 서식을 적용하기 위해 하단의 [**모두 적용**] 단추를 클릭합니다.

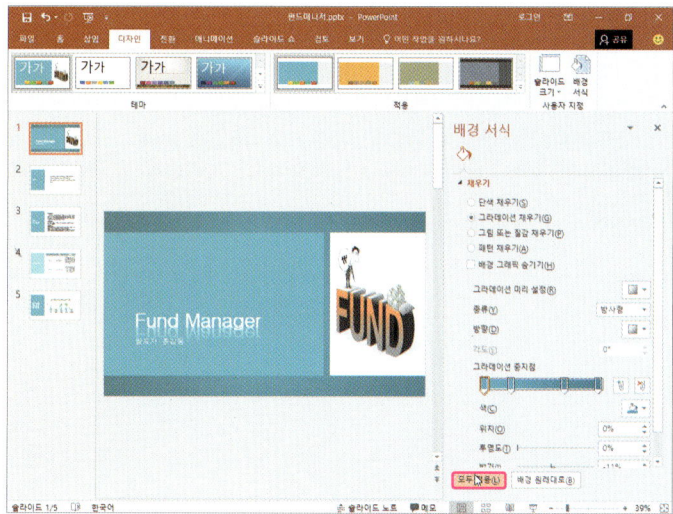

PLUS
배경 서식의 채우기를 통해 그라데이션 채우기 외에도 단색 채우기, 그림 또는 질감 채우기, 패턴 채우기를 선택하여 배경 서식의 채우기 옵션 설정을 변경할 수 있습니다.

 **적응 문제**

예제파일 : 예제1-02.pptx   완성파일 : 완성1-02.pptx

01. 슬라이드2를 제목 및 세로 텍스트 레이아웃으로 변경합니다.

02. 슬라이드5를 슬라이드6 아래로 이동합니다.

03. 슬라이드5를 슬라이드 쇼에서 보이지 않게 숨깁니다.

04. 슬라이드1에 자주색, 투명도 30%의 채우기 배경을 적용합니다.

Section 03

프레젠테이션 보기 옵션 변경

프레젠테이션 보기에는 기본, 개요 보기, 여러 슬라이드, 슬라이드 노트, 읽기용 보기가 있습니다. 슬라이드를 확대, 축소하거나 화면 표시 색상을 변경할 수 있습니다.

Check Point 기본, 개요 보기, 여러 슬라이드, 슬라이드 노트, 읽기용 보기, 확대/축소, 컬러/회색조

◉ 예제파일 : 국회도서관.pptx

Skill 01 프레젠테이션 보기-1

프레젠테이션 보기를 개요 보기로 변경합니다.

01 [보기] 탭 - [프레젠테이션 보기] 그룹 - [개요 보기]를 클릭합니다. 기본 보기의 슬라이드 목록 창이 개요 창으로 변경되어 나타나면서 슬라이드 개요 내용을 요약해서 볼 수 있고 편집할 수 있습니다.

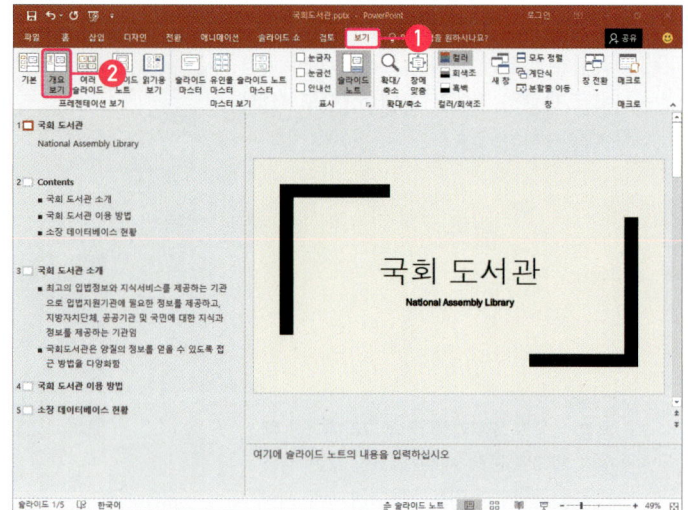

PLUS

여러 가지 프레젠테이션 보기

[보기] 탭 – [프레젠테이션 보기] 그룹이나 상태 표시줄의 화면 보기 단추( )를 클릭하여 슬라이드 보기를 변경할 수 있습니다.

- 기본 보기 : 슬라이드 작업 시 주로 사용하는 보기입니다.
- 여러 슬라이드 보기 : 슬라이드를 축소판 그림으로 모두 표시하고, 슬라이드를 손쉽게 다시 배열할 수 있습니다.
- 슬라이드 노트 보기 : 슬라이드 노트에는 발표자가 발표할 때 참고할 수 있도록 상세한 설명을 기록할 수 있는 곳으로 인쇄할 때 슬라이드와 함께 노트까지 인쇄할 수 있습니다.
- 읽기용 보기 : 별도의 창에서 슬라이드 쇼를 검토하기 쉽게 표시해 줍니다. 읽기용 보기 창을 닫으려면 Esc 키를 누릅니다.
- 슬라이드 쇼 보기 : 화면 전체에 표시되는 슬라이드 쇼를 실행할 수 있고, 닫으려면 Esc 키를 누릅니다.

프레젠테이션 보기-2

슬라이드3의 슬라이드 노트에 "국회와 국민에게 최상의 서비스 제공"을 추가한 후, 기본 보기로 표시합니다.

01 **슬라이드3**을 클릭하고 [보기] 탭 - [프레젠테이션 보기] 그룹 - **[슬라이드 노트]**를 클릭합니다. 슬라이드 노트 창에 '**국회와 국민에게 최상의 서비스 제공**'을 입력합니다.

02 [보기] 탭 - [프레젠테이션 보기] 그룹 - **[기본]**을 클릭합니다.

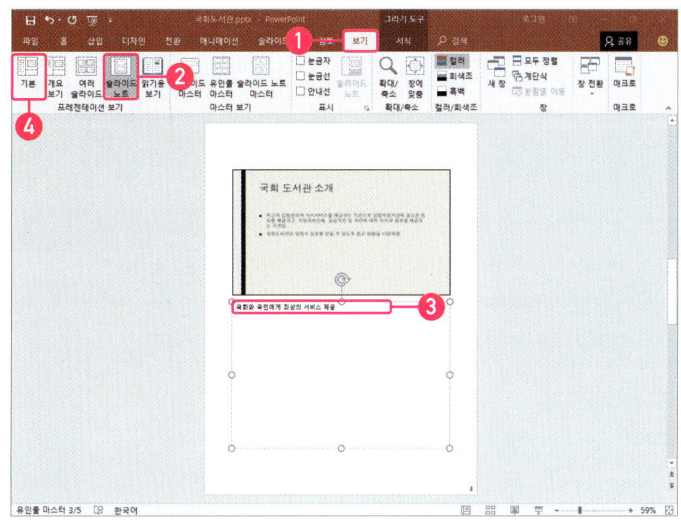

PLUS
슬라이드 노트를 추가하려는 슬라이드에서 상태 표시줄의 [슬라이드 노트]를 클릭하거나 [보기] 탭 – [프레젠테이션 보기] 그룹 – [슬라이드 노트]를 클릭한 후 추가합니다.

확대/축소

화면 보기 배율을 49%로 조정합니다.

01 [보기] 탭 - [확대/축소] 그룹 - **[확대/축소]**를 클릭한 후 [확대/축소] 대화상자에서 사용자 지정을 '**49%**'로 입력하고 [확인] 단추를 클릭합니다. 슬라이드 창의 화면이 49%로 축소됩니다.

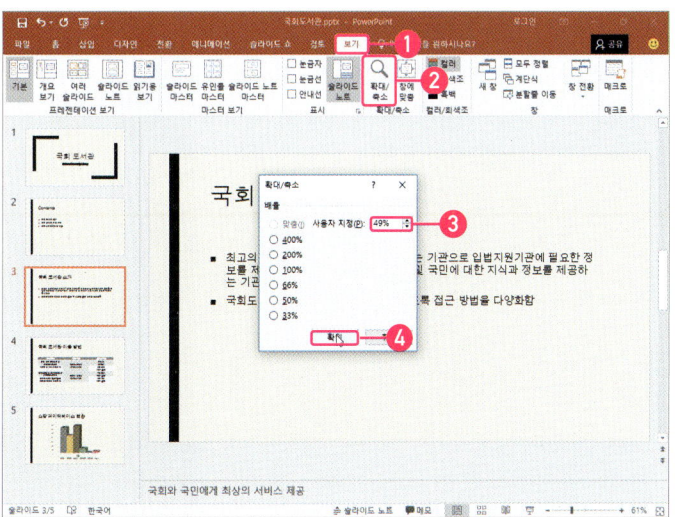

슬라이드 색상
프레젠테이션 슬라이드를 회색조로 변경한 후 컬러 보기로 되돌립니다.

01 [보기] 탭 - [컬러/회색조] 그룹 - **[회색조]**를 클릭합니다.

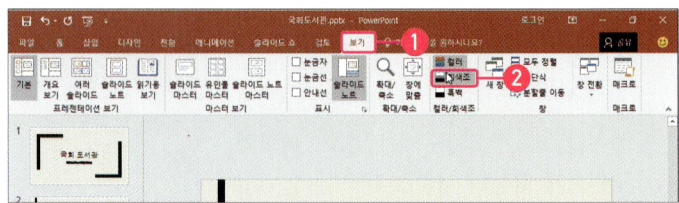

02 슬라이드가 회색조로 변경된 것을 확인한 후 다시 컬러 보기로 설정하기 위해 [회색조] 탭 - [닫기] 그룹에서 **[컬러 보기로 돌아가기]**를 클릭합니다.

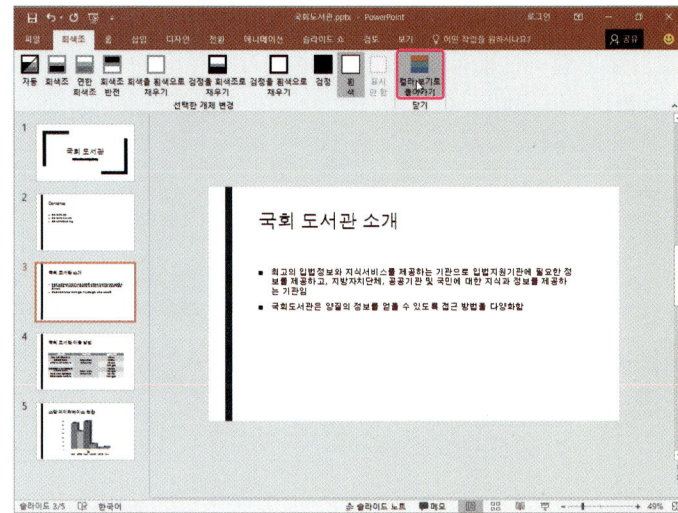

프레젠테이션 속성
제목이 "국회도서관소개"가 되도록 파일 속성을 변경합니다.

01 [파일] 탭 - **[정보]**를 클릭하면 오른쪽에 속성 정보가 표시됩니다. 모든 속성을 표시하기 위해 **[모든 속성 표시]**를 클릭합니다.

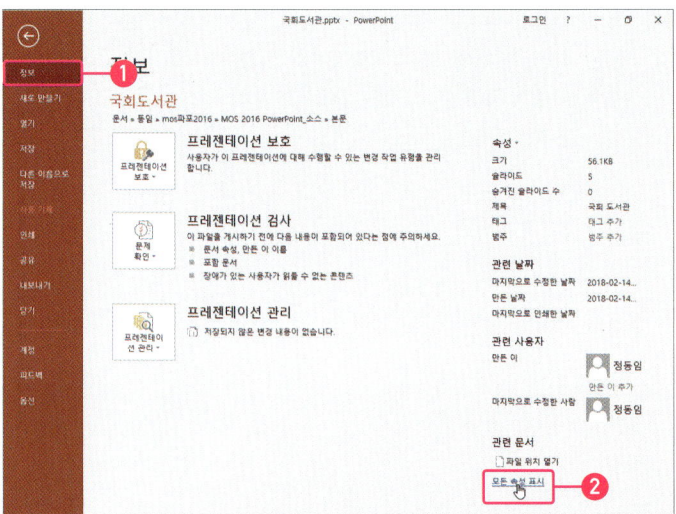

02 제목 부분을 클릭하여 **'국회도서관소개'** 라고 입력하여 제목을 수정합니다. 파일 속성이 변경됩니다.

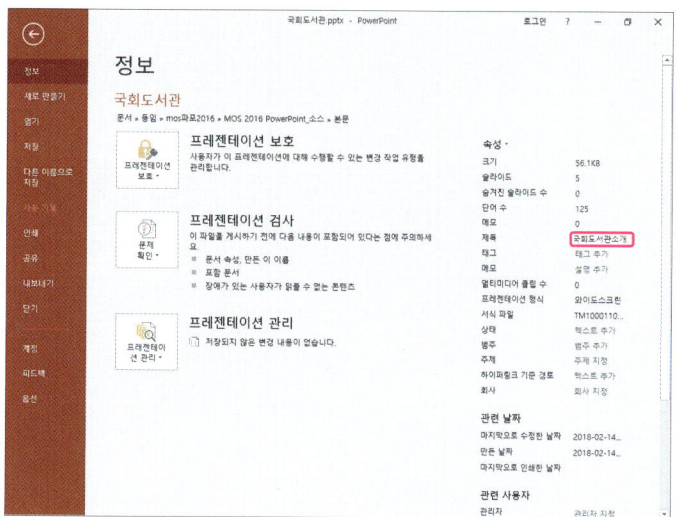

PLUS!

고급 속성

고급 속성을 추가하거나 변경하려면 [속성] – [고급 속성]을 클릭한 후 [속성] 대화상자에서 [요약] 탭을 클릭합니다. 주제, 회사, 키워드 등을 추가 입력하여 속성을 변경할 수 있습니다.

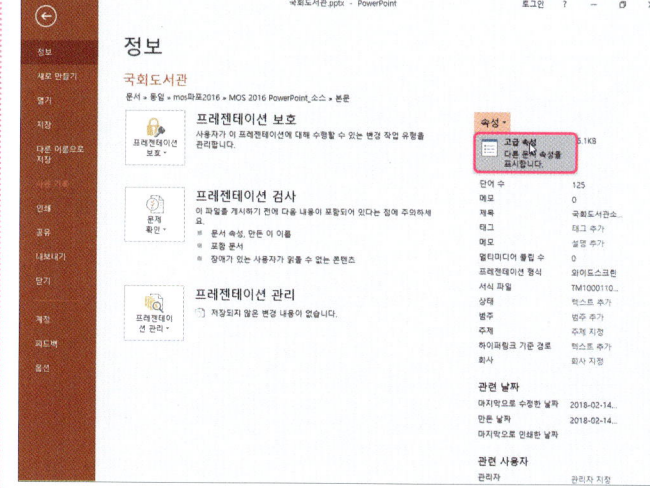 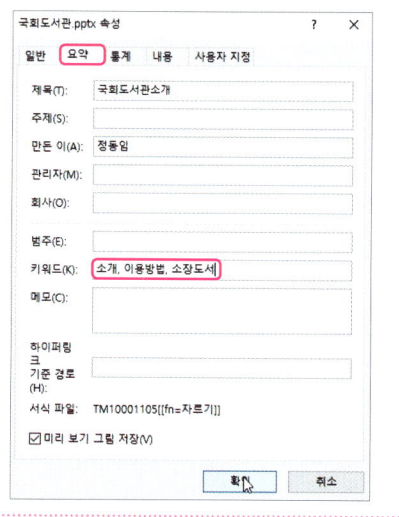

슬라이드 크기 변경

슬라이드 너비를 20.32cm 높이를 27.94cm로 변경합니다. 콘텐츠를 슬라이드에 맞게 조정합니다.

01 슬라이드 크기를 조정하기 위해 [디자인] 탭 - [사용자 지정] 그룹 - [슬라이드 크기] - [**사용자 지정 슬라이드 크기**]를 클릭합니다.

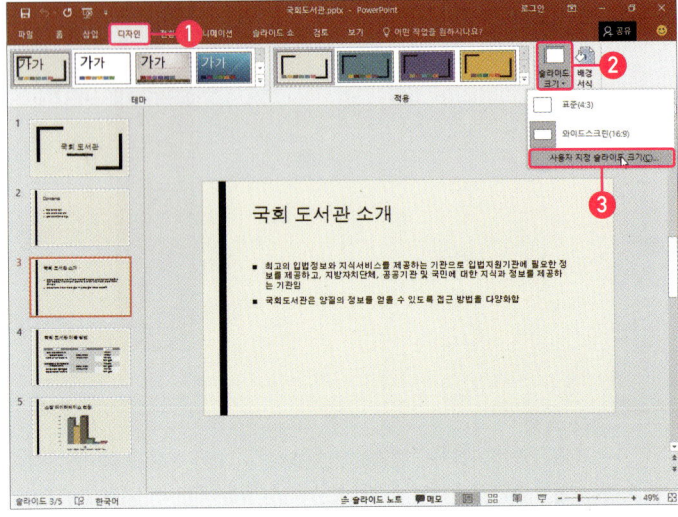

02 너비는 '**20.32cm**', 높이는 '**27.94cm**'로 입력한 후 [확인] 단추를 클릭합니다.

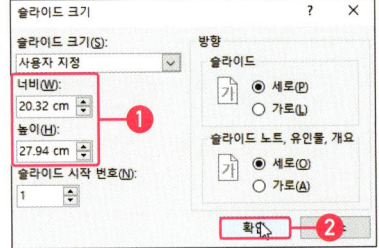

03 [Microsoft PowerPoint] 대화상자에서 콘텐츠에 맞게 크기를 조정하기 위해 [**맞춤 확인**] 단추를 클릭합니다.

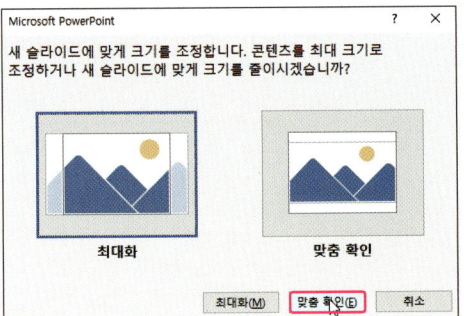

04 슬라이드 크기가 콘텐츠에 맞게 조정되었습니다.

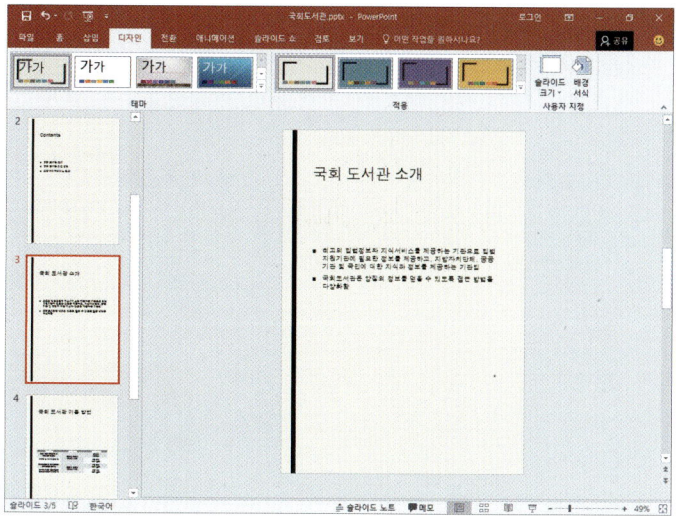

Skill 07 눈금자 및 눈금선, 안내선 표시

PowerPoint에 눈금선을 표시하고 개체를 눈금에 맞춰 이동시키도록 설정합니다.

01 [보기] 탭 - [표시] 그룹에서 표시 아이콘(□)을 클릭합니다.

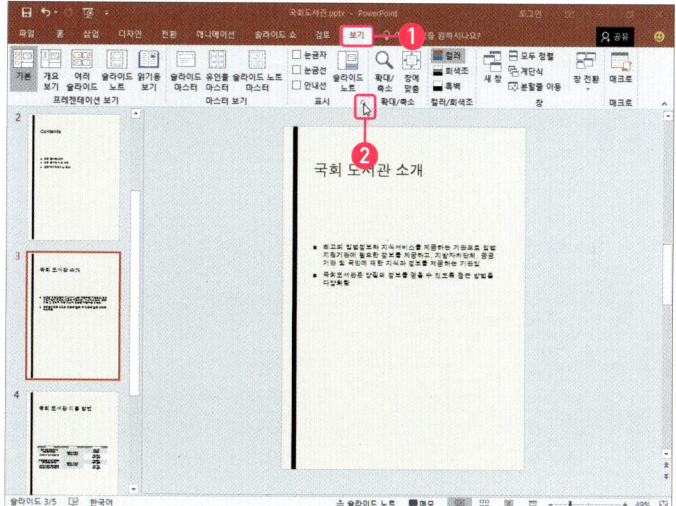

02 '개체를 눈금에 맞춰 이동'과 '화면에 눈금 표시'에 체크한 후 [확인] 단추를 클릭합니다.

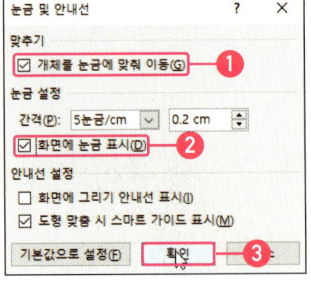

> **PLUS**
> 눈금 설정의 간격에서 눈금 수와 단위의 목록을 클릭하여 눈금 간격을 설정합니다.

03 화면에 눈금이 표시되고, 슬라이드 안에 개체를 이동할 경우 눈금에 맞춰 이동됩니다.

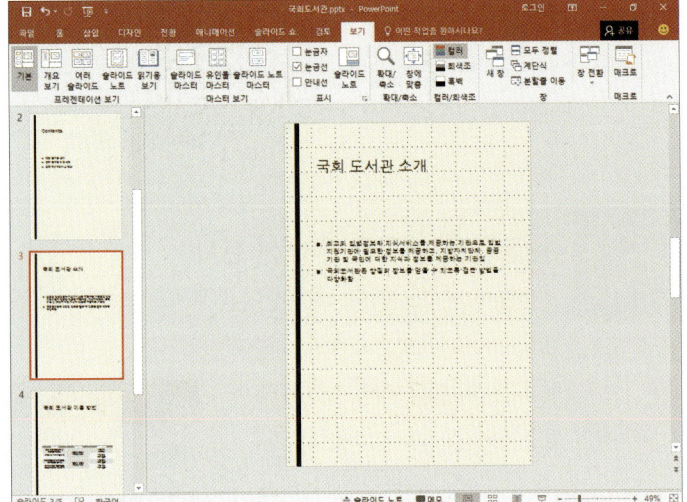

 적응 문제

예제파일 : 예제1-03.pptx   완성파일 : 완성1-03.pptx

01. 슬라이드3의 슬라이드 노트에 "어떤 일을 대가없이 자발적으로 참여하여 도움"을 추가합니다.
02. 프레젠테이션 화면 보기 배율을 50%로 조정합니다.
03. 제목이 "자원봉사참여"가 되도록 파일 속성을 변경하고, 키워드에 "자원봉사 유형, 가치, 참여현황"을 추가합니다.
04. 슬라이드의 크기를 화면 슬라이드 쇼(4:3)로 변경합니다. 콘텐츠에 맞도록 크기를 조정합니다.

Section **04**

슬라이드 마스터

슬라이드 레이아웃을 변경 및 관리하는 슬라이드 마스터에 대해서 알아보고, 유인물 마스터, 슬라이드 노트 마스터까지 알아보겠습니다.

Check Point 슬라이드 마스터, 슬라이드 레이아웃 삽입 및 변경, 유인물 마스터, 슬라이드 노트 마스터

◉ 예제파일 : 안전먹거리.pptx, 나뭇잎.png, 로고.png, 음식.jpg

Skill 01 슬라이드 마스터 수정하기-1
물방울 테마를 슬라이드 마스터에 적용합니다.

01 [보기] 탭 - [마스터 보기] 그룹 - **[슬라이드 마스터]**를 클릭합니다.

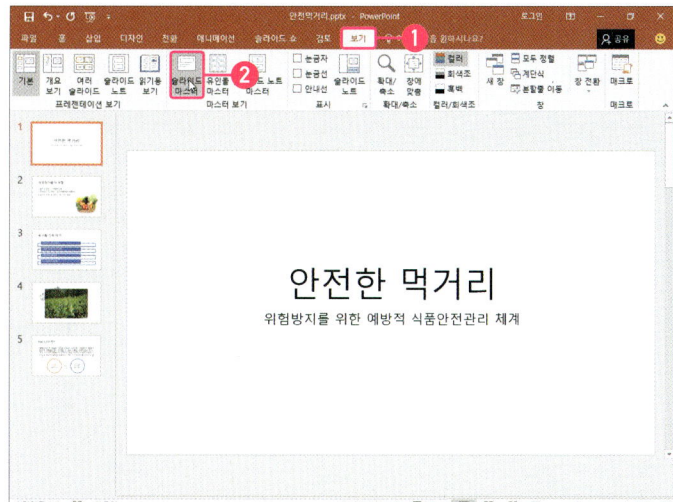

PLUS
화면 보기 단추 중 🔲(기본)을 Shift 키를 누른 채 클릭해도 슬라이드 마스터 보기가 열립니다.

02 슬라이드 목록 창에서 최상위 슬라이드를 선택한 후 [슬라이드 마스터] 탭 - [테마 편집] 그룹 - [테마]에서 **[물방울]**을 선택합니다.

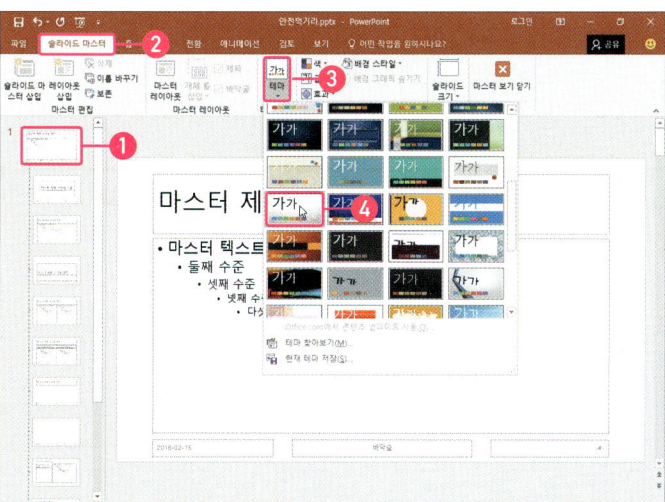

PLUS
테마
[배경] 그룹의 [색], [글꼴], [효과]를 각각 클릭하여 설정하면 프레젠테이션 전체에 테마 색, 테마 글꼴, 테마 효과가 적용됩니다.

슬라이드 마스터 수정하기-2

슬라이드 마스터의 글머리 기호 중 첫 행의 글머리 기호를 *나뭇잎.png* 파일로 변경합니다.

01 슬라이드 마스터의 본문 중 **첫 행의 글머리 기호** 다음에 커서를 두고, [홈] 탭 - [단락] 그룹 - [글머리 기호(☰)]의 목록 단추(▼)를 클릭한 후 **[글머리 기호 및 번호 매기기]**를 선택합니다.

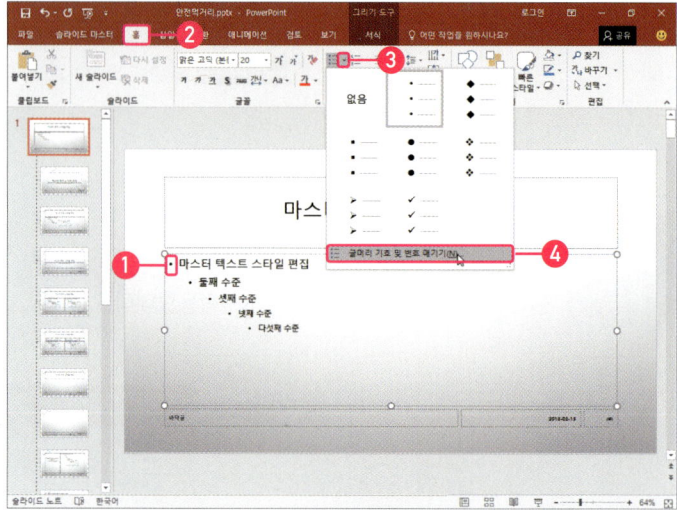

02 [글머리 기호 및 번호 매기기] 대화상자가 나타나면 글머리 기호에 그림을 삽입하기 위해 **[그림]** 단추를 클릭합니다.

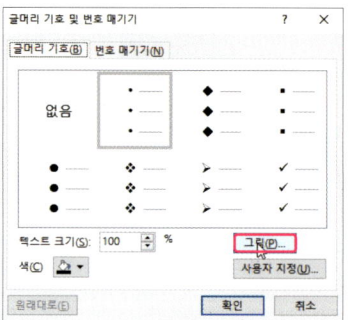

03 [그림 삽입] 대화상자가 나타나면 파일에서 [찾아보기]를 클릭합니다.

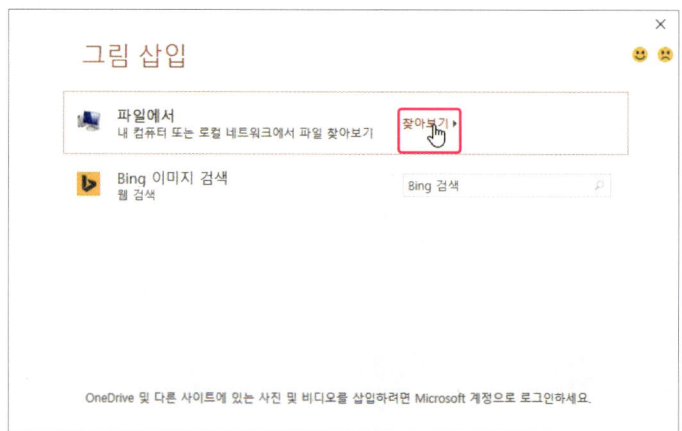

04 또 다른 [그림 삽입] 대화상자가 나타나면 **'나뭇잎.png'**를 선택하고 [삽입] 단추를 클릭합니다.

05 슬라이드 마스터에서 첫 행의 글머리 기호가 그림으로 삽입되었습니다. 나머지 슬라이드 레이아웃의 글머리 기호에도 모두 적용됩니다.

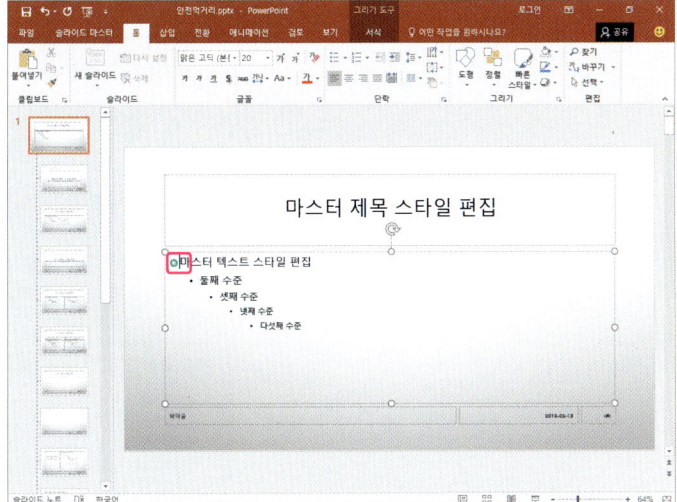

> **PLUS**
> **슬라이드 마스터란?**
> 슬라이드 마스터는 테마 디자인, 색, 글꼴, 효과, 개체 틀 크기 및 위치를 포함하며 11가지의 다양한 슬라이드 레이아웃 정보를 저장하는 최상위 슬라이드입니다. 슬라이드 마스터에서 슬라이드 레이아웃을 변경 및 관리합니다.

Skill 03 슬라이드 마스터 수정하기-3

슬라이드 마스터에 *로고.png* 파일을 왼쪽 하단에 삽입합니다.

01 슬라이드 마스터에 그림을 삽입하기 위해 [삽입] 탭 - [이미지] 그룹 - **[그림]**을 클릭합니다.

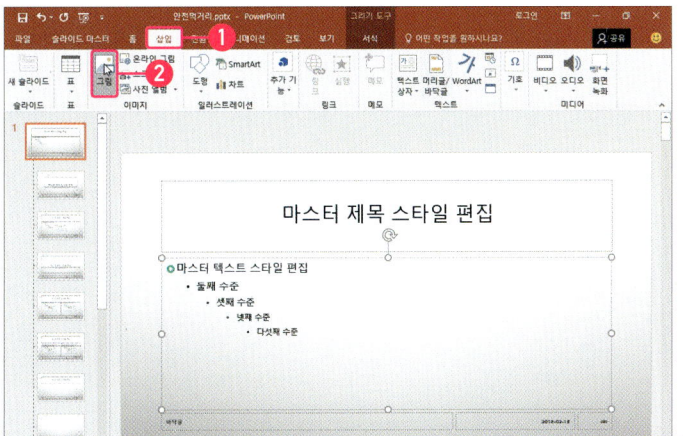

02 [그림 삽입] 대화상자에서 '**로고.png**'를 선택한 후 [삽입] 단추를 클릭합니다.

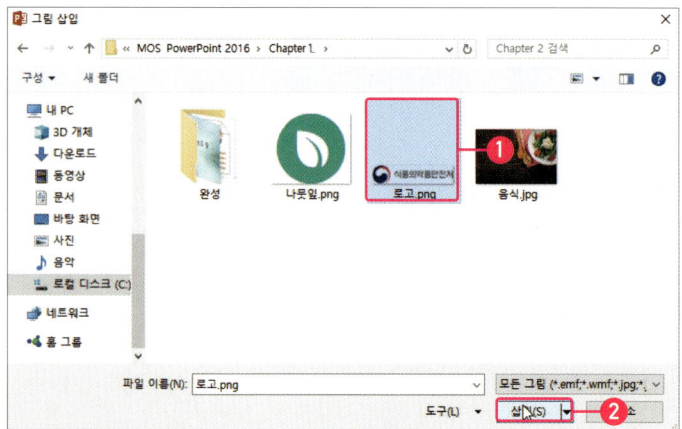

03 '로고' 그림 파일을 드래그하여 슬라이드 마스터의 왼쪽 하단에 위치시킵니다. 하위 슬라이드 레이아웃에 한꺼번에 적용됩니다.

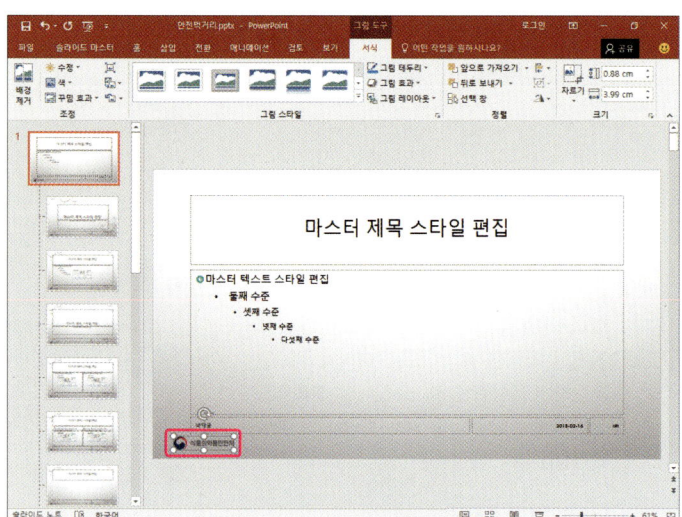

PLUS
슬라이드 마스터에서 배경 서식, 머리글, 바닥글, 페이지 번호, 테마 스타일, 테마 색, 테마 글꼴 등을 적용하면 하위 슬라이드 레이아웃에 한꺼번에 적용할 수 있기 때문에 슬라이드 마스터를 수정하는 방법에 대해 다양한 문제로 출제될 수 있습니다.

슬라이드 마스터의 레이아웃-1

제목 슬라이드 레이아웃에 슬라이드 마스터에서 삽입한 요소를 숨기고 음식.jpg 파일을 배경에 삽입합니다.

01 삽입한 요소를 보이지 않게 하기 위해 슬라이드 목록 창에서 **제목 슬라이드 레이아웃**을 클릭한 후 [슬라이드 마스터] 탭 - [배경] 그룹 - **[배경 그래픽 숨기기]**에 체크합니다.

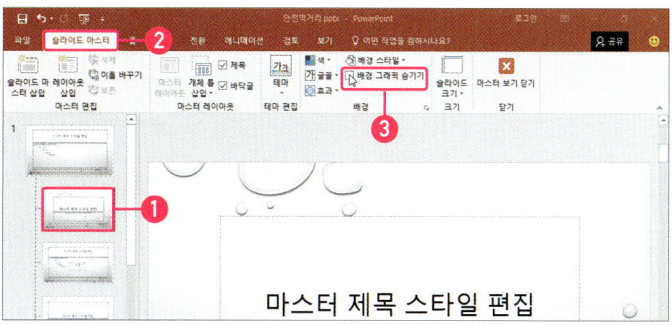

02 제목 슬라이드 레이아웃의 배경에 그림을 삽입하기 위해 [슬라이드 마스터] 탭 - [배경] 그룹 - [배경 스타일] - **[배경 서식]**을 클릭합니다.

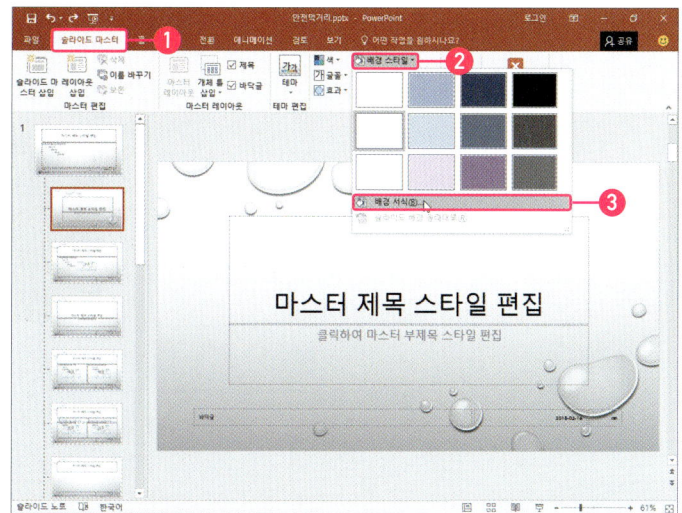

03 오른쪽에 [배경 서식] 옵션 창이 나타나면 [채우기]에서 **'그림 또는 질감 채우기'**를 선택한 후 [파일] 단추를 클릭합니다.

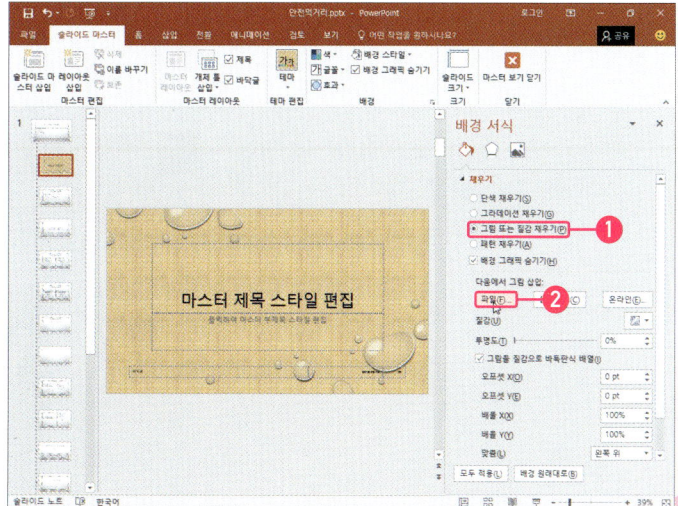

04 [그림 삽입] 대화상자에서 **'음식.jpg'**를 선택한 후 [삽입] 단추를 클릭합니다.

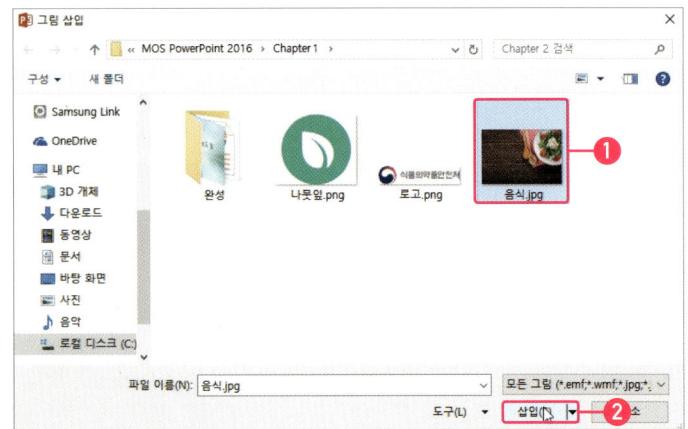

05 슬라이드 레이아웃 중 제목 슬라이드 레이아웃의 배경만 변경되었습니다. [배경 서식] 옵션 창을 닫습니다.

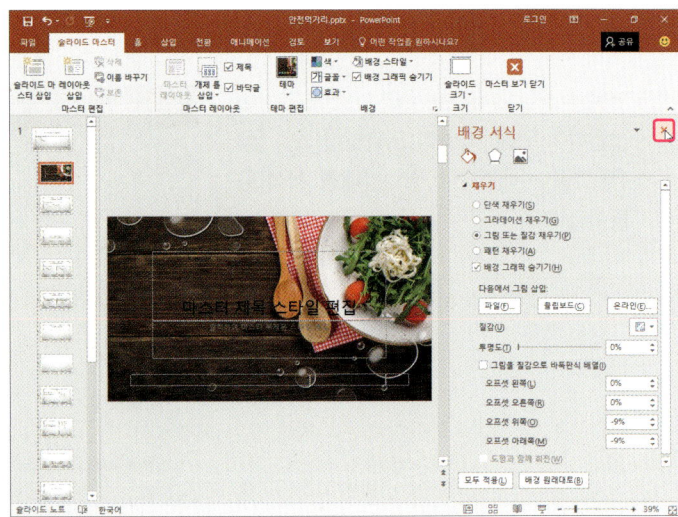

Skill 05 슬라이드 마스터의 레이아웃-2

왼쪽에는 텍스트 개체가 있고, 오른쪽에는 그림 개체가 있는 "사용자지정"이라는 새로운 슬라이드 레이아웃을 만듭니다. 다른 모든 기본 개체들은 그대로 유지합니다. 새로운 개체의 크기와 위치는 중요하지 않습니다.

01 새 슬라이드 레이아웃을 삽입하기 위해 [슬라이드 마스터] 탭 - [마스터 편집] 그룹 - [레이아웃 삽입]을 클릭합니다.

02 새로운 슬라이드 레이아웃이 삽입되었으면 레이아웃의 개체를 구성하기 위해 [슬라이드 마스터] 탭 - [마스터 레이아웃] 그룹 - [개체 틀 삽입] - **[텍스트]**를 클릭합니다.

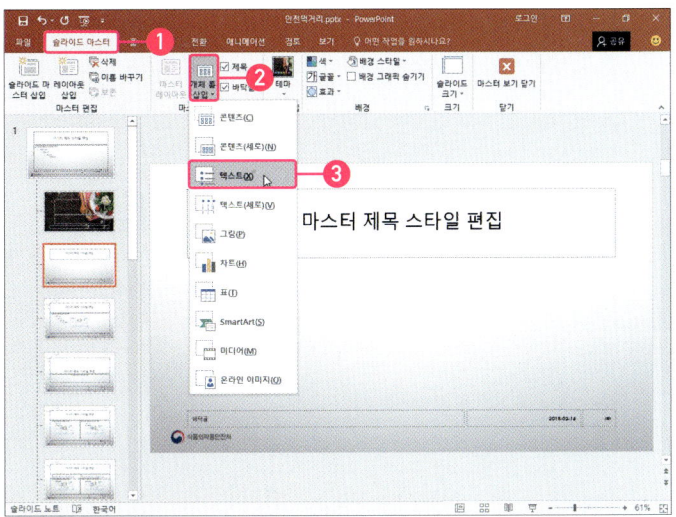

03 다른 모든 개체는 그대로 유치한 채 왼쪽 부분에 드래그하여 텍스트 개체를 삽입합니다.

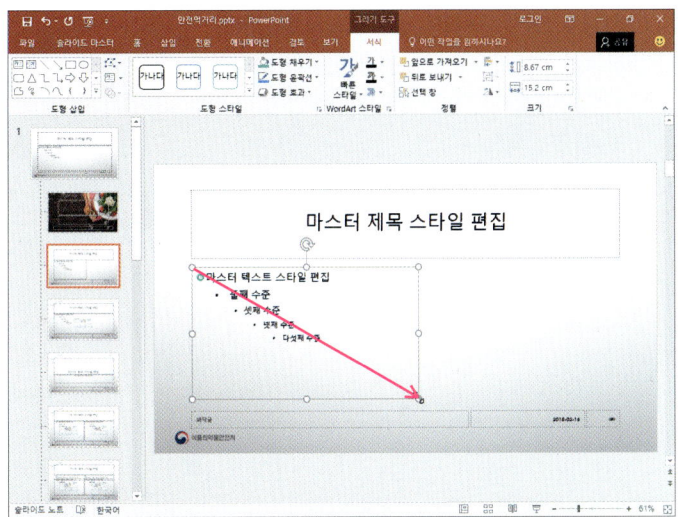

04 새로운 슬라이드 레이아웃에 그림 개체를 삽입하기 위해 [슬라이드 마스터] 탭 - [마스터 레이아웃] 그룹 - [개체 틀 삽입] - **[그림]**을 클릭합니다.

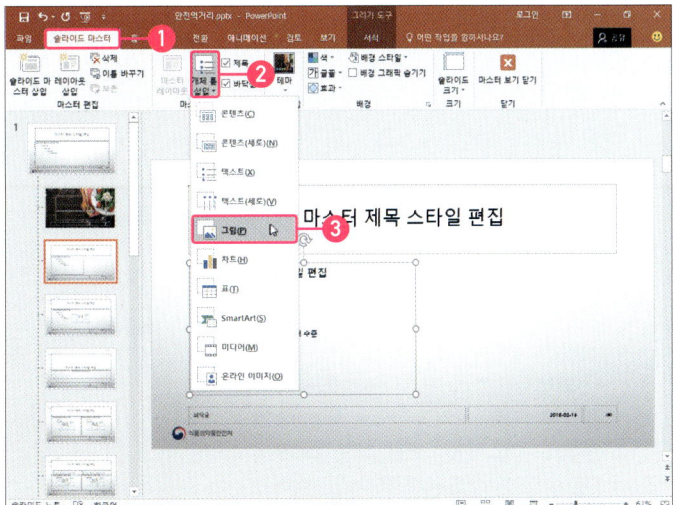

05 슬라이드의 오른쪽 부분에 드래그하여 그림 개체를 삽입합니다.

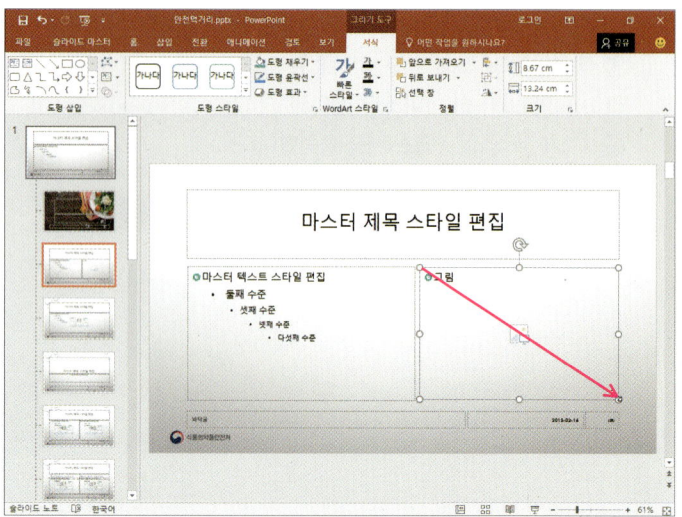

06 이름을 변경하기 위해 슬라이드 목록 창의 해당 슬라이드 레이아웃 위에서 마우스 오른쪽 단추를 누릅니다. **[레이아웃 이름 바꾸기]**를 클릭합니다.

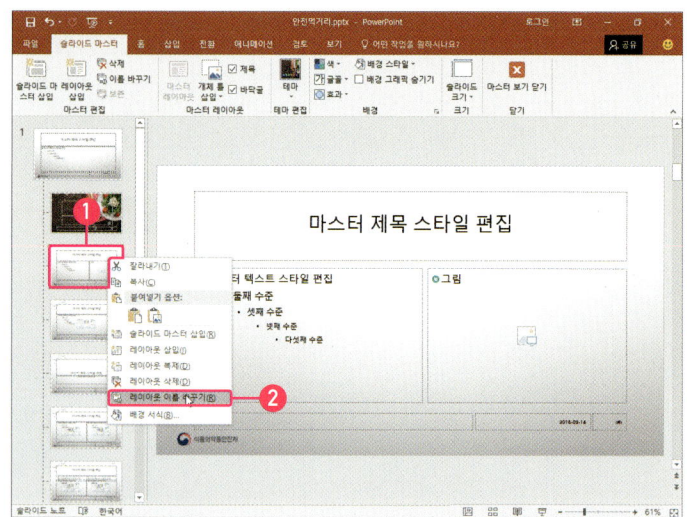

07 [레이아웃 이름 바꾸기] 대화상자에서 레이아웃 이름을 '**사용자지정**'이라고 입력한 후 [이름 바꾸기] 단추를 클릭합니다. 해당 레이아웃에 마우스를 가져가면 변경된 이름을 확인할 수 있습니다.

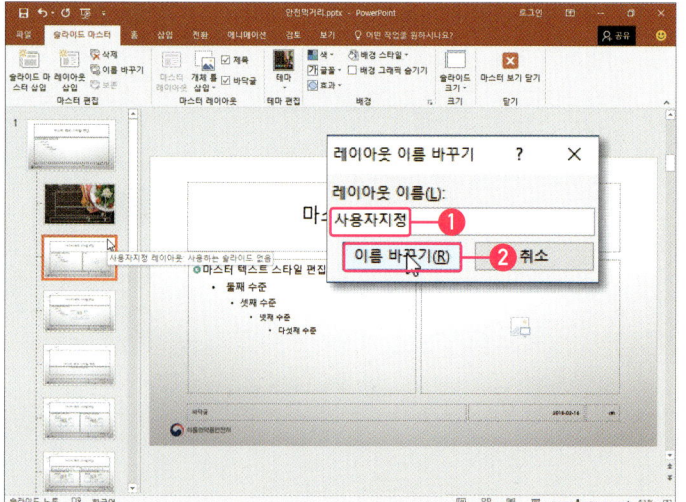

PLUS

[슬라이드 마스터] 탭 – [닫기] 그룹 – [마스터 보기 닫기]를 클릭하여 슬라이드 마스터를 닫고 [기본] 보기 화면으로 되돌아가면 슬라이드 마스터에서 변경한대로 프레젠테이션의 각 슬라이드가 변경되어 있습니다.

유인물 마스터

유인물 마스터에 "**초안**"이라는 왼쪽 바닥글이 표시되도록 변경하고, 유인물의 방향은 가로로, 한 페이지에 2장의 슬라이드가 포함되도록 설정합니다.

01 [보기] 탭 - [마스터 보기] 그룹 - **[유인물 마스터]**를 클릭합니다.

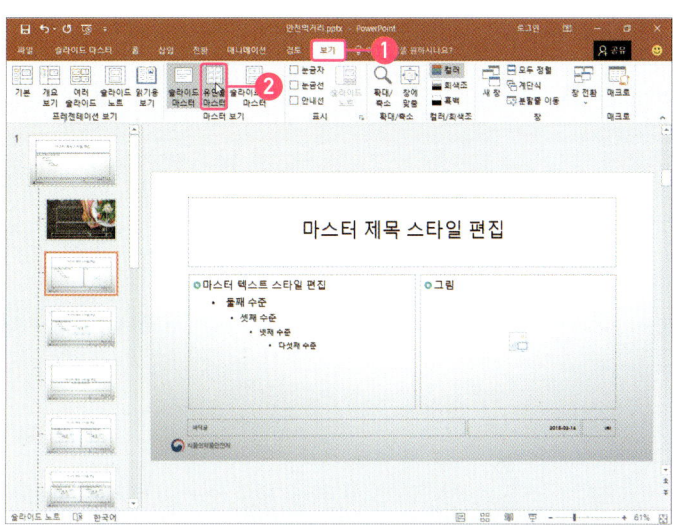

> **PLUS**
> 유인물 마스터에서는 프레젠테이션이 인쇄된 유인물로 나타나는 모양을 사용자가 지정할 수 있습니다. 유인물의 배경 서식, 머리글/바닥글의 위치, 유인물의 디자인 및 레이아웃을 설정할 수 있습니다.

02 [유인물 마스터] 탭 - [페이지 설정] 그룹 - [유인물 방향] - **[가로]**를 클릭합니다.

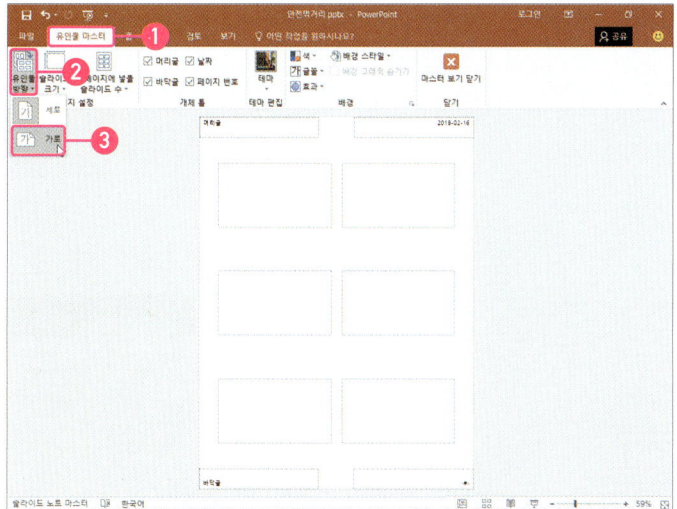

03 한 페이지에 넣을 슬라이드 수를 설정하기 위해 [유인물 마스터] 탭 - [페이지 설정] 그룹 - [한 페이지에 넣을 슬라이드 수] - **[2슬라이드]**를 클릭합니다.

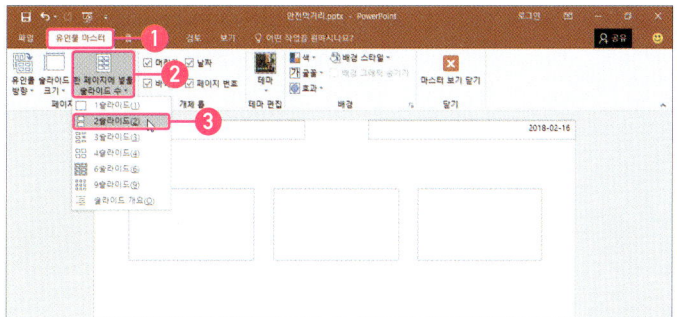

Chapter 1 · 프레젠테이션 만들기 및 관리   41

04 [삽입] 탭 - [텍스트] 그룹 - [머리글/바닥글]을 클릭합니다.

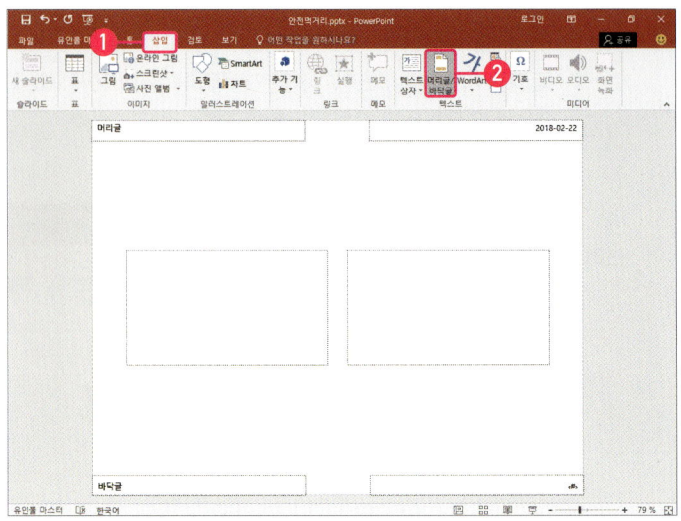

05 [머리글/바닥글] 대화상자의 [슬라이드 노트 및 유인물] 탭에서 **'바닥글'**에 체크하고 **'초안'**이라고 입력한 후, [모두 적용] 단추를 클릭합니다.

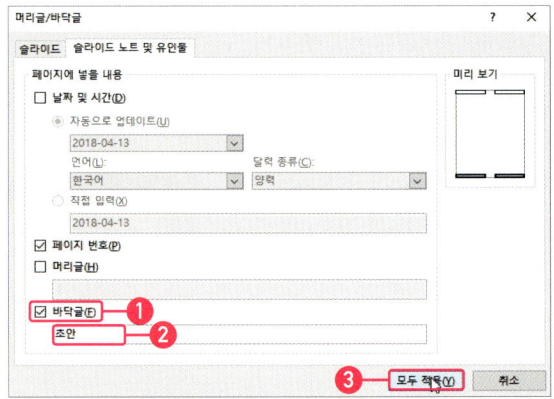

06 유인물의 바닥글에 '초안'이 입력된 것을 확인할 수 있습니다.

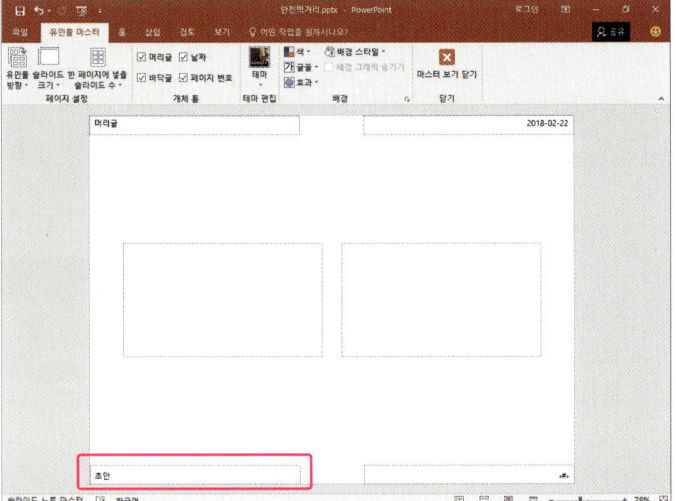

슬라이드 노트 마스터
슬라이드 노트 마스터의 본문 위치 도형에 재생지 질감 채우기를 적용하고, 머리글의 날짜를 제거합니다.

01 [보기] 탭 - [마스터 보기] 그룹 - **[슬라이드 노트 마스터]**를 클릭합니다.

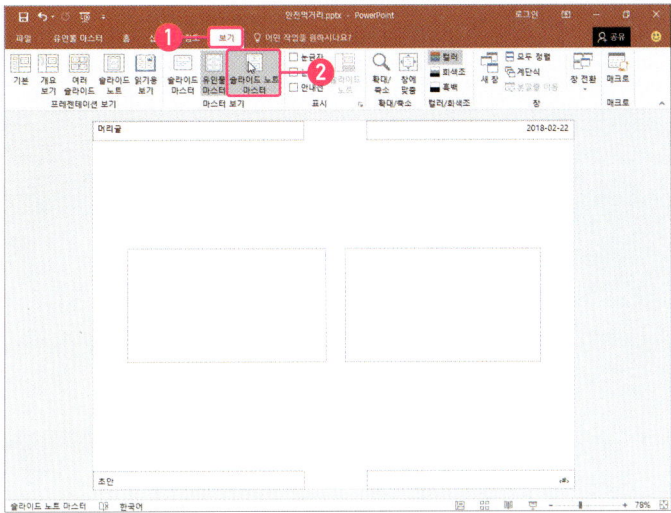

02 개체 틀 중에서 본문 위치의 도형을 선택한 후 [그리기 도구]의 [서식] 탭 - [도형 스타일] 그룹 - [도형 채우기] - [질감] - **[재생지]**를 클릭합니다. 본문 위치의 도형이 재생지 질감으로 채워집니다.

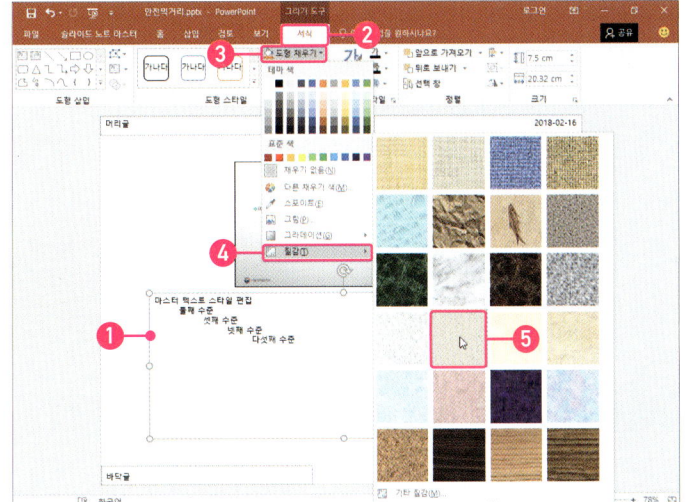

03 [슬라이드 노트 마스터] 탭 - [개체 틀] 그룹에서 [날짜]의 체크를 클릭하여 해제합니다. 날짜에 해당하는 개체 틀이 제거됩니다.

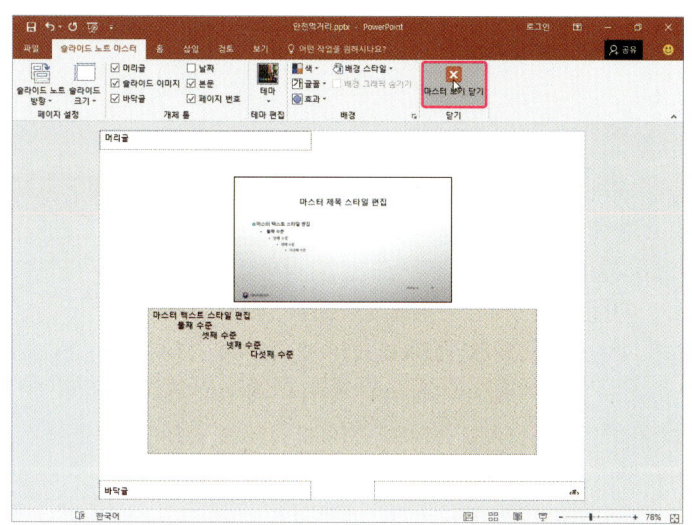

PLUS
머리글이나 바닥글, 페이지 번호 등도 체크를 해제하여 보이지 않게 할 수 있고, 다시 체크하여 슬라이드 노트 마스터에서 보이게 할 수 있습니다.

04 슬라이드 마스터의 설정을 끝마치려면 [슬라이드 노트 마스터] 탭 - [닫기] 그룹 - [마스터 보기 닫기]를 클릭합니다. 슬라이드 마스터에서 변경한 구성 요소가 각 슬라이드에 적용된 것을 확인할 수 있습니다.

 적응 문제

◉ 예제파일 : 예제1-04.pptx　◉ 완성파일 : 완성1-04.pptx

01. 어린이 테마를 슬라이드 마스터에 적용합니다.
02. 왼쪽에는 온라인 이미지 개체가 있고, 오른쪽에는 텍스트 개체가 있는 "<u>온라인 이미지</u>"라는 새로운 슬라이드 레이아웃을 만듭니다. 다른 모든 기본 개체들은 그대로 유지합니다. 새로운 개체의 크기와 위치는 중요하지 않습니다.
03. 슬라이드 마스터에서 프레젠테이션의 왼쪽 바닥글에 "<u>건강한 여름</u>"이라고 표시되도록 변경하고, 페이지 번호는 제목 슬라이드를 제외한 모든 슬라이드에 적용합니다.
04. 슬라이드 노트 마스터의 배경 스타일을 '스타일10'으로 적용하고, "<u>1조</u>"라는 왼쪽 머리글이 표시되도록 변경합니다.

Section 05

슬라이드 구역 관리

슬라이드 구역 기능을 활용하면 많은 슬라이드를 정리할 때 사용할 수 있고, 구역을 나누어서 여러 사람이 발표할 때도 활용할 수 있습니다. 슬라이드 구역 기능에 대해서 알아보겠습니다.

Check Point 구역 이름 바꾸기, 구역 추가, 구역 제거, 구역 이동

◉ 예제파일 : 미세먼지-1.pptx

Skill 01 구역 이름 변경하기

프레젠테이션에서 "제목 없는 구역"이라는 구역 이름을 "미세먼지 개요"로 변경합니다.

01 슬라이드 목록 창에서 '**제목 없는 구역**'을 선택한 후 [홈] 탭 - [슬라이드] 그룹 - [구역] - [**구역 이름 바꾸기**]를 클릭합니다.

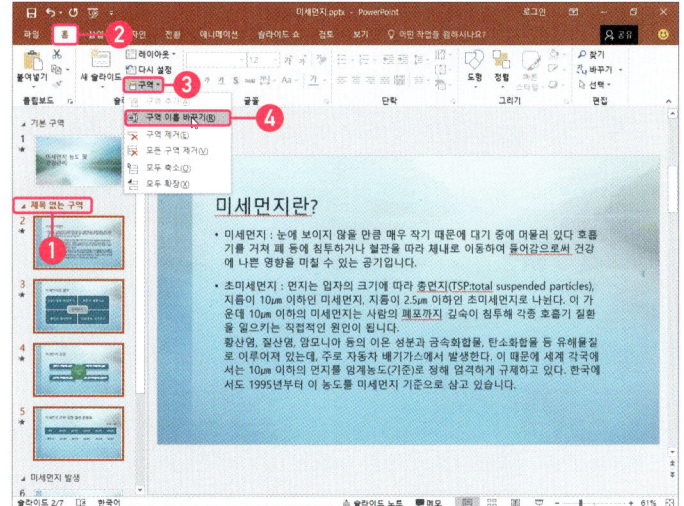

02 [구역 이름 바꾸기] 대화상자의 구역 이름에 '**미세먼지 개요**'라고 입력하고 [이름 바꾸기] 단추를 클릭합니다.

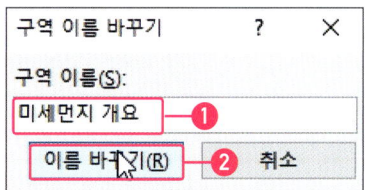

> **PLUS**
> 슬라이드 목록 창에서 이름을 바꾸려는 구역 이름 위에서 마우스 오른쪽 단추를 누른 후 [구역 이름 바꾸기]를 클릭해도 [구역 이름 바꾸기] 대화상자가 나타나서 구역 이름을 바꿀 수 있습니다.

03 구역 이름이 '미세먼지 개요'로 변경되었습니다.

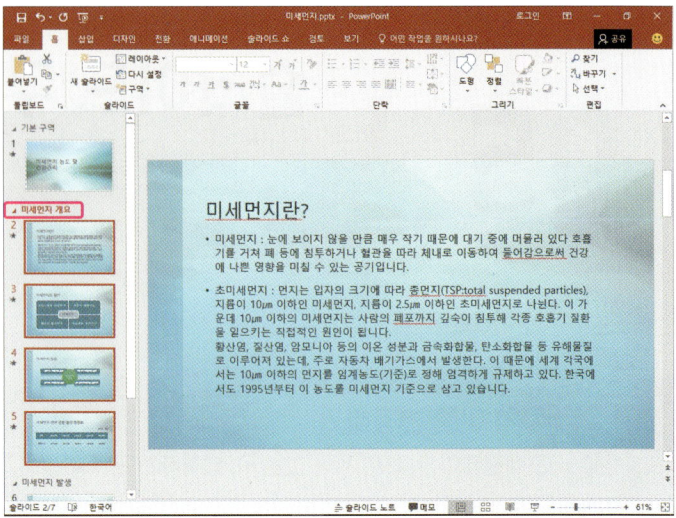

Skill 02 구역 추가하기

슬라이드4 앞에 "미세먼지 등급"이라고 하는 구역을 추가합니다.

01 슬라이드 목록 창에서 **슬라이드4** 앞을 클릭하고 [홈] 탭 - [슬라이드] 그룹 - [구역] - [**구역 추가**]를 클릭합니다.

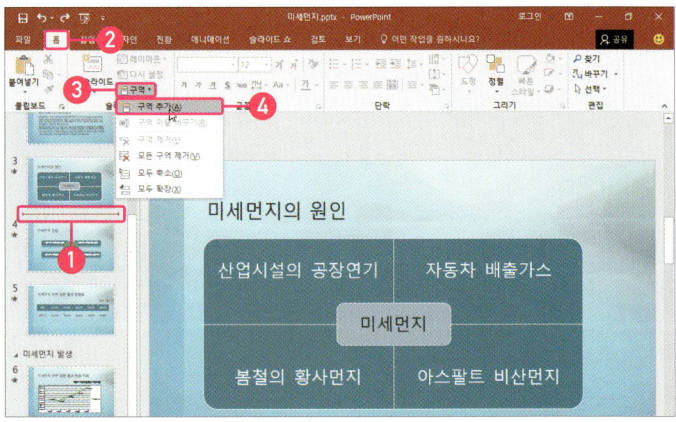

PLUS
슬라이드 목록 창의 구역을 추가하려는 슬라이드에서 마우스 오른쪽 단추를 누른 후 [구역 추가]를 클릭해도 구역 추가를 할 수 있습니다.

02 [구역 이름 바꾸기] 대화상자에서 **'미세먼지 등급'**을 입력하고 [이름 바꾸기] 단추를 클릭합니다. '미세먼지 등급' 구역이 추가되었습니다.

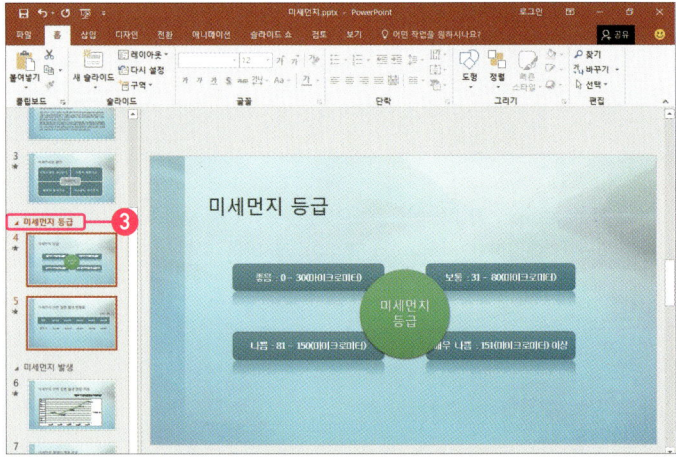

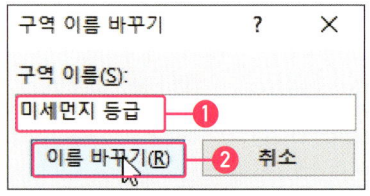

구역 이동

"미세먼지 등급" 구역의 모든 슬라이드를 프레젠테이션 끝으로 이동합니다.

01 슬라이드 목록 창에서 이동하려는 '**미세먼지 등급**' 구역 이름 위에서 마우스 오른쪽 단추를 누른 후 [**구역을 아래로 이동**]을 클릭합니다.

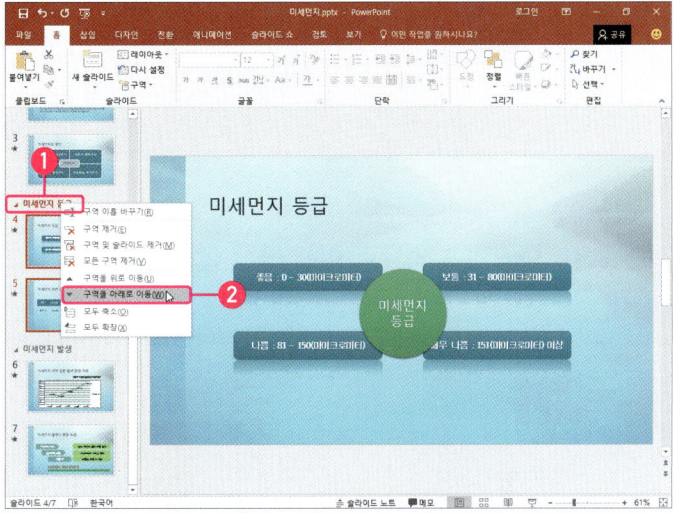

02 구역에 포함된 모든 슬라이드가 프레젠테이션 끝으로 이동되었습니다.

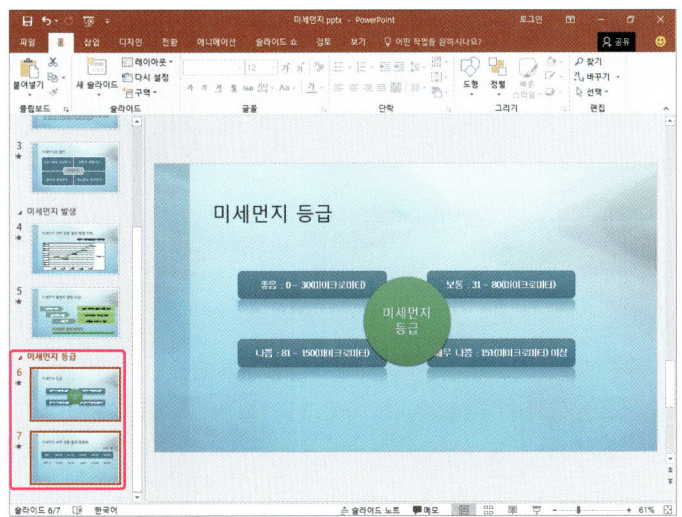

PLUS

구역 제거

슬라이드 목록 창의 구역 이름 위에서 마우스 오른쪽 단추를 누른 후 [구역 제거]를 클릭하여 해당 구역을 제거할 수 있습니다. [모든 구역 제거]는 슬라이드의 모든 구역을 제거합니다.

 　　　　　　　　　　　　　　　　　　　　 ⊙ 예제파일 : 예제1-05.pptx　⊙ 완성파일 : 완성1-05.pptx

01. 프레젠테이션에서 "제목 없는 구역"이라는 구역 이름을 "<u>행동요령</u>"으로 변경합니다.

02. "표"라는 구역을 프레젠테이션에서 제거합니다.

Section 06

프레젠테이션 인쇄

프레젠테이션을 다양한 인쇄 모양, 인쇄 옵션을 설정하고 인쇄 범위에 따라 인쇄 매수를 지정하여 인쇄할 수 있습니다.

Check Point 복사본, 인쇄 옵션, 인쇄 모양, 유인물

◉ 예제파일 : 미세먼지-2.pptx

Skill 01 다양한 방법으로 인쇄 옵션 설정하기

슬라이드 노트의 복사본이 가로 방향으로 3부 인쇄되도록 인쇄 옵션을 설정합니다. 첫 슬라이드의 복사본 3부가 모두 인쇄된 후 두 번째 슬라이드의 복사본이 인쇄되어야 합니다.

01 [파일] 탭 - [**인쇄**]를 클릭하면 인쇄 옵션을 설정하여 인쇄할 수 있습니다. 오른쪽에 미리 보기 화면이 나타납니다.

02 [설정]에서 인쇄 대상을 [인쇄 모양]의 [**슬라이드 노트**]로 변경합니다.

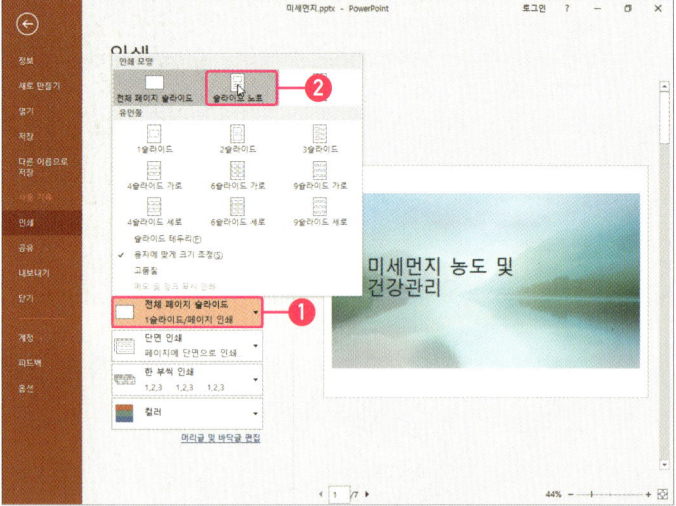

03 인쇄 방향은 [**가로 방향**]으로 설정합니다.

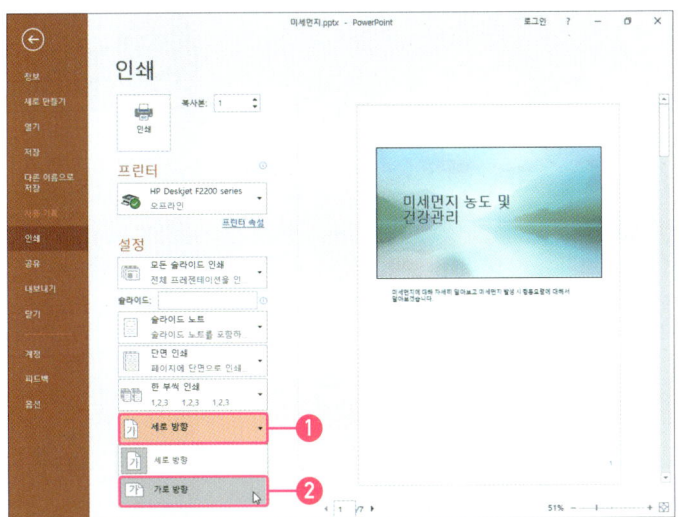

04 3부를 인쇄하기 위해 복사본은 '**3**'으로 설정합니다. 인쇄 순서는 한 부씩 인쇄하는 것이 아니므로 [**한 부씩 인쇄 안 함**]으로 설정합니다.

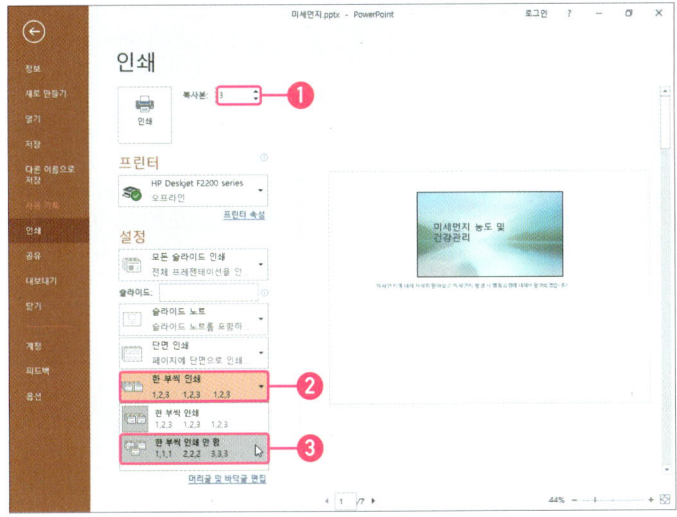

Skill 02 회색조로 인쇄하기
모든 슬라이드에 대한 슬라이드 노트를 인쇄하도록 인쇄 옵션을 설정하고, 고품질의 회색조로 인쇄합니다.

01 [설정]의 인쇄 대상에서 [슬라이드 노트]를 선택하고 [**고품질**]을 클릭합니다.

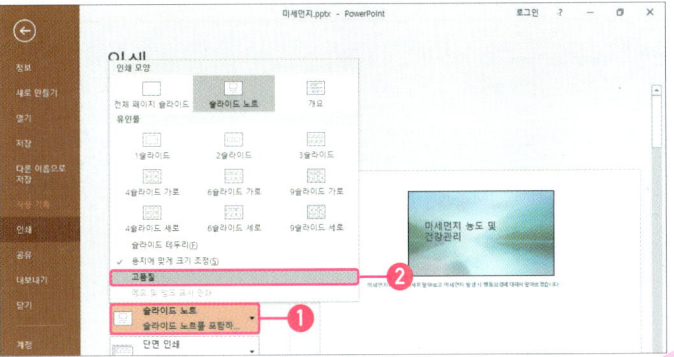

02 인쇄 색상은 [회색조]로 설정합니다.

03 인쇄 미리보기 화면에서 회색조로 색상이 변경된 것을 확인할 수 있습니다.

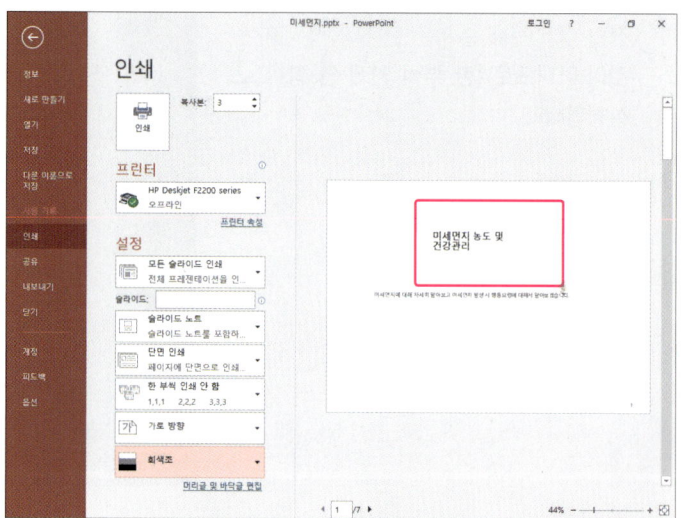

예제파일 : 예제1-06.pptx

01. 페이지당 3개의 슬라이드가 있는 유인물의 복사본을 5부 인쇄하도록 인쇄 옵션을 구성합니다. 슬라이드 테두리를 포함하여 용지에 맞게 설정하고, 첫 페이지가 5부 모두 인쇄되고 난 후 두 번째 페이지의 복사본이 인쇄되어야 합니다.

02. "행동요령" 구역을 인쇄하도록 인쇄 옵션을 설정합니다.

Section 07

슬라이드 쇼 구성

슬라이드 쇼를 진행하면서 잉크 주석을 달아서 설명을 보완해서 할 수도 있고, 특정 슬라이드만 슬라이드 쇼를 재구성하여 발표할 수도 있습니다.

Check Point 슬라이드 쇼, 잉크 주석, 쇼 재구성, 웹 형식, 화면 전환, 쇼 설정

◉ 예제파일 : 미세먼지-2.pptx

Skill 01 슬라이드 쇼 잉크 주석 저장하기

처음부터 슬라이드 쇼를 진행하여 슬라이드3의 "아스팔트 비산먼지" 단어에 펜 도구로 동그라미를 표시하고, 잉크 주석을 저장합니다.

01 [슬라이드 쇼] 탭 - [슬라이드 쇼 시작] 그룹 - [처음부터]를 클릭합니다. 슬라이드 쇼가 시작됩니다.

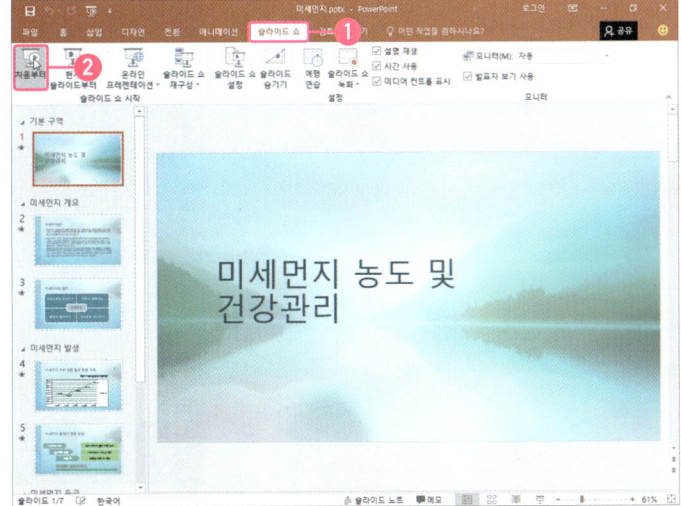

02 **슬라이드3**으로 이동한 후 왼쪽 하단으로 마우스로 가져가서 ☑를 클릭하고, [펜]을 선택합니다.

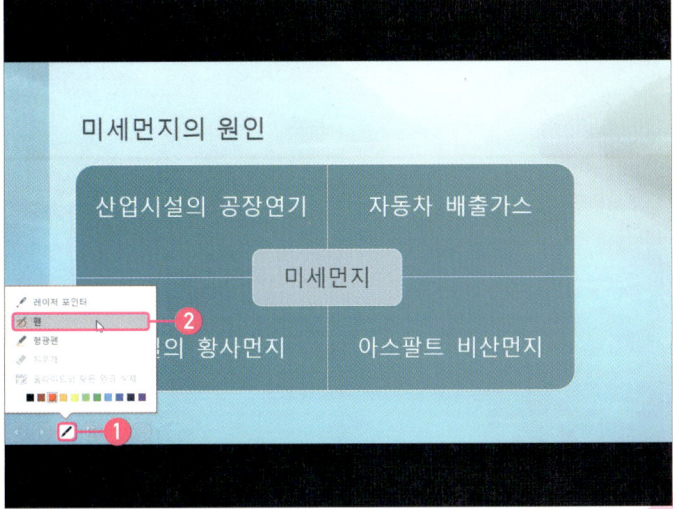

03 **'아스팔트 비산먼지'** 위에서 마우스를 드래그하여 다음 그림처럼 동그라미를 그려줍니다.

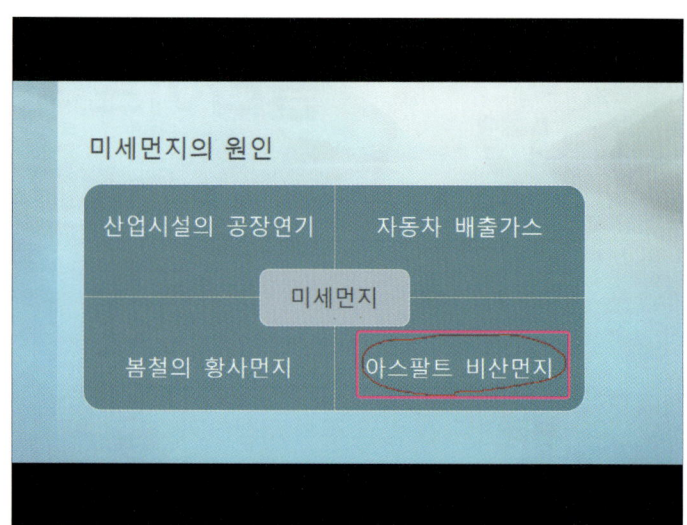

04 Esc 키를 눌러 슬라이드 쇼를 중지하면 잉크 주석을 유지하시겠냐는 대화상자가 나타납니다. [예] 단추를 클릭합니다.

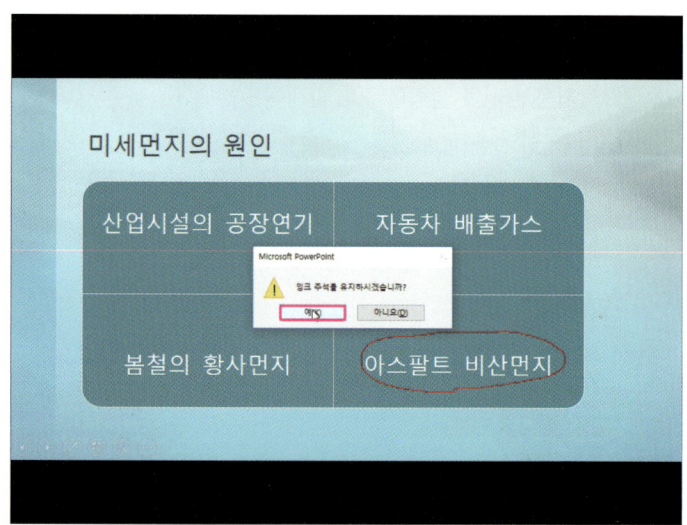

05 슬라이드에 잉크 주석이 저장되어 유지됩니다.

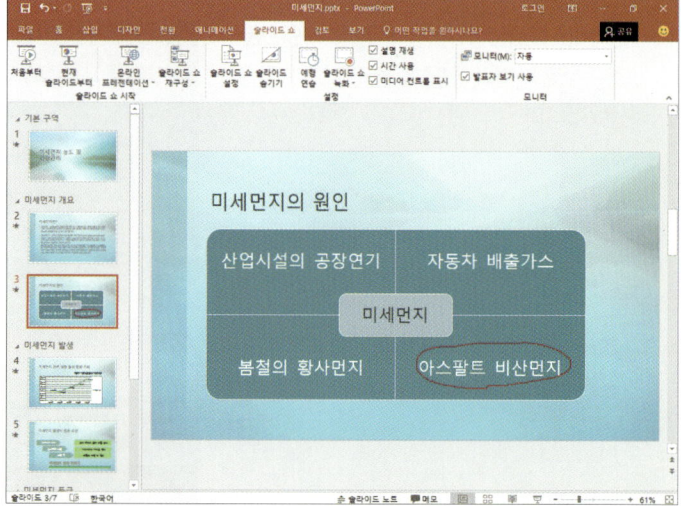

슬라이드 쇼 재구성

슬라이드 1, 2, 3, 4, 7만 포함하는 "**발표**"라는 이름의 슬라이드 쇼를 재구성합니다.

01 [슬라이드 쇼] 탭 - [슬라이드 쇼 시작] 그룹 - [슬라이드 쇼 재구성] - **[쇼 재구성]**을 클릭합니다.

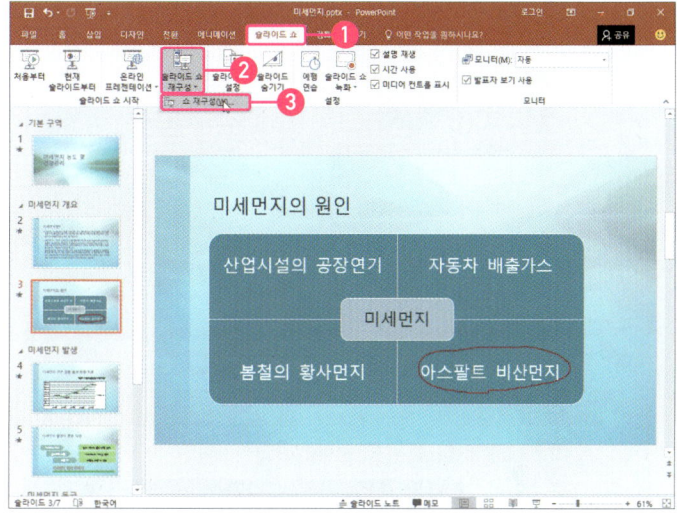

02 [쇼 재구성] 대화상자에서 [새로 만들기] 단추를 클릭합니다. 슬라이드 쇼 이름에 '**발표**'라고 입력한 후 재구성할 **슬라이드 (1, 2, 3, 4, 7)**를 체크하고 [추가] 단추를 클릭합니다.

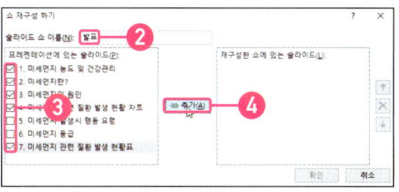

03 추가를 완료하고 [확인] 단추를 클릭합니다. '발표'라는 슬라이드 쇼가 재구성되었습니다. [닫기] 단추를 클릭합니다.

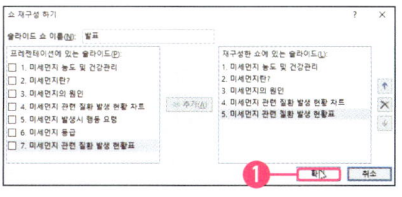

PLUS

예행 연습

01 [슬라이드 쇼] 탭 – [설정] 그룹 – [예행 연습]을 클릭합니다.

02 슬라이드 쇼가 시작됨과 동시에 녹화 도구 모음이 표시됩니다. 각 슬라이드마다 6초씩 사용하여 예행 연습을 진행하려면 5초가 지난 후에 [다음(→)]을 클릭합니다. 슬라이드마다 5초가 지난 후 [다음(→)]을 클릭합니다.

03 마지막 슬라이드까지 예행 연습이 끝나면 슬라이드 쇼에 걸린 소요 시간과 저장할지 묻는 대화상자가 표시됩니다. [예] 단추를 클릭하여 저장합니다. 저장된 각 슬라이드 예행 연습 시간에 맞춰 예행 연습할 수 있습니다.

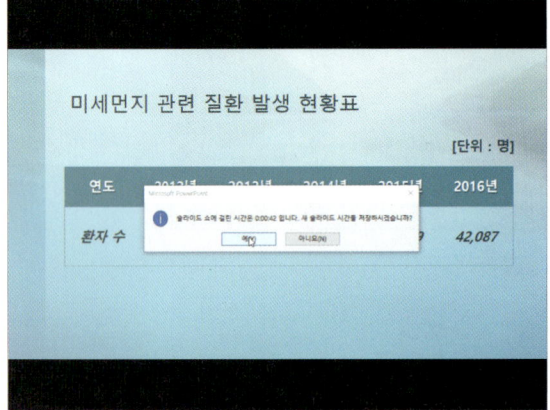

슬라이드 쇼 설정

슬라이드 쇼 유형을 웹 형식으로 진행하고, 화면 전환을 수동으로 구성합니다.

01 [슬라이드 쇼] 탭 - [설정] 그룹 - **[슬라이드 쇼 설정]**을 클릭합니다.

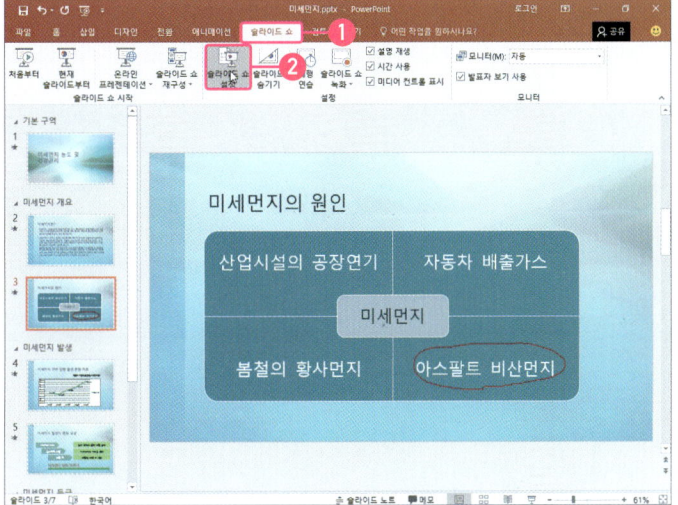

02 [쇼 설정] 대화상자의 보기 형식에서 **'웹 형식으로 진행'**을 선택합니다. 화면 전환의 **'수동'**을 선택한 후 [확인] 단추를 클릭합니다. 슬라이드 쇼 설정이 완료되었습니다.

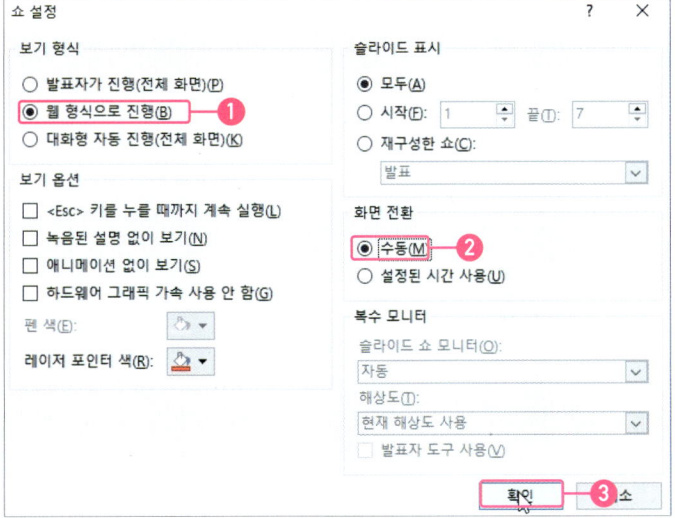

⊙ 예제파일 : 예제1-07.pptx ⊙ 완성파일 : 완성1-07.pptx

01. 슬라이드2부터 슬라이드 쇼를 시작하고, 슬라이드2의 "직사광선 피하기" 단어에 빨간 펜으로 동그라미를 표시하고, 잉크 주석을 저장합니다.

02. 슬라이드3, 4까지를 사용해 "폭염"이라는 이름의 슬라이드 쇼를 재구성합니다.

03. "폭염"이라는 이름의 쇼를 진행할 수 있도록 슬라이드 쇼를 설정합니다. 기본 펜 색은 녹색으로 설정하고 발표자 도구는 사용하도록 적용합니다.

Chapter 1 • 프레젠테이션 만들기 및 관리   55

· MEMO ·

Chapter 2

텍스트, 도형 및 그림

Section 01 텍스트 삽입과 서식
Section 02 텍스트 단락
Section 03 도형 삽입
Section 04 도형 효과
Section 05 그림 삽입
Section 06 그림 효과
Section 07 개체 그룹과 정렬

Section 01 텍스트 삽입과 서식

슬라이드에서 원하는 위치에 텍스트 상자를 삽입하여 텍스트를 작성할 수 있고, 원하는 스타일로 텍스트 서식을 적용할 수 있습니다.

Check Point 텍스트 상자, 글꼴, 글꼴 크기, 굵게, 텍스트 그림자, 문자 간격, 글꼴 색

◉ 예제파일 : 쇼트트랙-1.pptx

Skill 01 텍스트 삽입

슬라이드3의 오른쪽 아래에 가로 텍스트 상자를 삽입하여 "빙상 종목"이라고 입력합니다.

01 슬라이드 목록 창에서 **슬라이드3**을 클릭한 후 [삽입] 탭 - [텍스트] 그룹 - [텍스트 상자] - **[가로 텍스트 상자 그리기]**를 클릭합니다.

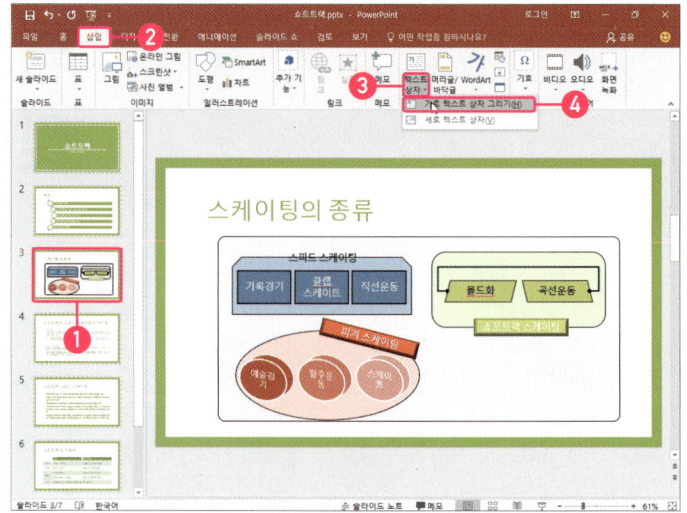

02 슬라이드의 오른쪽 아래쪽에 드래그하여 가로 텍스트 상자를 그립니다.

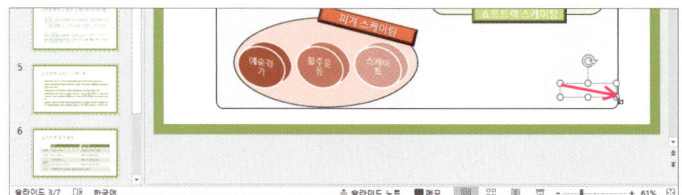

03 텍스트 상자 안에 **'빙상 종목'**이라고 입력합니다.

텍스트 서식-1

슬라이드3에서 "스피드 스케이팅" 텍스트가 있는 도형에 굵게, 진한 파랑 글꼴 색의 서식을 설정합니다.

01 슬라이드3의 '스피드 스케이팅' 텍스트 상자를 선택한 후 [홈] 탭 - [글꼴] 그룹 - [**굵게(가)**]를 클릭합니다.

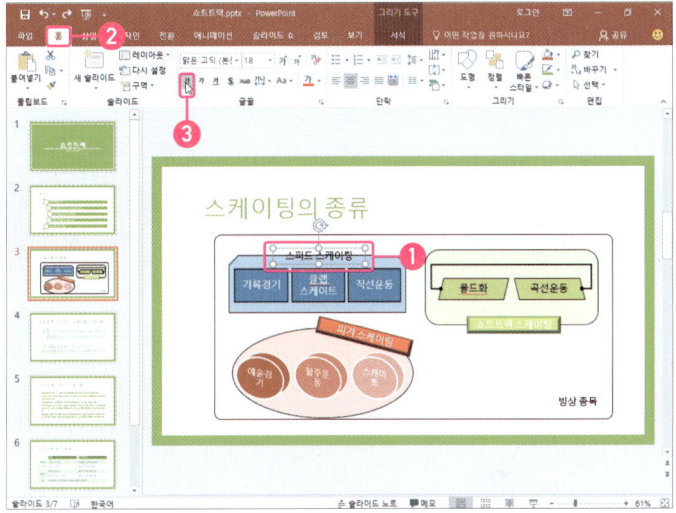

02 [홈] 탭 - [글꼴] 그룹 - [글꼴 색]의 목록 단추(▼)를 클릭한 후 [표준 색]의 [**진한 파랑**]을 클릭합니다.

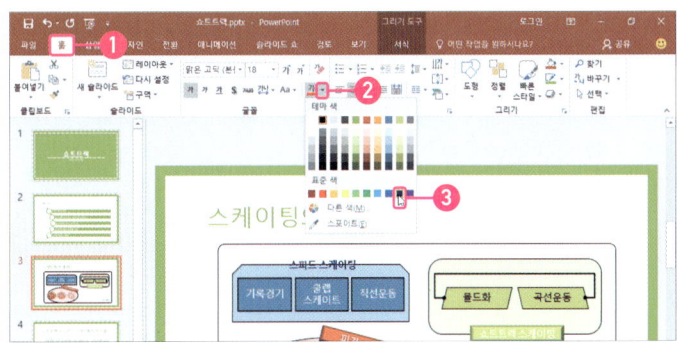

텍스트 서식-2

슬라이드4에서 "차이점" 텍스트에 이중 취소선을 적용합니다.

01 슬라이드4의 '차이점'을 블록 설정한 후 [홈] 탭 - [글꼴] 그룹의 표시 아이콘(☑)을 클릭합니다.

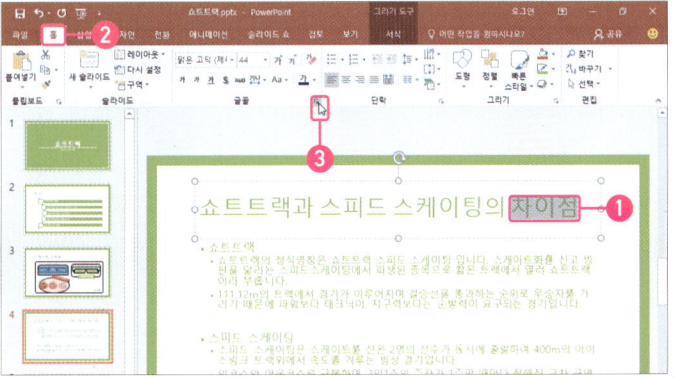

Chapter 2 • 텍스트, 도형 및 그림   59

02 [글꼴] 대화상자의 [글꼴] 탭에서 '**이중 취소선**'에 체크한 후 [확인] 단추를 클릭합니다.

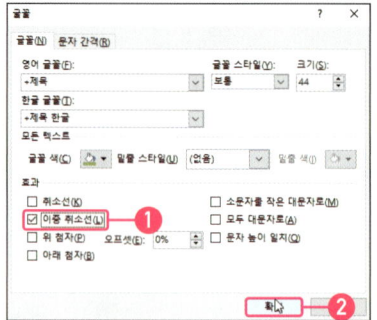

PLUS

[글꼴] 대화상자

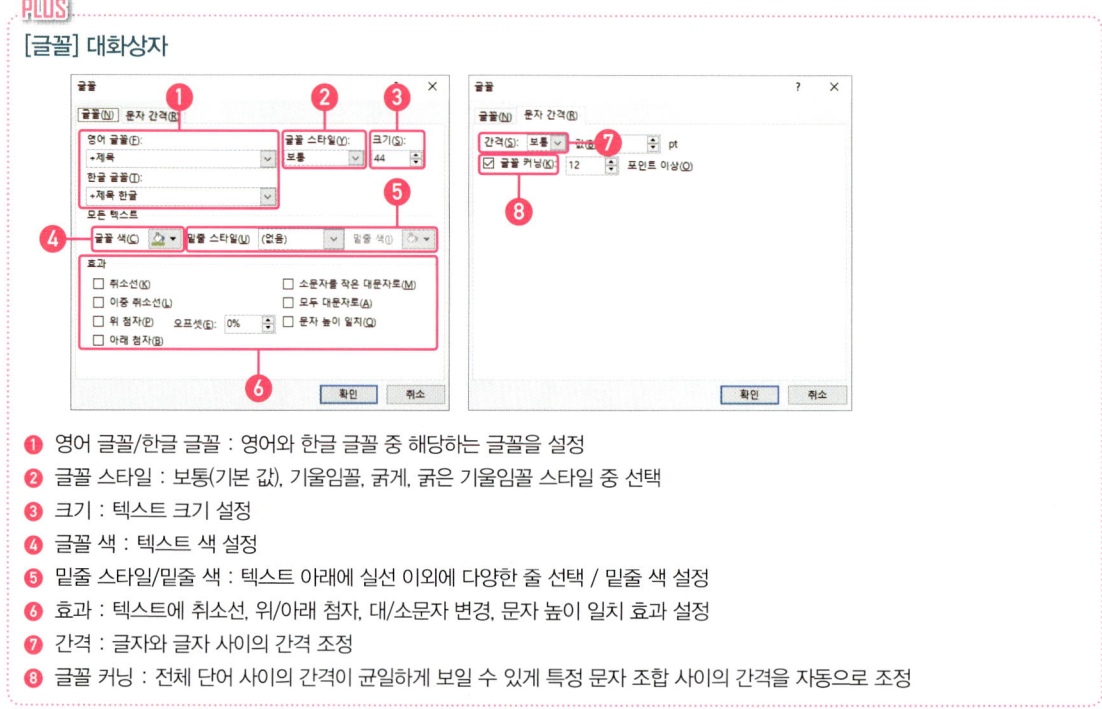

1. 영어 글꼴/한글 글꼴 : 영어와 한글 글꼴 중 해당하는 글꼴을 설정
2. 글꼴 스타일 : 보통(기본 값), 기울임꼴, 굵게, 굵은 기울임꼴 스타일 중 선택
3. 크기 : 텍스트 크기 설정
4. 글꼴 색 : 텍스트 색 설정
5. 밑줄 스타일/밑줄 색 : 텍스트 아래에 실선 이외에 다양한 줄 선택 / 밑줄 색 설정
6. 효과 : 텍스트에 취소선, 위/아래 첨자, 대/소문자 변경, 문자 높이 일치 효과 설정
7. 간격 : 글자와 글자 사이의 간격 조정
8. 글꼴 커닝 : 전체 단어 사이의 간격이 균일하게 보일 수 있게 특정 문자 조합 사이의 간격을 자동으로 조정

03 블록을 해제하면 '차이점' 텍스트에 이중 취소선이 적용된 것을 확인할 수 있습니다.

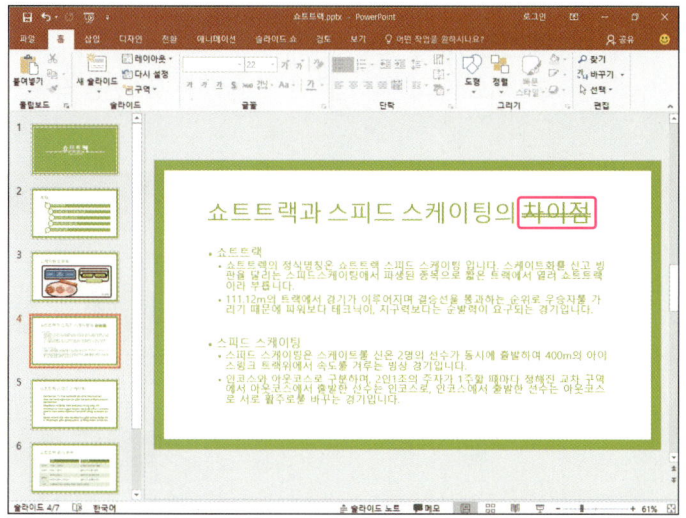

텍스트 서식-3

슬라이드6에서 "각 종목에서 예선, 준준결승, 준결승, 결승전이 펼쳐짐" 텍스트의 문자 간격을 좁게(1.5포인트)로 변경한 다음, 텍스트 그림자를 적용합니다.

01 **슬라이드6**을 클릭한 후 표의 비고란에서 **'각 종목에서 예선, 준준결승, 준결승, 결승전이 펼쳐짐'**을 블록 설정하고, [홈] 탭 - [글꼴] 그룹 - [문자 간격(譚)] - **[기타 간격]**을 클릭합니다.

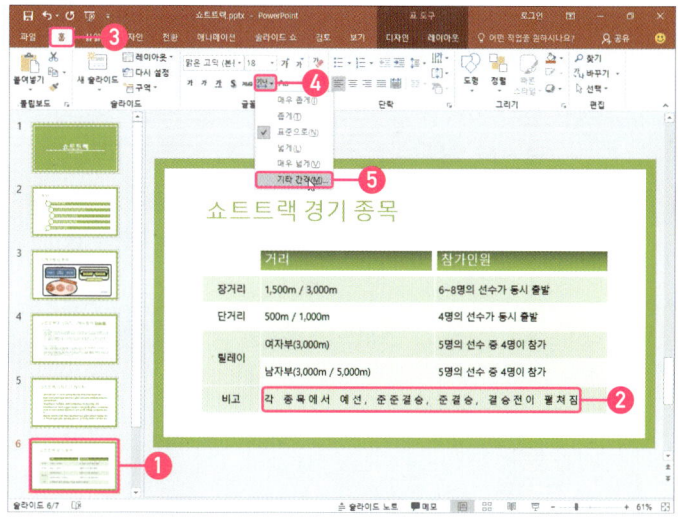

02 [글꼴] 대화상자의 [문자 간격] 탭에서 간격은 **'좁게'**, 값은 **'1.5pt'**로 설정한 후 [확인] 단추를 클릭합니다.

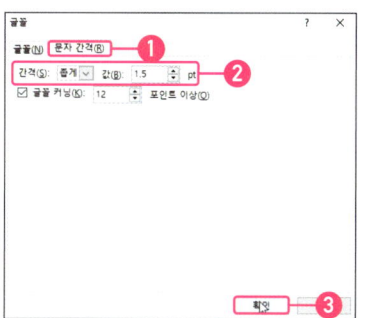

03 문자 간격이 좁아졌습니다. [홈] 탭 - [글꼴] 그룹에서 **[텍스트 그림자(⑤)]**를 클릭합니다.

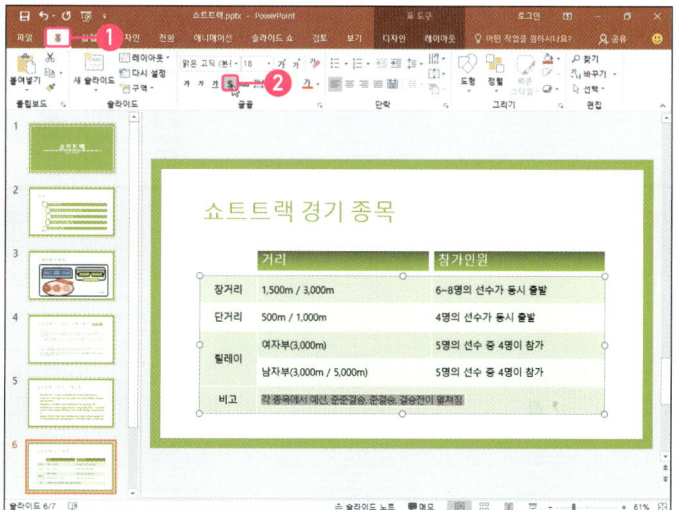

Chapter 2 • 텍스트, 도형 및 그림

04 텍스트에 그림자가 적용된 것을 확인할 수 있습니다.

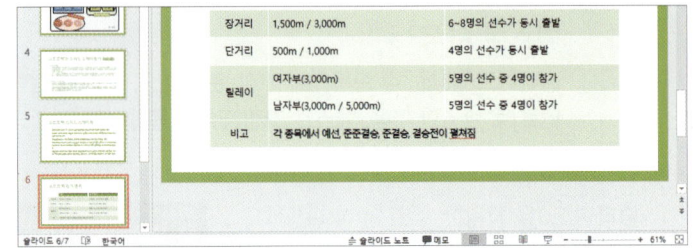

Skill 05 텍스트 서식-4

슬라이드3의 "스피드 스케이팅" 텍스트 상자에 색 채우기-바다색, 강조4 스타일을 적용합니다. 도형의 테두리를 3pt로 변경한 다음 각지게 입체 효과를 적용합니다.

01 **슬라이드3**을 클릭하고 '**스피드 스케이팅**' **텍스트 상자**를 선택한 후 [그리기 도구] - [서식] 탭을 클릭합니다.

02 [도형 스타일] 그룹의 자세히 단추(▼)를 클릭한 후 [**색 채우기-바다색, 강조4**]를 클릭합니다.

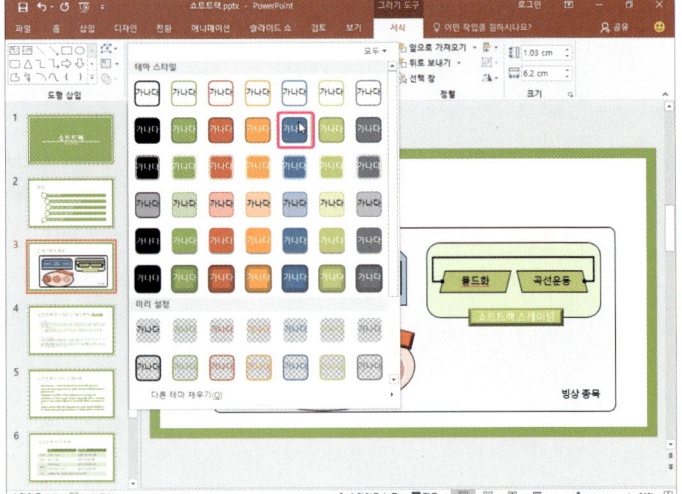

03 [그리기 도구] - [서식] 탭 - [도형 스타일] 그룹 - [도형 윤곽선] - [두께]를 차례로 클릭한 후 [**3pt**]를 클릭합니다.

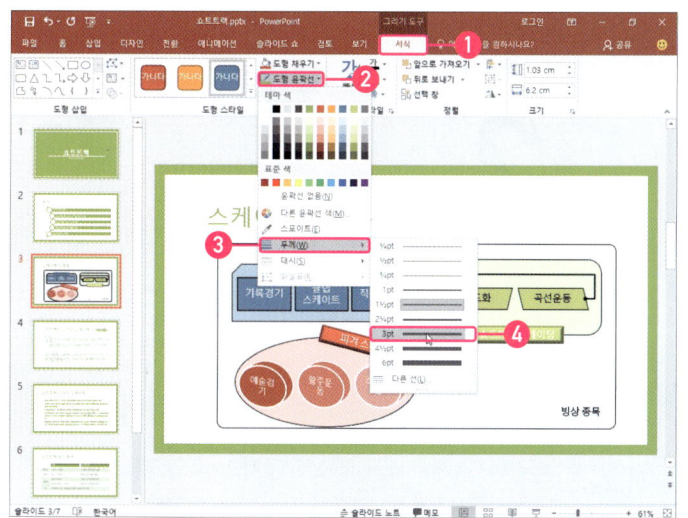

04 [그리기 도구] - [서식] 탭 - [도형 스타일] 그룹 - [도형 효과] - [입체 효과]를 클릭한 후 [입체 효과]의 [**각지게**]를 클릭합니다.

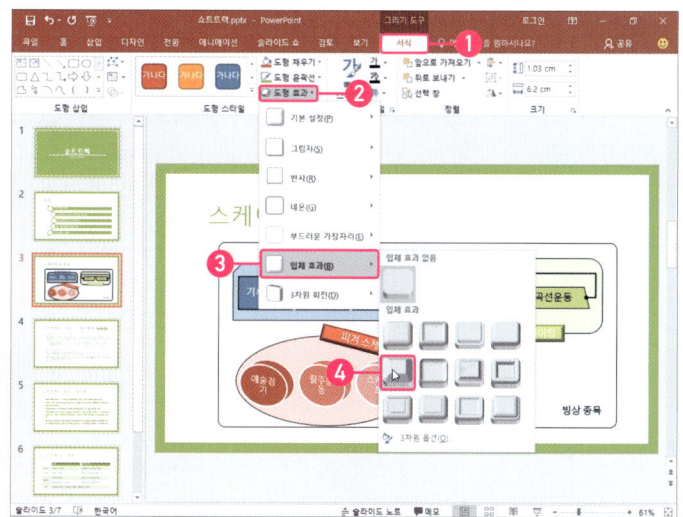

예제파일 : 예제2-01.pptx   완성파일 : 완성2-01.pptx

01. 슬라이드6의 표에서 오른쪽 위쪽에 가로 텍스트 상자를 삽입하여 "**단위:%**"라고 입력합니다.
02. 슬라이드1에서 부제목 텍스트가 있는 도형에 텍스트 그림자, 자주 글꼴 색의 서식을 설정합니다.
03. 슬라이드4에서 내용 텍스트 중 "경영분석(컨설팅) 직무란?"에 점선 밑줄을 긋고, 밑줄 선 색은 파랑으로 설정합니다.

Chapter 2 • 텍스트, 도형 및 그림   63

Section 02

텍스트 단락

텍스트를 정렬하고 맞춤, 단락 설정 등 현재 단락의 레이아웃을 세밀하게 할 수 있습니다.

Check Point 단락, 줄 간격, 글머리 기호, 번호 매기기, 맞춤, 텍스트 맞춤, 단

예제파일 : 쇼트트랙-2.pptx

Skill 01 텍스트 상자의 줄 간격
슬라이드4에서 내용 텍스트 상자의 줄 간격을 1줄로 설정합니다.

01 **슬라이드4**의 **내용 텍스트 상자**를 선택한 후 [홈] 탭 - [단락] 그룹 - [줄 간격(≡)] - [**줄 간격 옵션**]을 클릭합니다.

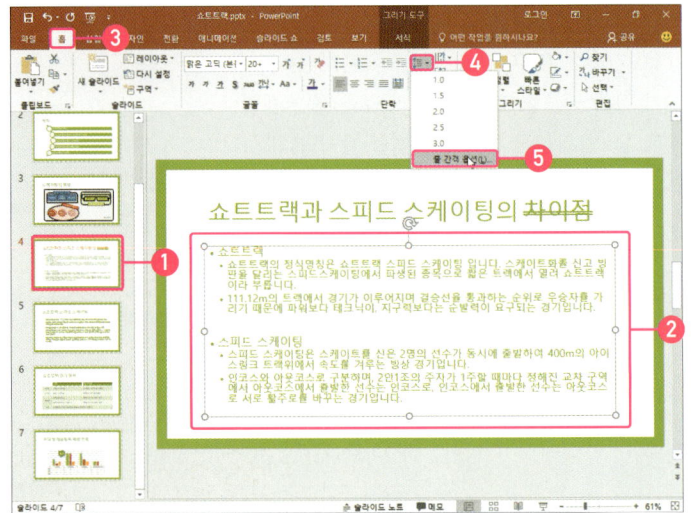

02 [단락] 대화상자의 간격에서 줄 간격을 '**1줄**'로 설정한 후 [확인] 단추를 클릭합니다.

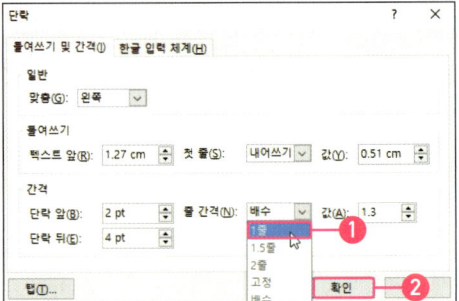

03 텍스트 상자 안의 모든 텍스트의 줄 간격이 변경되었습니다.

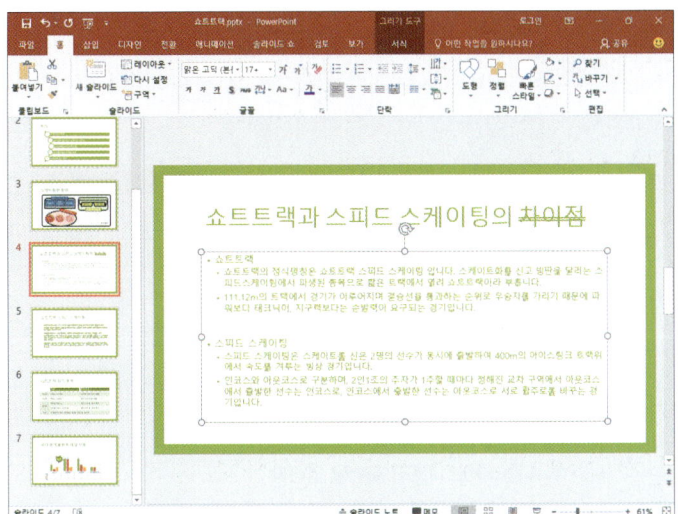

 글머리 기호와 텍스트 맞춤 서식-1

슬라이드5에서 텍스트 상자의 글머리 기호를 원 숫자 번호 매기기로 변경합니다.

01 **슬라이드5**에서 글머리 기호가 있는 **내용 텍스트 상자**를 클릭한 후 [홈] 탭 - [단락] 그룹 - [번호 매기기(☰)]의 목록 단추(▼)를 클릭하고 **[원 숫자]**를 선택합니다.

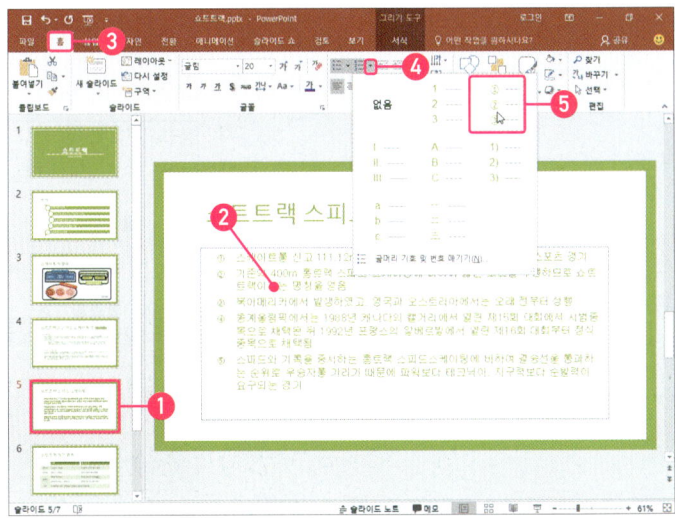

02 글머리 기호가 원 숫자 번호 매기기로 변경되었습니다.

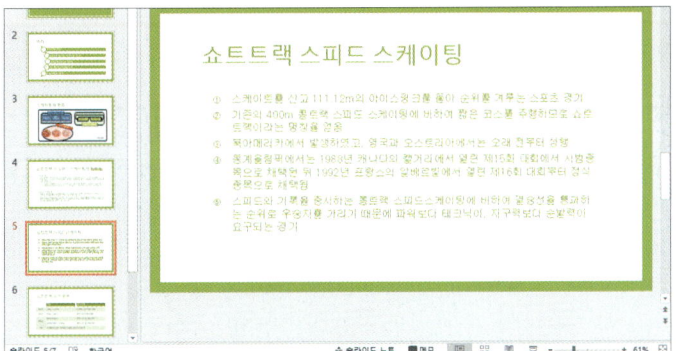

Chapter 2 • 텍스트, 도형 및 그림   65

글머리 기호와 텍스트 맞춤 서식-2

슬라이드 마스터의 글머리 기호 중 첫 행의 글머리 기호를 녹색 화살표 모양으로 변경합니다.

01 [보기] 탭-[마스터 보기] 그룹-[슬라이드 마스터]를 클릭해 마스터 보기 화면으로 이동됩니다. **첫 번째 글머리 기호**가 있는 곳에 커서를 둡니다.

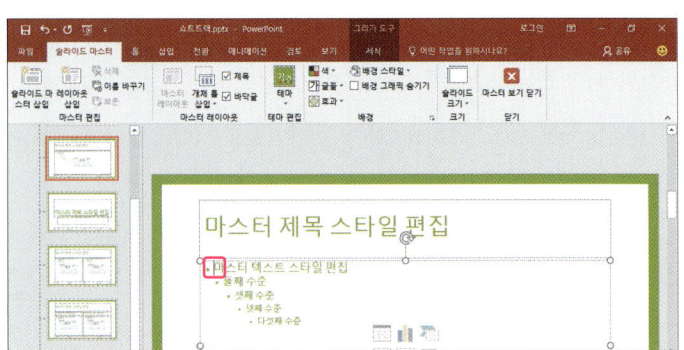

PLUS
첫 번째 수준 글머리 기호를 한꺼번에 변경하기 위해 슬라이드 마스터 화면을 엽니다.

02 [홈] 탭 - [단락] 그룹 - [글머리 기호(☰)]의 목록 단추(▼)에서 **[글머리 기호 및 번호 매기기]**를 클릭합니다. [글머리 기호 및 번호 매기기] 대화상자의 [글머리 기호] 탭에서 **[화살표 글머리 기호]**를 선택한 후, [색]을 클릭하고 [표준 색]의 **[녹색]**을 선택합니다. [확인] 단추를 클릭합니다.

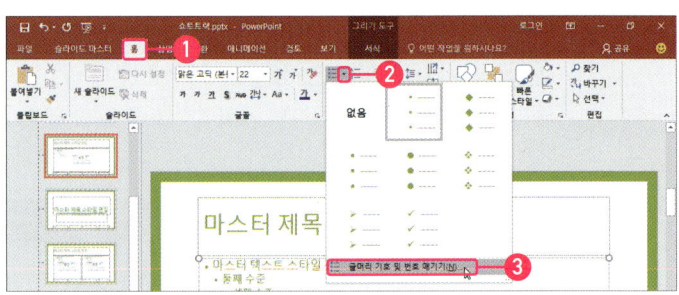

PLUS

글머리 기호 및 번호 매기기

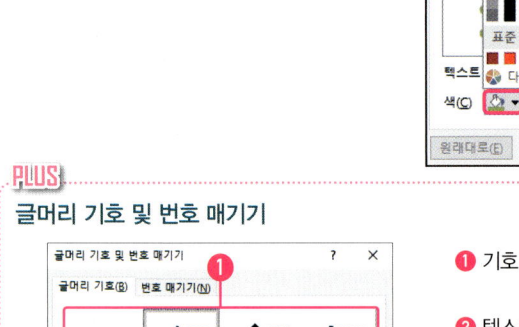

❶ 기호 선택 : 글머리 기호를 선택하거나 '없음'을 선택하여 적용된 글머리 기호 해제
❷ 텍스트 크기 : 글머리 기호의 크기를 백분율 단위로 변경
❸ 색 : 글머리 기호의 색상 변경
❹ 그림 : 그림을 글머리 기호로 설정
❺ 사용자 지정 : [기호] 대화상자의 다양한 기호를 글머리 기호로 사용

03 [슬라이드 마스터] 탭 - [닫기] 그룹 - [마스터 보기 닫기]를 클릭합니다. 첫 번째 글머리 기호마다 녹색의 화살표 글머리 기호가 적용되었습니다.

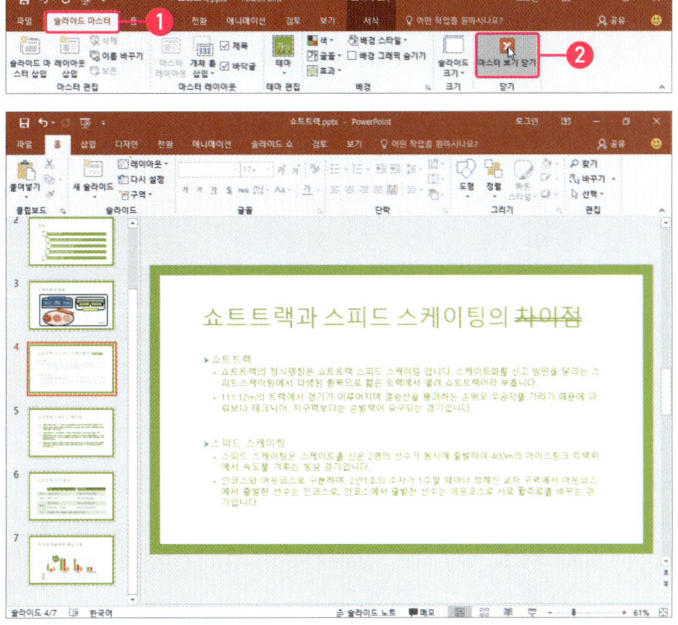

Skill 04 글머리 기호와 텍스트 맞춤 서식-3
슬라이드6에서 "거리"와 "참가인원" 텍스트를 단락에 가운데, 중간 텍스트 맞춤 서식으로 설정합니다.

01 슬라이드 목록 창에서 **슬라이드6**을 클릭합니다. Ctrl 키를 누른 채 **'거리'와 '참가인원' 텍스트 상자**를 클릭하여 선택한 후 [홈] 탭 - [단락] 그룹 - **[가운데 맞춤(≡)]**을 클릭합니다.

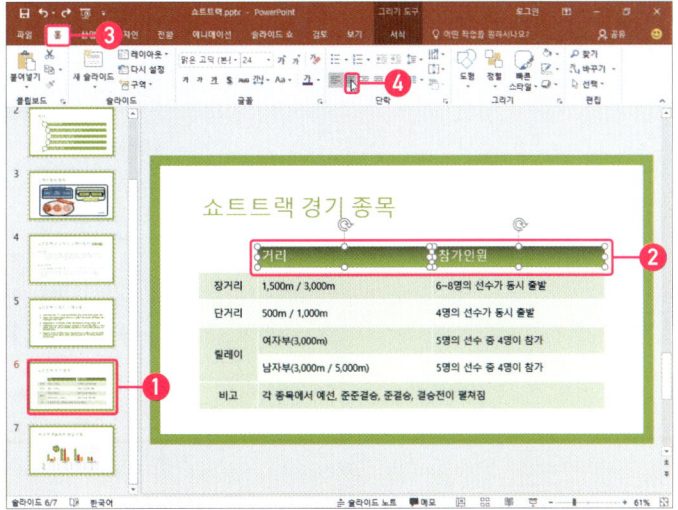

02 '거리'와 '참가인원' 텍스트 상자가 선택된 상태에서 [홈] 탭 - [단락] 그룹 - [텍스트 맞춤(↕)] - **[중간]**을 클릭합니다.

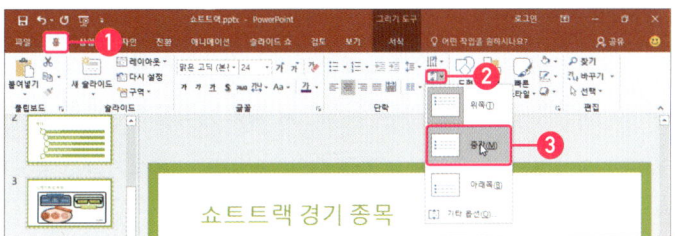

단 추가

슬라이드4에서 내용 텍스트를 간격이 1cm인 두 개의 단으로 표시되도록 설정합니다.

01 슬라이드 목록 창에서 **슬라이드4**를 클릭하고 **내용 텍스트 상자**를 선택한 후 [홈] 탭 - [단락] 그룹 - [단 추가 또는 제거(▦▾)] - [**기타 단**]을 클릭합니다.

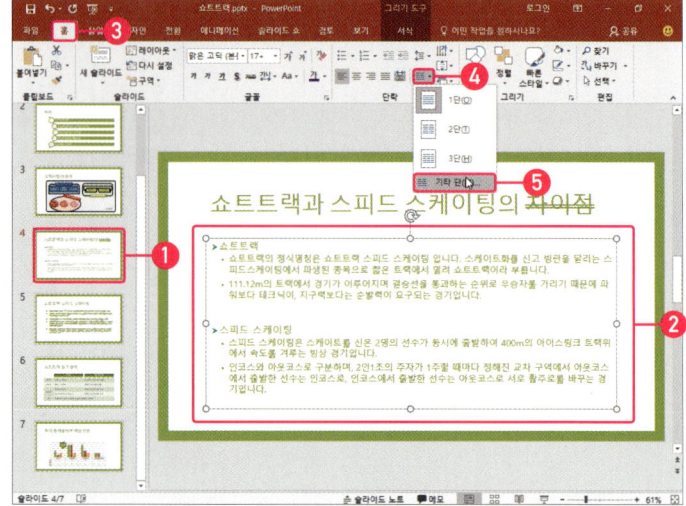

PLUS
설치된 버전에 따라 일부 명령이나 대화상자의 이름이 다를 수 있습니다.
예) 열 추가 또는 제거(▦▾)

02 [단] 대화상자에서 개수는 '**2**', 간격은 '**1**'로 설정한 후 [확인] 단추를 클릭합니다.

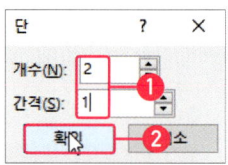

03 1cm 간격의 두 개의 단으로 변경되었습니다.

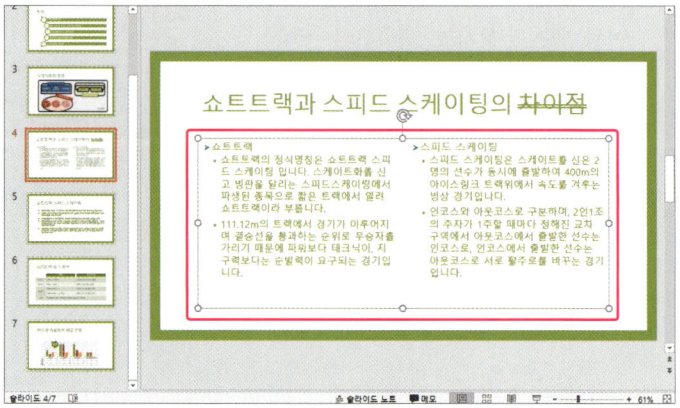

● 예제파일 : 예제2-02.pptx ● 완성파일 : 완성2-02.pptx

01. 슬라이드3에서 텍스트 상자의 글머리 기호를 A, B, C 번호 매기기로 변경하고, 진한 파랑으로 색을 변경합니다.

02. 슬라이드4에서 2단 목록이 되도록 목록 형식을 지정하고, 줄 간격을 1.5줄로 설정합니다.

03. 슬라이드5의 표에서 머리글 행의 "자료명", "작성기관", "주요내용"을 균등 분할합니다.

S e c t i o n

03 도형 삽입

원하는 위치에 다양한 도형을 삽입하고 삽입한 도형을 다른 도형으로 변경할 수 있습니다.

Check Point 도형 삽입, 도형 편집, 도형 모양 변경

◉ 예제파일 : 쇼트트랙-3.pptx

Skill 01 도형 삽입하기

슬라이드7에서 차트 위에 사각형:둥근 모서리 도형을 그린 후 "역대 동계올림픽 메달 현황" 텍스트를 입력합니다.

01 슬라이드 목록 창에서 **슬라이드7**을 클릭한 후 [홈] 탭 - [그리기] 그룹 - [도형] - [**사각형:둥근 모서리(▢)**]를 클릭합니다.

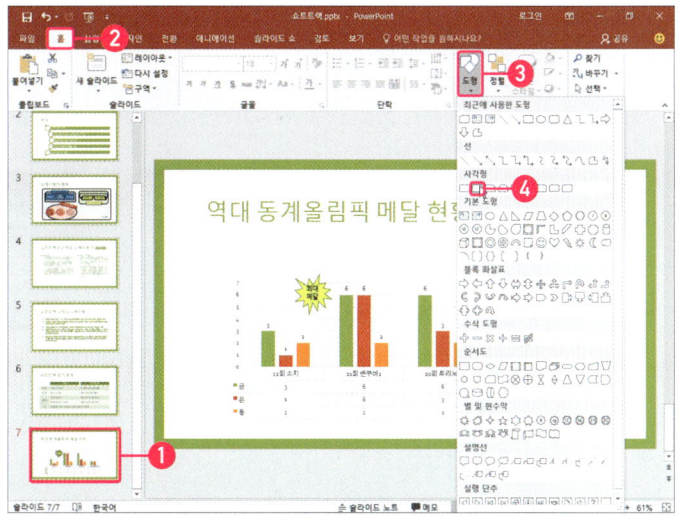

PLUS
설치된 버전에 따라 일부 명칭의 표현이 다를 수 있습니다.
예 사각형:둥근 모서리 = 모서리가 둥근 직사각형

02 차트 위에서 드래그하여 사각형:둥근 모서리 도형을 그립니다.

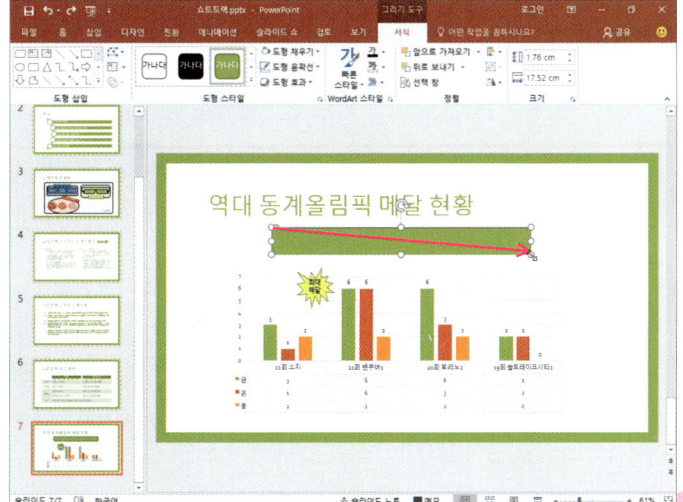

Chapter 2 • 텍스트, 도형 및 그림   69

03 도형 안에 **'역대 동계올림픽 메달 현황'**을 입력합니다.

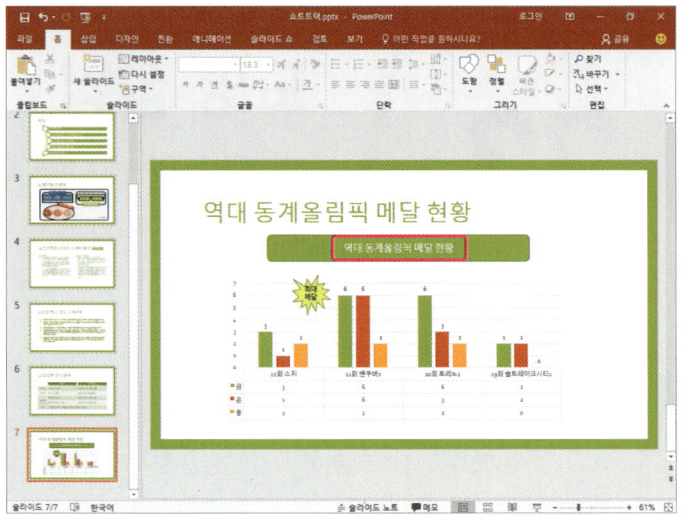

도형 모양 변경하기

슬라이드7에서 사각형:둥근 모서리 도형을 사각형:둥근 한쪽 모서리 도형으로 변경합니다.

01 **슬라이드7**에서 **사각형:둥근 모서리** 도형을 선택한 후 [그리기 도구] - [서식] 탭 - [도형 삽입] 그룹 - [도형 편집(🖉)] - [도형 모양 변경]에서 **[사각형:둥근 한쪽 모서리 (▢)]**를 클릭합니다.

02 사각형:둥근 한쪽 모서리 도형으로 모양이 변경된 것을 확인할 수 있습니다.

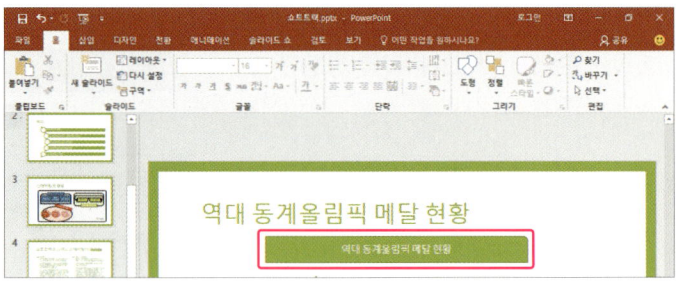

⊙ 예제파일 : 예제2-03.pptx   ⊙ 완성파일 : 완성2-03.pptx

01. 슬라이드3에서 오른쪽 위쪽에 하트 도형을 그린 후 "Business Analysis" 텍스트를 입력합니다.

02. 슬라이드3에서 하트 도형을 구름 도형으로 변경합니다.

Section 04

도형 효과

파워포인트 2016에서 제공하는 빠른 스타일로 도형 색, 그림자, 입체 효과까지 한 번에 적용하고, 도형, 채우기, 도형 윤곽선을 각각 지정하여 효과를 적용할 수도 있습니다.

Check Point 도형 스타일, 도형 채우기, 도형 윤곽선, 도형 효과

⊙ 예제파일 : 쇼트트랙-4.pptx

Skill 01 다양한 도형 효과-1

슬라이드3에서 강한효과-녹색, 강조1 스타일을 "몰드화", "곡선운동" 평행 사변형에 적용합니다.

01 슬라이드 목록 창에서 **슬라이드3**을 클릭한 후 Shift 나 Ctrl 키를 누른 채 **평행 사변형 두 개**를 선택합니다. [그리기 도구] - [서식] 탭 - [도형 스타일] 그룹의 자세히 단추(▽)를 클릭하여 [**강한 효과-녹색, 강조1**]을 선택합니다.

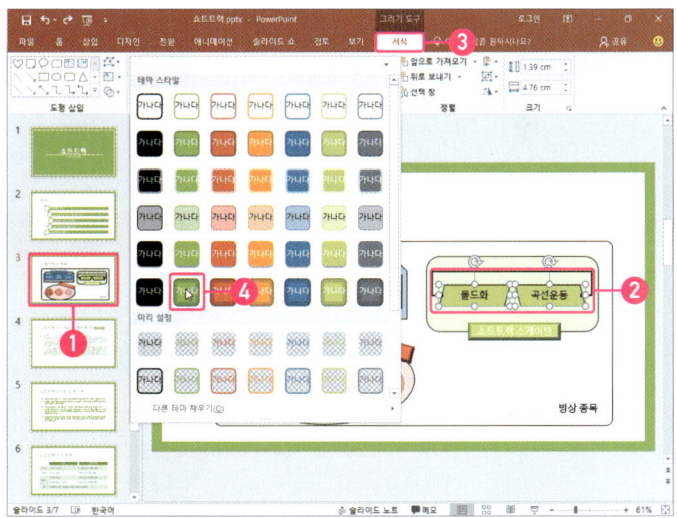

02 도형 스타일이 적용되었습니다.

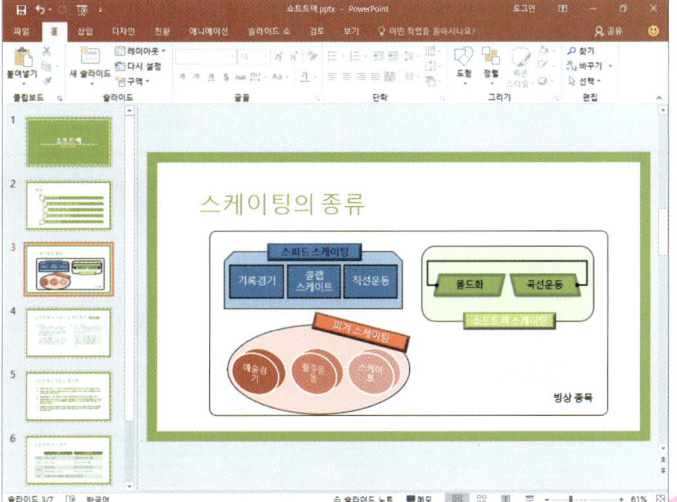

Chapter 2 • 텍스트, 도형 및 그림 71

다양한 도형 효과-2

슬라이드3에서 "기록경기", "클랩스케이트", "직선운동" 직사각형에 어두운 그라데이션, 선형 아래쪽 채우기 색을 적용합니다. 테두리는 3pt로 변경하고, 테두리 색은 파랑으로 적용합니다.

01 **슬라이드3**에서 '**기록경기**', '**클랩스케이트**', '**직선운동**' **직사각형**을 선택합니다. [그리기 도구] - [서식] 탭 - [도형 스타일] 그룹 - [도형 채우기]를 클릭한 후 [그라데이션] - [어두운 그라데이션]의 [**선형 아래쪽**]을 선택합니다.

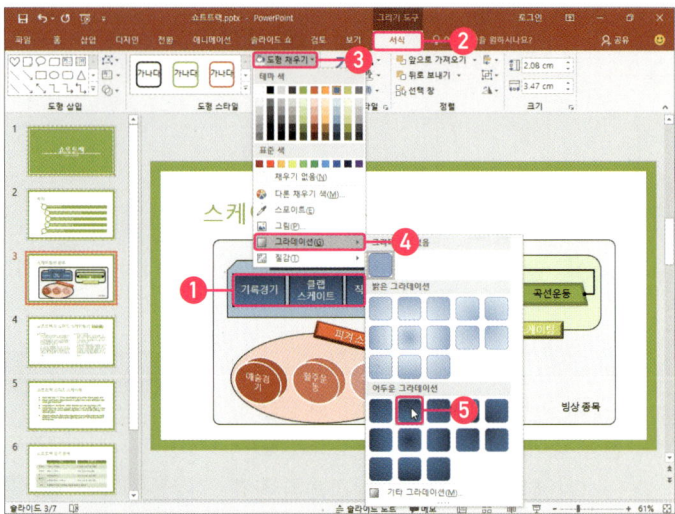

02 [도형 윤곽선] - [두께] - [**3pt**]를 클릭합니다.

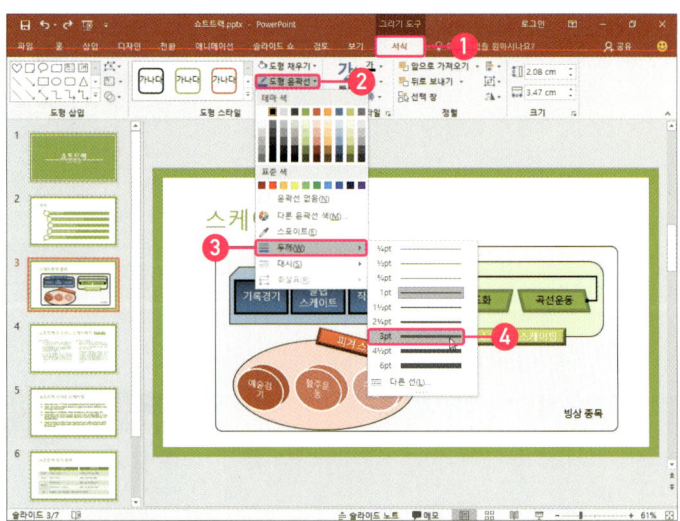

03 [도형 윤곽선] - [표준 색]의 [**파랑**]을 클릭합니다. 직사각형 도형에 채우기 색, 윤곽선의 두께, 윤곽선의 색이 변경되었습니다.

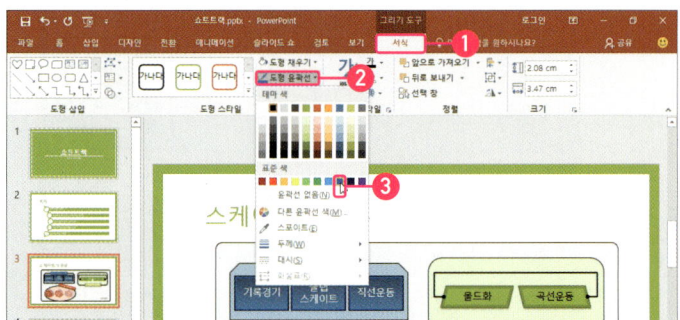

다양한 도형 효과-3

슬라이드7에 있는 "역대 동계올림픽 메달 현황" 도형에 바깥쪽 방향의 오프셋:아래쪽 그림자 효과를 적용합니다. 도형의 그림자 색을 녹색, 강조1로 하고 그림자의 크기를 105%로, 간격을 5포인트로 설정합니다.

01 슬라이드 목록 창에서 **슬라이드7**을 클릭한 후 **'역대 동계올림픽 메달 현황'** 도형을 선택합니다. [그리기 도구] - [서식] 탭 - [도형 스타일] 그룹 - [도형 효과] - [그림자] - **[그림자 옵션]**을 클릭합니다.

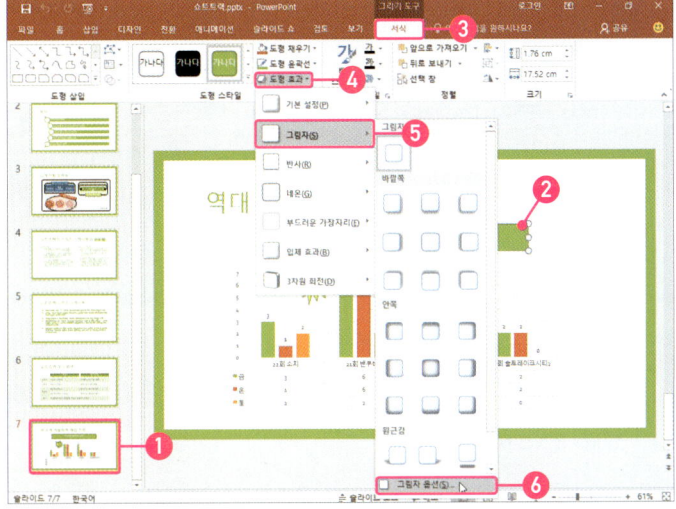

02 [도형 서식] 옵션 창이 표시됩니다. 미리 설정에서 [그림자(□)]를 클릭하여 [바깥쪽]의 **[오프셋:아래쪽]**을 클릭합니다.

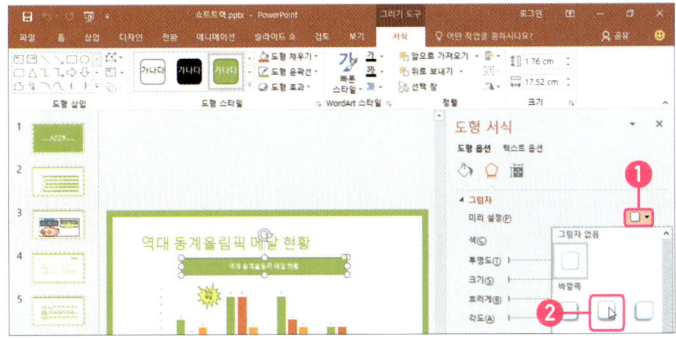

03 그림자 색을 설정하기 위해 색의 [그림자 색(□)]을 클릭한 후 [테마 색]의 **[녹색, 강조1]**을 클릭합니다.

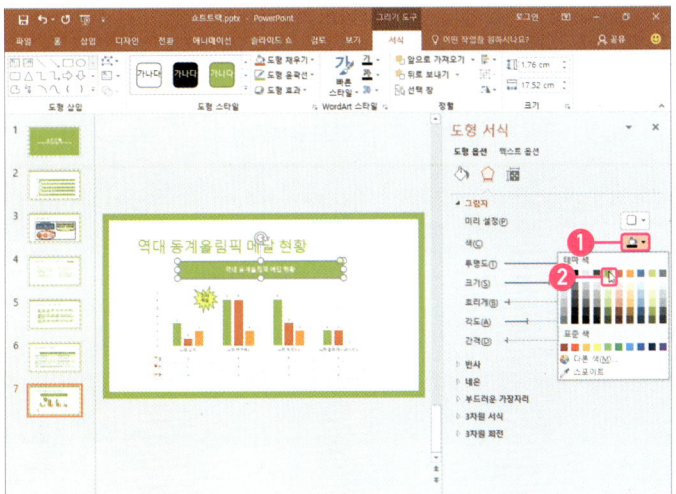

04 크기는 '**105%**', 간격은 '**5pt**'로 설정한 후 [도형 서식] 옵션 창을 닫습니다.

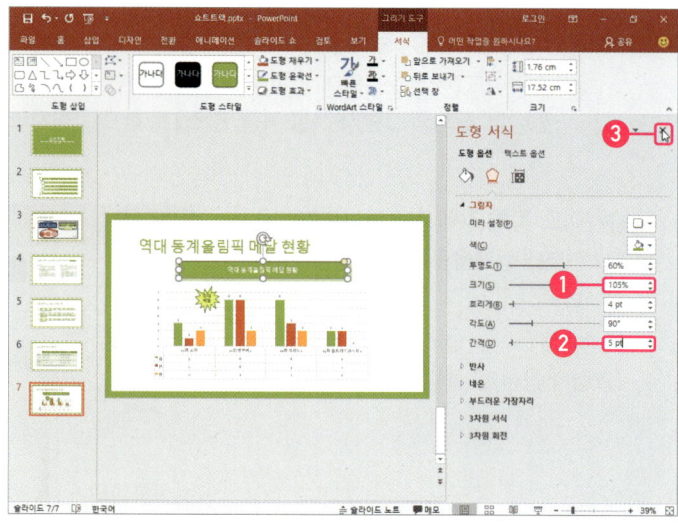

PLUS
도형을 선택한 다음 [그리기 도구] – [서식] 탭 – [도형 스타일] 그룹 – [도형 효과]에서 [반사], [네온], [부드러운 가장자리], [입체 효과], [3차원 회전]을 각각 선택하고 옵션을 선택하여 오른쪽에 옵션 창이 표시되면 그림자 효과처럼 동일한 방법으로 문제에서 제시하는 대로 효과 옵션 창에서 설정하여 효과를 적용합니다.

05 선택을 해제하면 적용된 그림자 효과를 확인할 수 있습니다.

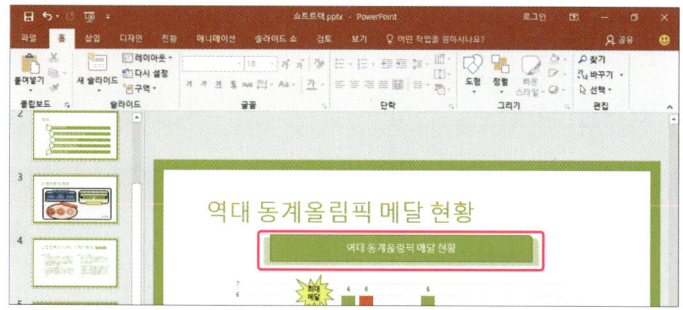

Skill 04 도형 크기와 정렬-1

슬라이드7에서 사각형:둥근 한쪽 모서리 도형을 좌우로 대칭되도록 회전합니다.

01 슬라이드 목록 창에서 **슬라이드7**을 클릭한 후 '**역대 동계올림픽 메달 현황**' 도형을 선택합니다. [그리기 도구] - [서식] 탭 - [정렬] 그룹 - [개체 회전(🔄)] - **[좌우 대칭]**을 클릭합니다. 도형이 좌우 대칭하여 회전됩니다.

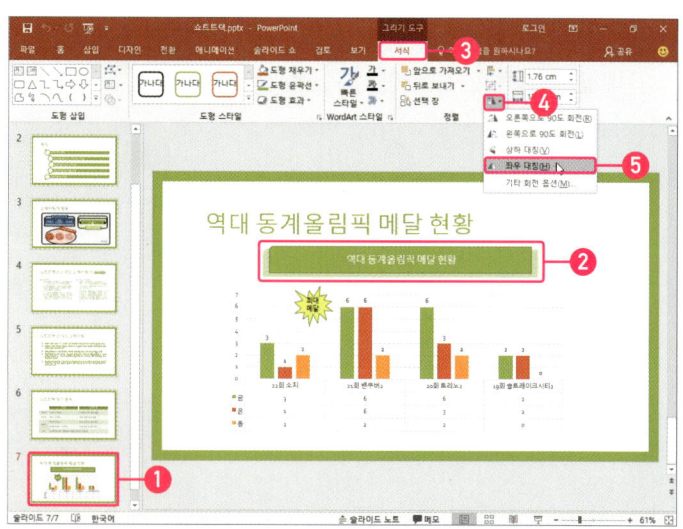

74 Part 01 • 유형분석

도형 크기와 정렬-2

슬라이드3에서 "예술경기", "활주운동", "스케이트" 타원을 높이는 3cm, 너비 4cm 크기로 수정합니다.

01 슬라이드**3**을 클릭한 후 Ctrl 키를 누른 채 '**예술경기**', '**활주운동**', '**스케이트**' **타원**을 선택합니다. [그리기 도구] - [서식] 탭 - [크기] 그룹에서 높이에 '**3**', 너비에 '**4**'를 입력하고 Enter 키를 누릅니다. 도형 크기가 변경됩니다.

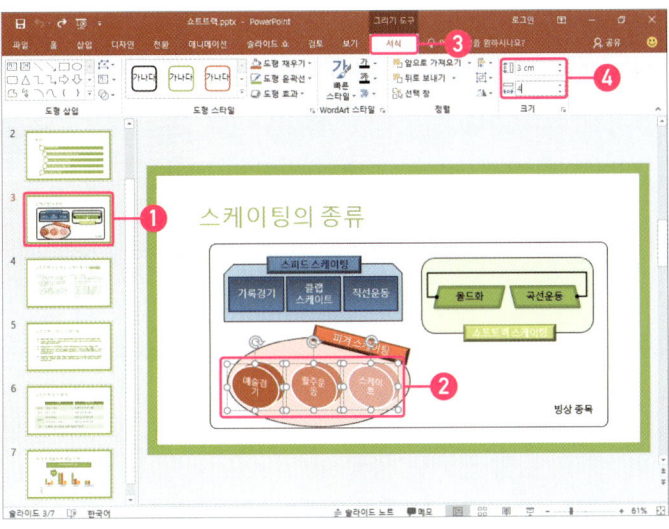

도형 크기와 정렬-3

슬라이드3에서 "예술경기", "활주운동", "스케이트" 타원을 시계 방향으로 10도 회전합니다.

01 슬라이드**3**에서 Ctrl 키를 누른 채 '**예술경기**', '**활주운동**', '**스케이트**' **타원**을 선택합니다. [그리기 도구] - [서식] 탭 - [크기] 그룹의 표시 아이콘(□)을 클릭합니다.

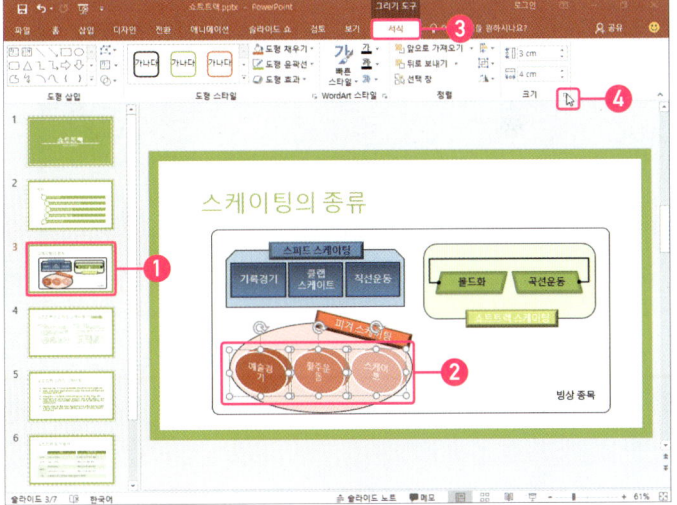

02 [도형 서식] 옵션 창이 표시되면 회전에 '**10**'이라고 입력한 후 창을 닫습니다.

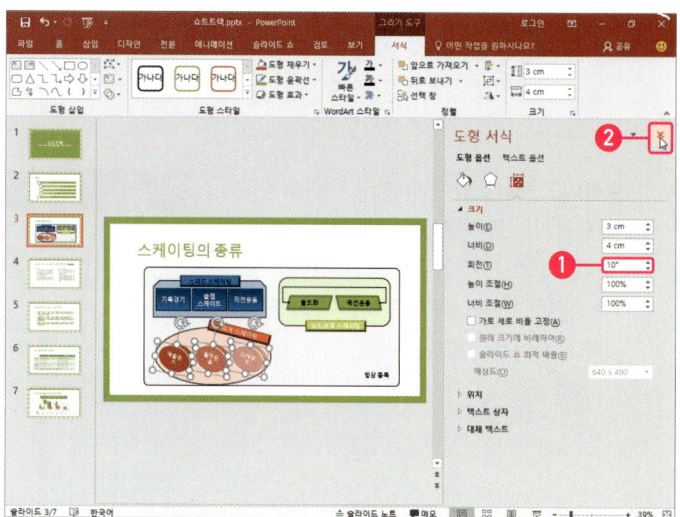

Skill 07 도형 크기와 정렬-4
슬라이드7에서 폭발 도형의 크기가 2배가 되도록 조정합니다. 가로 세로 비율을 유지해야 합니다.

01 **슬라이드7**을 클릭한 후 **폭발 도형**을 선택합니다. [그리기 도구] - [서식] 탭 - [크기] 그룹의 표시 아이콘(□)을 클릭합니다.

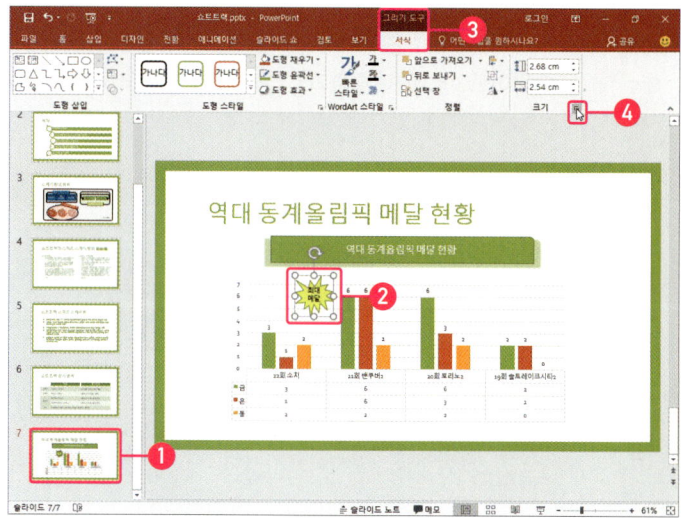

02 [도형 서식] 옵션 창이 표시됩니다. **'가로 세로 비율 고정'에 체크**하고, 도형의 크기를 두 배로 설정하기 위해 높이 조절에 **'200'**을 입력하면 자동으로 너비 조절의 값이 [200%]로 설정됩니다. [도형 서식] 옵션 창을 닫습니다.

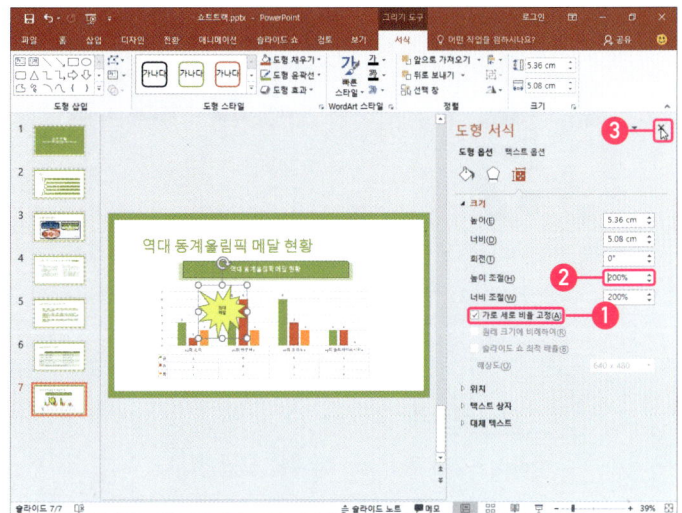

PLUS
'가로 세로 비율 고정'에 체크되어 있어야 도형 또는 그림의 높이나 너비 값을 변경할 때 자동으로 비율에 맞게 조절됩니다.

 적응 문제   예제파일 : 예제2-04.pptx   완성파일 : 완성2-04.pptx

01. 슬라이드3에서 구름에 밝은 그라데이션, 선형 오른쪽 채우기 색을 적용하고, 윤곽선은 없음으로, 네온:11pt, 파랑, 강조색2 효과를 적용합니다.

02. 슬라이드2에서 1, 2, 3, 4 도형을 좌우로 대칭되도록 회전합니다.

03. 슬라이드2에서 1, 2, 3, 4 도형을 제외한 나머지 도형을 모두 선택하고, 크기가 1.2배가 되도록 조정합니다. 도형의 높이와 너비의 크기가 비례되도록 유지해야 합니다.

Section
05

그림 삽입

슬라이드에서 원하는 위치에 그림을 삽입하고 이동시킬 수 있습니다.

Check Point 그림 삽입

◉ 예제파일 : 기후변화-1.pptx, 가뭄.jpg

Skill 01 그림 삽입-1

슬라이드2에 *가뭄.jpg* 파일을 삽입합니다.

01 슬라이드 목록 창에서 **슬라이드2**를 클릭한 후 [삽입] 탭 - [이미지] 그룹 - **[그림]**을 클릭합니다.

02 [그림 삽입] 대화상자에서 '**가뭄.jpg**'를 선택하고, [삽입] 단추를 클릭합니다.

03 '가뭄' 그림이 삽입됩니다.

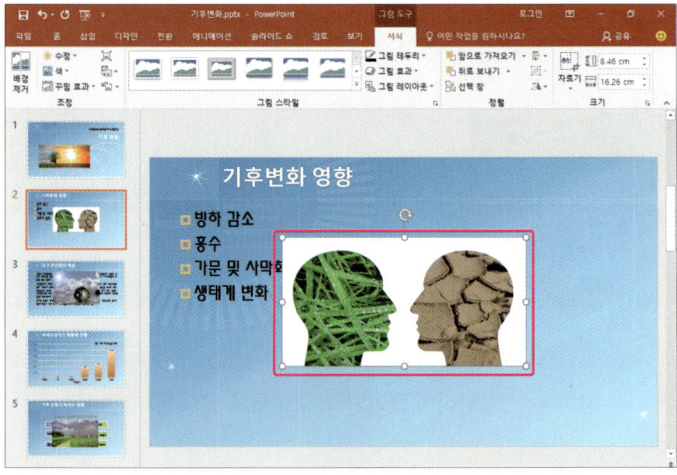

그림 이동

슬라이드2에 가뭄 그림을 오른쪽 아래로 이동합니다.

01 **슬라이드2**에서 '**가뭄**' 그림을 드래그하여 **오른쪽 아래**로 드래그하여 이동합니다. 이동 시 나타나는 스마트 가이드를 보고, 선에 맞춰서 이동합니다.

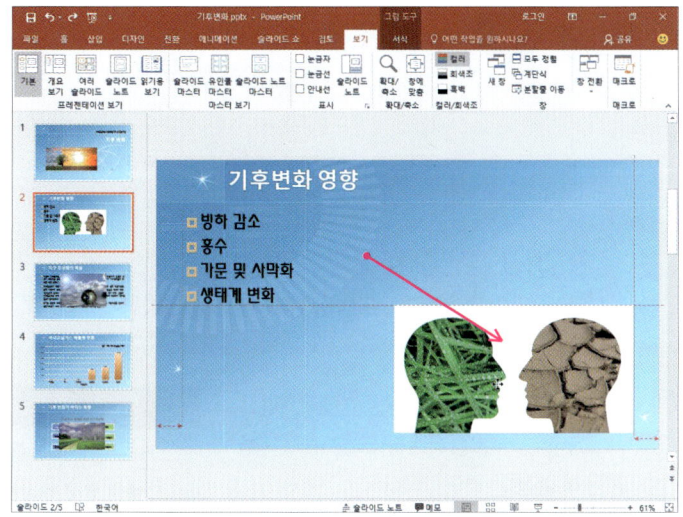

PLUS

스마트 가이드

스마트 가이드가 보이지 않으면 [보기] 탭 – [표시] 그룹의 표시 아이콘( )을 클릭합니다. [눈금 및 안내선] 대화상자의 안내선 설정의 [도형 맞춤 시 스마트 가이드 표시]에 체크되어 있는지 확인합니다.

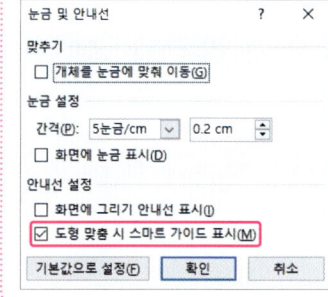

 적응 문제

⊙ 예제파일 : 예제2-05.pptx, 일.jpg ⊙ 완성파일 : 완성2-05.pptx

01. 슬라이드1에 일.jpg 파일을 삽입합니다.

02. 슬라이드1에서 일 그림을 왼쪽 아래로 이동합니다.

Section 06 그림 효과

그림의 배경을 투명하게 설정하거나 그림 스타일을 적용하고, 다양한 효과를 적용할 수 있습니다.

Check Point 투명한 색 설정, 그림 스타일, 그림 테두리, 그림 효과

● 예제파일 : 기후변화-2.pptx

Skill 01 배경 투명하게 설정하기

슬라이드2에 가뭄 그림의 흰색 배경을 투명하게 설정합니다.

01 슬라이드2에서 '가뭄' 그림을 선택한 후 [그림 도구]의 [서식] 탭 - [조정] 그룹 - [색] - **[투명한 색 설정]**을 클릭합니다.

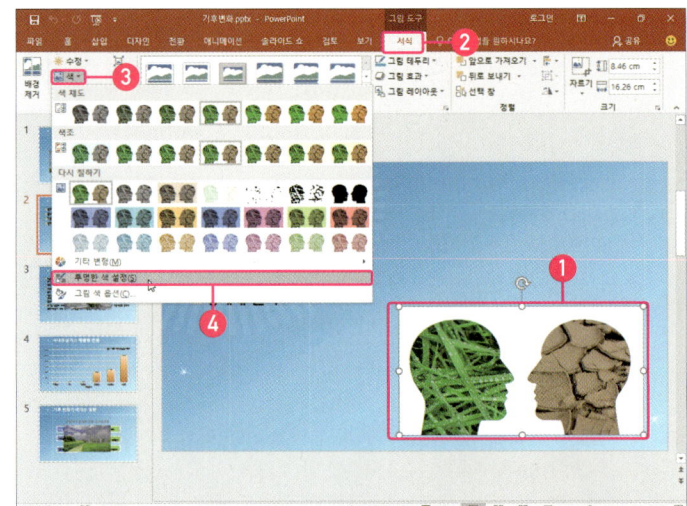

PLUS
[투명한 색 설정]을 사용하면 클릭한 특정 색이 지정된 모든 픽셀이 투명해집니다.

02 '가뭄' 그림의 **흰색 배경을 클릭**합니다.

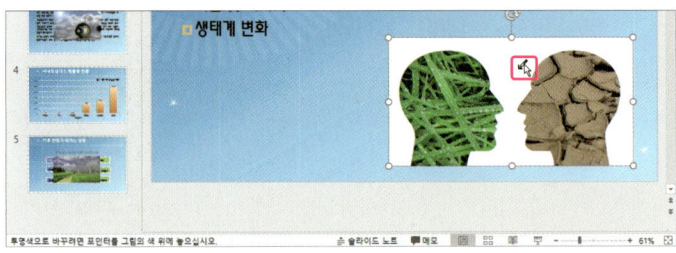

03 흰색 배경이 투명하게 설정됩니다.

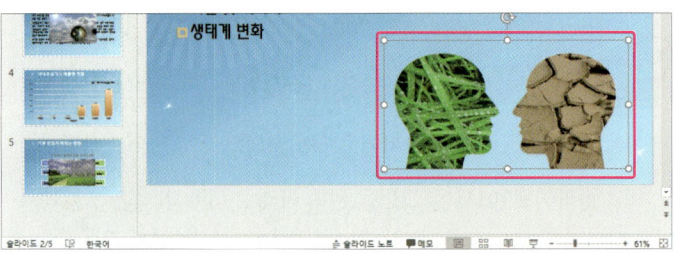

PLUS

배경 제거

01 배경 제거를 사용하면 배경이 같은 색으로 되어 있지 않아도 원하는 부분을 선택하여 그 외 부분을 제거할 수 있습니다. [그림 도구]의 [서식] 탭 – [조정] 그룹 – [배경 제거]를 클릭합니다. 조절점을 드래그하여 제거할 부분을 선택합니다. 분홍색 부분은 제거되는 부분입니다.

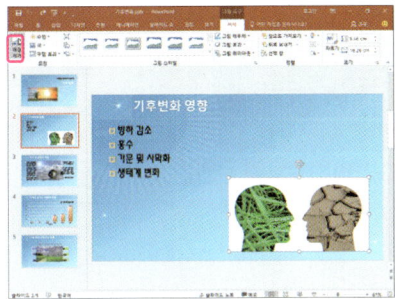
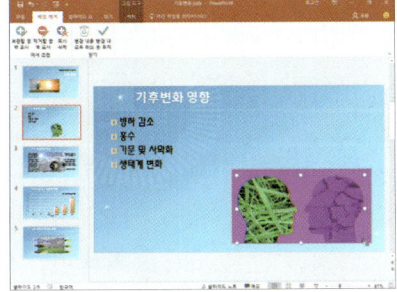

02 오른쪽의 가뭄 그림 부분도 보이게 하기 위해 [배경 제거] 탭 – [미세 조정] 그룹 – [보관할 영역 표시]를 클릭합니다. 가뭄 그림 경계 부분을 따라 드래그하고, 가뭄 그림 안쪽 부분도 보이게 하기 위해 안쪽 부분도 드래그합니다. 흰색 배경까지 보이면 제거하기 위해 [제거할 영역 표시]를 클릭하여 흰색 부분을 선택하고 [변경 내용 유지]를 클릭합니다.

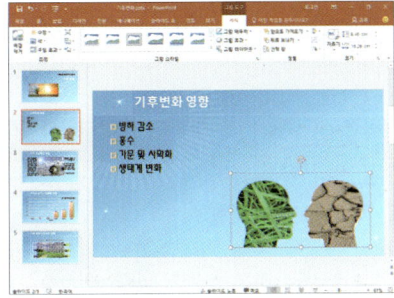

꾸밈 효과와 부드러운 가장자리

슬라이드3에서 이미지에 흐리게 꾸밈 효과를 적용하고, 부드러운 가장자리 50 포인트를 적용합니다.

01 **슬라이드3**에서 **이미지**를 선택한 후 [그림 도구]의 [서식] 탭 - [조정] 그룹 - [꾸밈 효과] - **[흐리게]**를 클릭합니다.

02 [그림 스타일] 그룹 - [그림 효과] - [부드러운 가장자리]에서 [부드러운 가장자리 변형]의 **[50포인트]**를 클릭합니다. 배경과 잘 어울리게 이미지의 가장자리가 부드러워졌습니다.

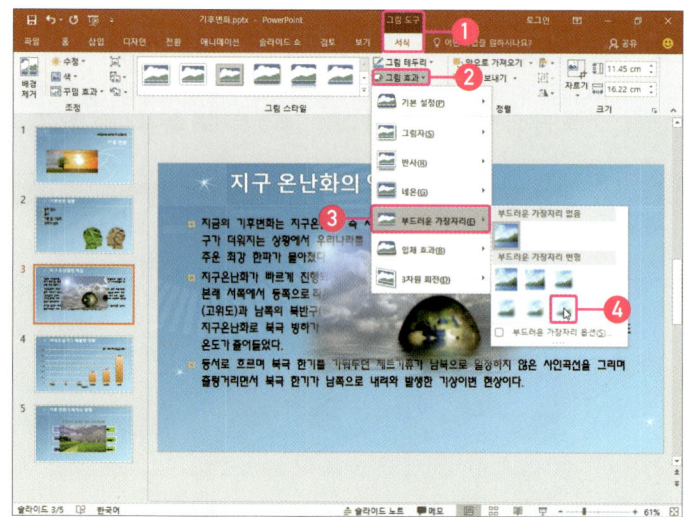

Skill 03 다양한 그림 효과와 자르기-1
슬라이드1에서 이미지에 반사형 입체, 흰색 효과를 적용하고, 그림 테두리는 윤곽선 없음으로 설정합니다.

01 **슬라이드1**에서 **이미지**를 선택한 후 [그림 도구] - [서식] 탭 - [그림 스타일] 그룹에서 자세히 단추(▼)를 클릭하고 **[반사형 입체, 흰색 효과]**를 클릭합니다.

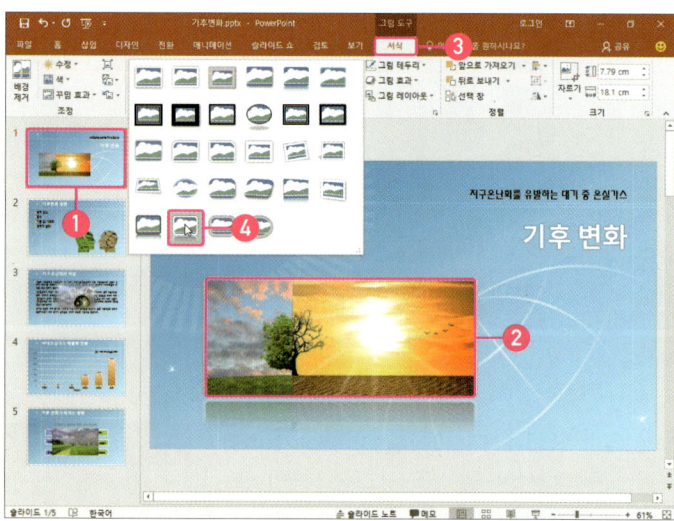

PLUS
파워포인트 2016에서 제공하는 스타일 중에서 선택하여 그림에 적용하면 한 번의 클릭으로 다양한 효과를 적용할 수 있습니다.

02 흰색 테두리를 없애기 위해 [그림 도구] - [서식] 탭 - [그림 스타일] 그룹 - [그림 테두리] - **[윤곽선 없음]**을 클릭합니다.

Skill 04 다양한 그림 효과와 자르기-2

슬라이드5에서 이미지를 50%로 줄인 후 이미지는 화살표 아래로 이동합니다. 이미지의 가로 세로 비율은 유지해야 합니다.

01 슬라이드5에서 이미지를 선택한 후 [그림 도구] - [서식] 탭 - [크기] 그룹의 표시 아이콘(□)을 클릭합니다.

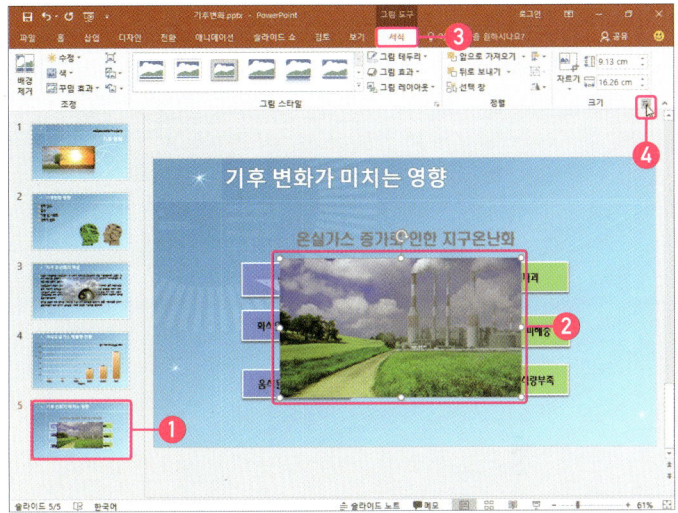

02 가로, 세로 비율이 같아야 하므로, '**가로 세로 비율 고정**'에 체크되어 있는지 확인한 후 높이 조절에 '**50%**'를 입력합니다. 그러면 너비 조절은 자동으로 50%가 설정됩니다. [그림 서식] 옵션 창을 닫습니다.

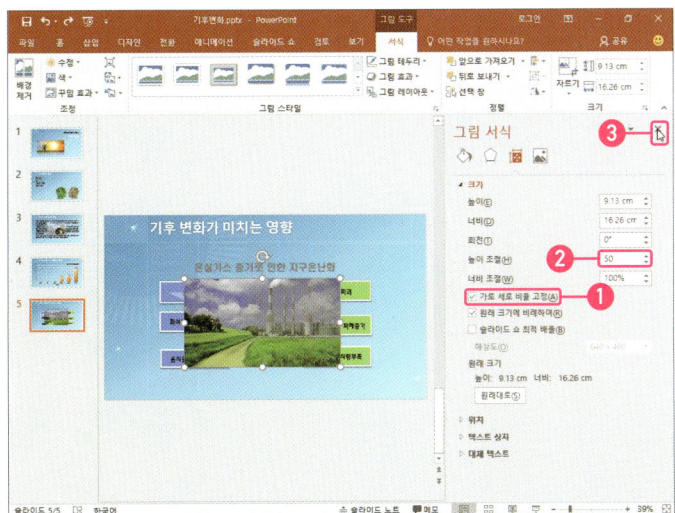

PLUS

높이 조절 / 너비 조절
%로 값을 조정하며, '가로 세로 비율 고정'에 체크되어 있으면 높이나 너비 중 한 곳에만 입력해도 반영됩니다.

03 이미지의 크기가 줄어든 것을 확인한 후 드래그하여 화살표 아래로 이동합니다.

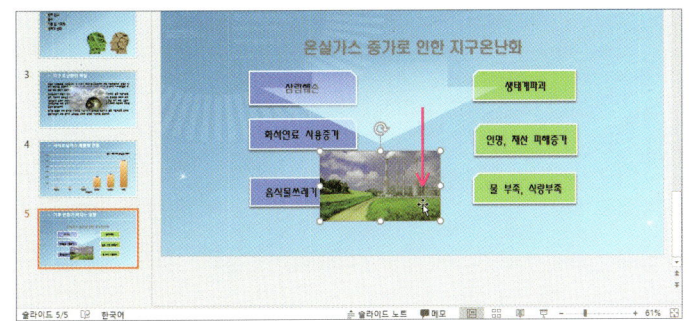

다양한 그림 효과와 자르기-3

슬라이드5의 이미지를 1:1 비율의 원통형 모양으로 자릅니다.

01 **슬라이드5**에서 **이미지**를 선택한 후 [그림 도구] - [서식] 탭 - [크기] 그룹 - [자르기] - [도형에 맞춰 자르기] - [기본 도형]의 **[원통형(▢)]**을 클릭합니다.

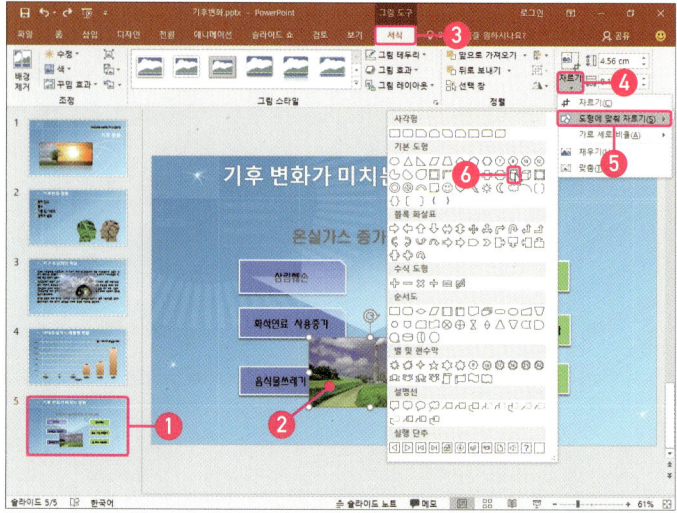

02 이미지가 원통형으로 잘렸습니다. [크기] 그룹 - [자르기] - [가로 세로 비율]을 클릭한 후 **[1:1]**을 클릭합니다.

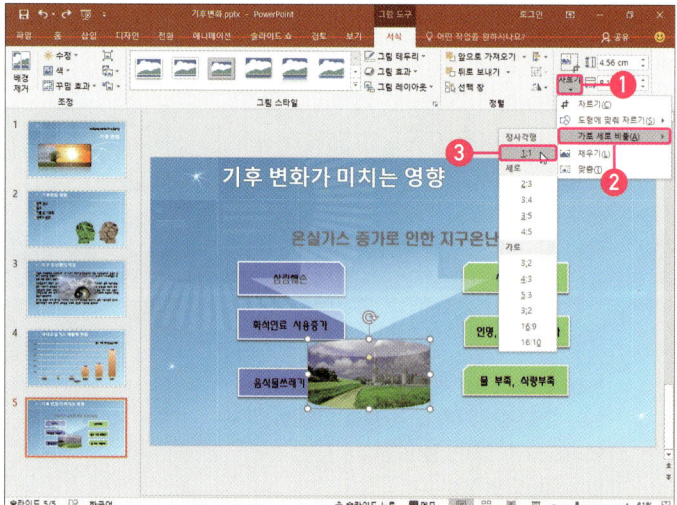

03 1:1 크기의 자르기 선이 표시됩니다. 자르기 선 안의 이미지를 드래그하여 원하는 부분을 위치시키고 그림 바깥쪽을 클릭합니다.

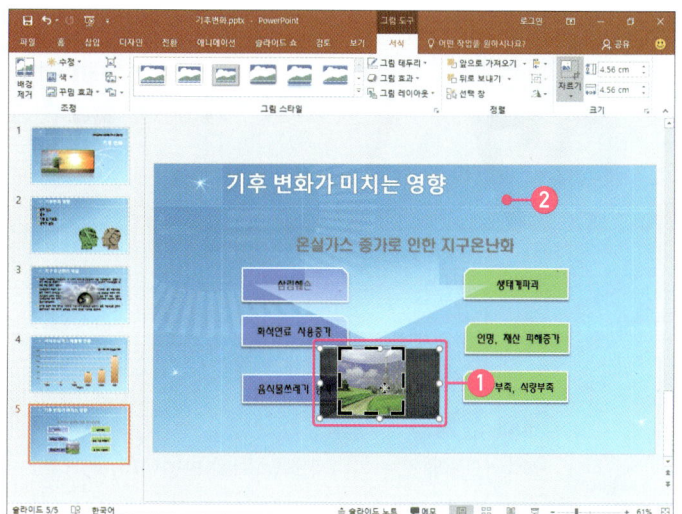

04 1:1 비율로 이미지가 조정되었습니다.

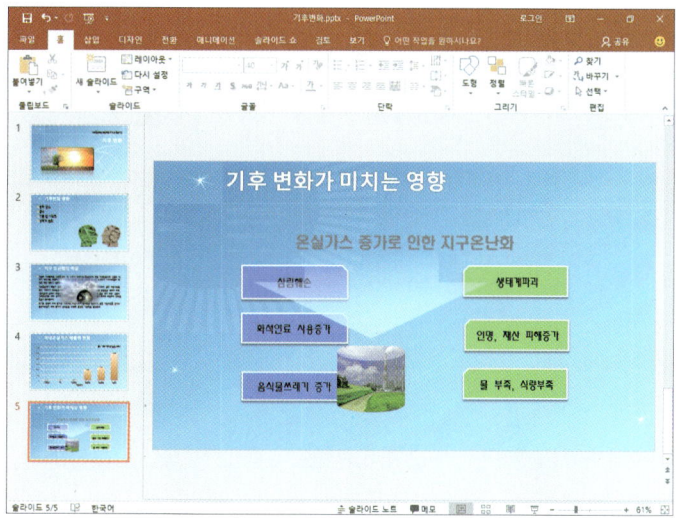

 적응 문제

◉ 예제파일 : 예제2-06.pptx ◉ 완성파일 : 완성2-06.pptx

01. 슬라이드4에서 이미지를 각지게 입체 효과를 적용하고, 근접 반사:터치를 적용합니다.

02. 슬라이드1에서 이미지를 정육면체 모양으로 자르고, 이미지의 테두리를 3pt 검정색으로 변경합니다.

Chapter 2 · 텍스트, 도형 및 그림   85

Section 07 개체 그룹과 정렬

개체 순서와 개체들 사이의 간격을 조절하고 그룹화하는 방법 등에 대해서 알아보겠습니다.

Check Point 앞으로 가져오기, 뒤로 보내기, 개체 맞춤, 개체 그룹화

예제파일 : 기후변화-3.pptx

Skill 01 개체 정렬-1

슬라이드3에 있는 이미지를 맨 뒤로 보냅니다.

01 **슬라이드3**에서 **이미지**를 선택한 후 [그림 도구] - [서식] 탭 - [정렬] 그룹 - [뒤로 보내기]의 목록 단추()를 클릭하고 **[맨 뒤로 보내기]**를 선택합니다.

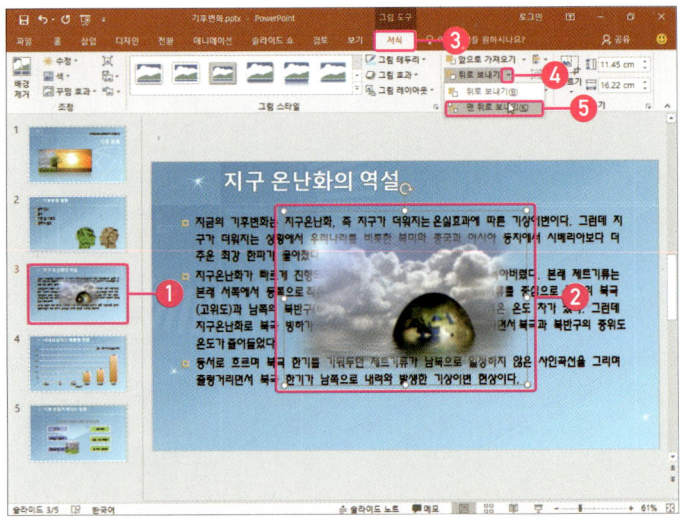

02 이미지를 맨 뒤로 보내면 이미지에 가려졌던 텍스트가 보입니다.

PLUS!
반대로 텍스트 상자를 선택한 다음 [그리기] 도구 – [서식] 탭 – [정렬] 그룹 – [앞으로 가져오기]의 목록 단추(▼) – [맨 앞으로 가져오기]를 클릭해도 이미지를 뒤로 보내고, 글을 읽을 수 있습니다.

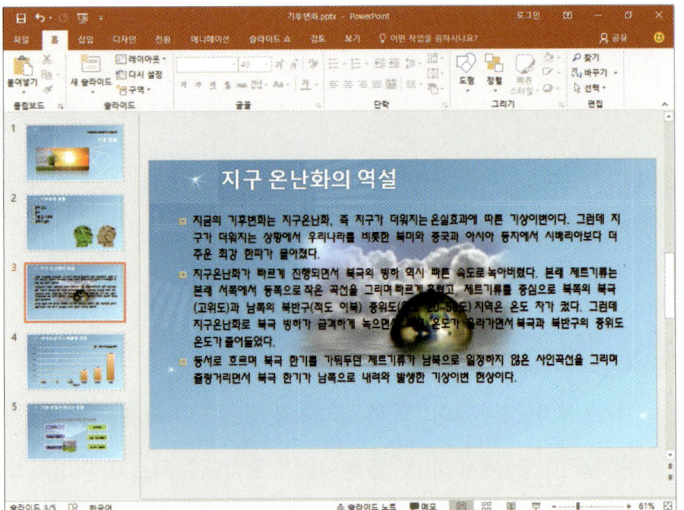

개체 정렬-2

슬라이드5에 있는 화살표를 뒤로 보내고, 슬라이드에 가운데 맞춤합니다. 원통형 그림도 슬라이드에 가운데 맞춤합니다.

01 **슬라이드5**에서 **화살표**를 선택한 후 [그리기 도구] - [서식] 탭 - [정렬] 그룹 - [뒤로 보내기]의 목록 단추(▼)를 클릭하고 **[맨 뒤로 보내기]**를 선택합니다.

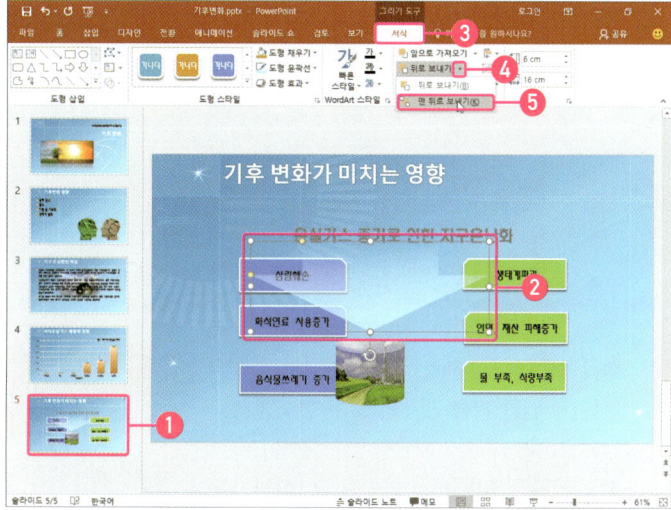

02 [정렬] 그룹 - [개체 맞춤( )]을 클릭한 후 **[슬라이드에 맞춤]**에 체크되어 있는지 확인한 후 **[가운데 맞춤]**을 클릭합니다.

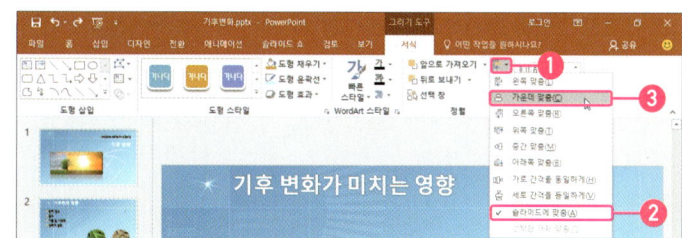

PLUS

슬라이드에 가운데 맞춤해야 하므로, [슬라이드에 맞춤]에 체크되어 있는지 확인해야 하고, 만약 체크되어 있지 않으면 체크한 후 실행해야 합니다.

03 **원통형 그림**도 선택한 후 [그림 도구] - [서식] 탭 - [정렬] 그룹 - [개체 맞춤( )]을 클릭합니다. [슬라이드에 맞춤]에 체크되어 있는지 확인한 후 **[가운데 맞춤]**을 클릭합니다.

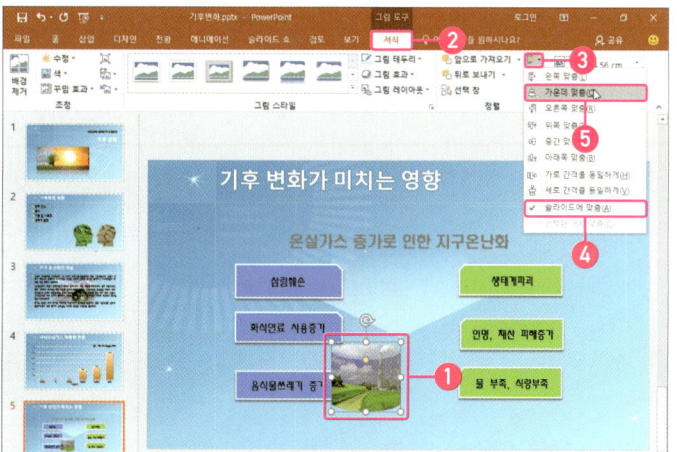

Chapter 2 · 텍스트, 도형 및 그림 87

04 화살표와 원통형 그림이 슬라이드 가운데 맞춤 되었습니다.

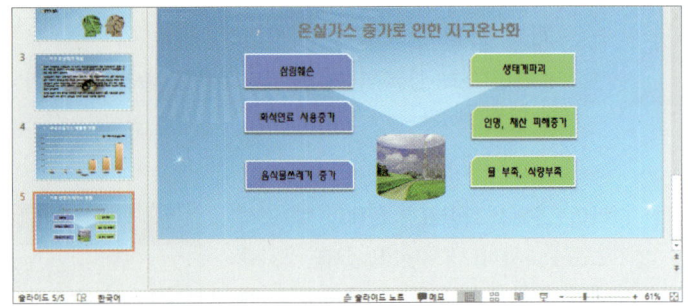

Skill 03 개체 정렬-3

슬라이드5에 있는 연한 파랑 개체의 세로 간격을 동일하게 맞추고, 녹색 개체도 세로 간격을 동일하게 맞춥니다.

01 **슬라이드5**에서 Shift 키 또는 Ctrl 키를 누른 채 **연한 파랑 개체만 모두** 선택합니다. [그리기 도구] - [서식] 탭 - [정렬] 그룹 - [개체 맞춤(📧)]을 클릭한 후 **[선택한 개체 맞춤]**에 체크되어 있는지 확인한 후 **[세로 간격을 동일하게]**를 클릭합니다.

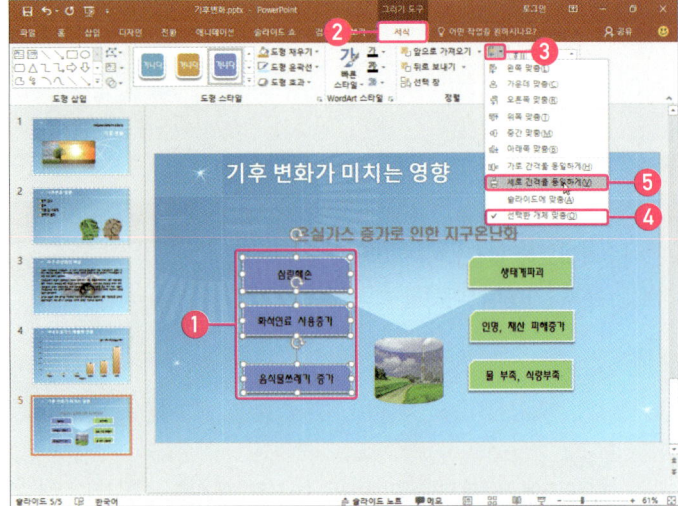

PLUS!
개체간 가로 간격을 동일하게 맞추려면 가로로 나열된 개체를 선택한 후 [가로 간격을 동일하게]를 선택합니다.

02 Shift 키나 Ctrl 키를 누른 채 **녹색 개체만 모두** 선택한 후 [그리기 도구] - [서식] 탭 - [정렬] 그룹 - [개체 맞춤(📧)]을 클릭하고, **[세로 간격을 동일하게]**를 클릭합니다.

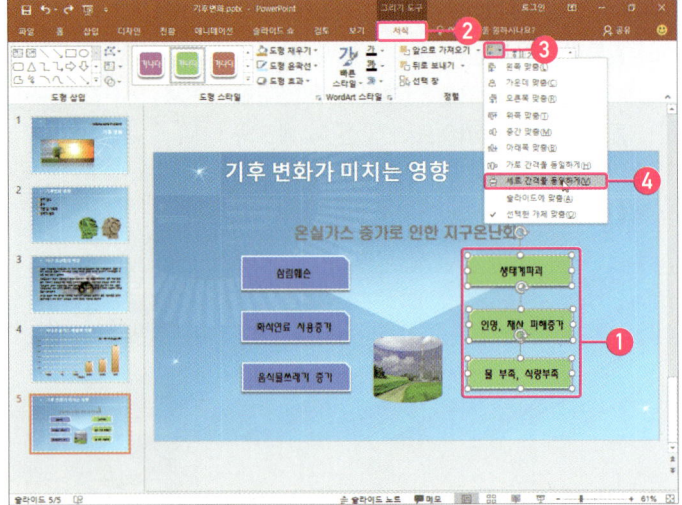

03 연한 파랑 개체의 세로 간격과 녹색 개체의 세로 간격이 동일하게 맞춰졌습니다.

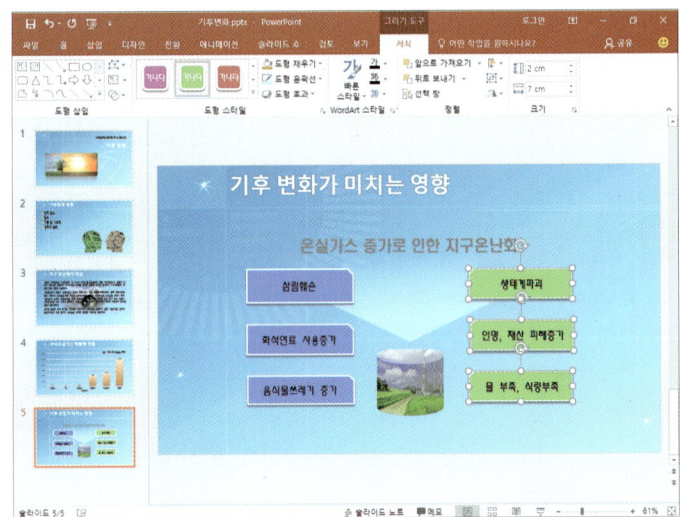

Skill 04 개체 그룹화

슬라이드5에 있는 연한 파랑 개체를 모두 그룹으로 묶고, 녹색 개체도 하나의 그룹으로 묶습니다.

01 **슬라이드5**에서 **연한 파랑 개체를 모두** 선택한 후 [그리기 도구] - [서식] 탭 - [정렬] 그룹 - [개체 그룹화(🔲)] - **[그룹]**을 클릭합니다.

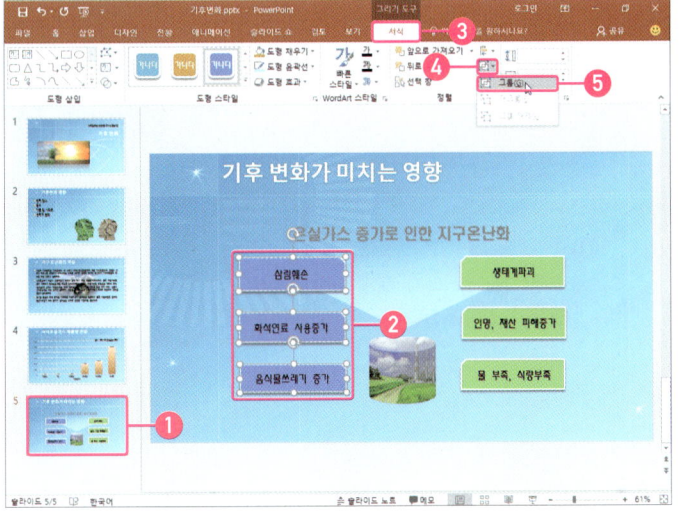

02 연한 파랑 개체들이 하나의 개체로 그룹화 되었습니다.

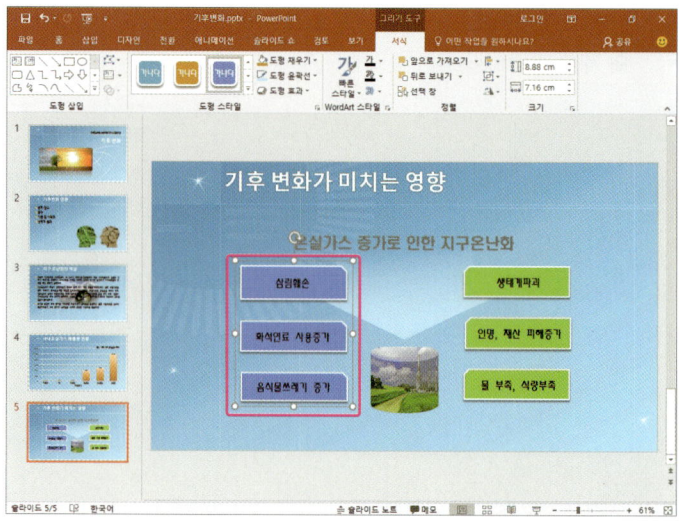

03 **녹색 개체를 모두** 선택한 후 Ctrl + G 키를 누릅니다.

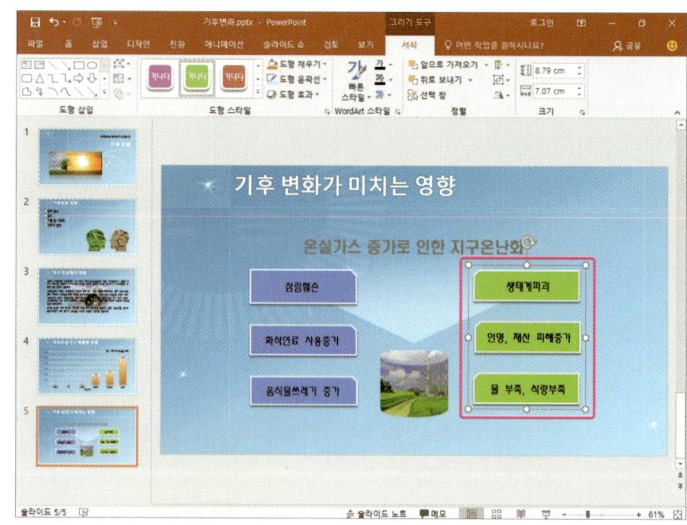

> **PLUS**
> 그룹화한 개체를 다시 해제하려면 Ctrl + Shift + G 키를 누릅니다.

 적응 문제

예제파일 : 예제2-07.pptx 완성파일 : 완성2-07.pptx

01. 슬라이드5에서 화살표를 맨 뒤로 보냅니다.
02. 슬라이드5에서 주황색의 모든 정육면체를 슬라이드에 가운데 맞춥니다.
03. 슬라이드5에서 바다색 둥근 모서리 사각형들의 가로 간격을 모두 동일하게 맞춥니다.
04. 슬라이드5에서 바다색 둥근 모서리 사각형을 모두 그룹으로 묶고, 주황색 정육면체를 모두 그룹으로 묶습니다.

Chapter 3

표, 차트, SmartArt 및 미디어

Section 01 표 삽입

Section 02 표 편집과 서식

Section 03 차트 삽입

Section 04 차트 종류 변경과 효과

Section 05 SmartArt 그래픽 삽입

Section 06 SmartArt 그래픽 편집

Section 07 WordArt 삽입

Section 08 WordArt 서식

Section 09 오디오 삽입과 편집

Section 10 비디오 삽입과 편집

Section 11 메모

Section 12 하이퍼링크

Section 01 표 삽입

슬라이드에서 원하는 위치에 표를 삽입하고 이동시킬 수 있습니다. 다른 파일에 작성된 표를 가져올 수도 있습니다.

Check Point 표 삽입, 개체 삽입

◉ 예제파일 : 교통안전-1.pptx, 안전띠착용률.xlsx

Skill 01 표 삽입-1
슬라이드2에서 해 모양 오른쪽에 열 2개와 행 5개로 이루어진 표를 추가합니다.

01 **슬라이드2**에서 표를 삽입하기 위해 [삽입] 탭 - [표] 그룹 - [표]를 클릭한 후 **[2×5]**가 되도록 드래그한 후 손을 뗍니다.

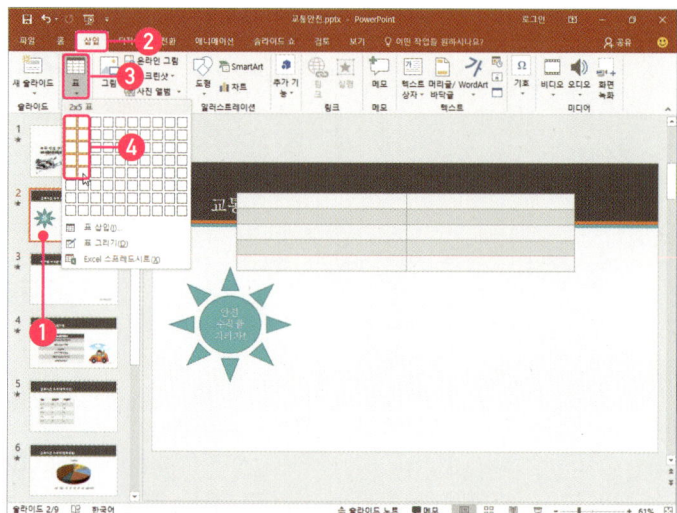

02 슬라이드에 드래그한 열과 행 개수대로 표가 삽입되었습니다. 표를 드래그하여 해 모양 옆으로 옮깁니다.

PLUS
[삽입] 탭 – [표] 그룹 – [표] – [표 삽입]을 클릭한 후 [표 삽입] 대화상자에 열과 행의 개수를 각각 입력한 후 [확인] 단추를 클릭하면 표가 삽입됩니다.

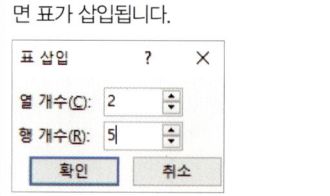

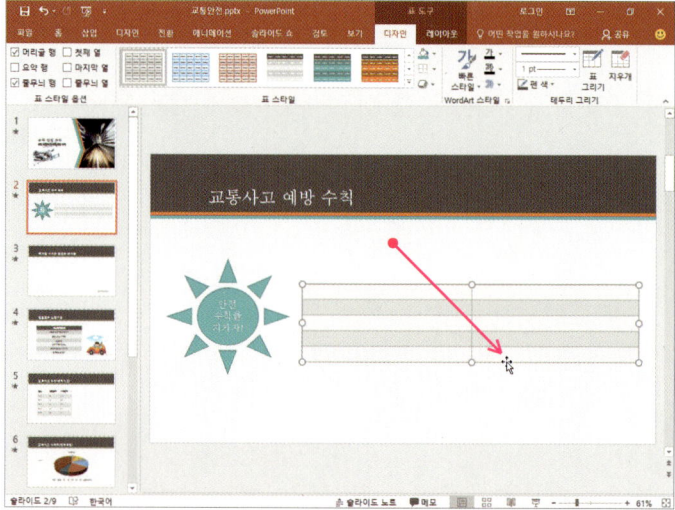

표 삽입-2

슬라이드3에 *안전띠착용률.xlsx* 파일의 표를 슬라이드 왼쪽에 추가합니다. 표의 크기 조절은 선택 사항입니다.

01 **슬라이드3**을 클릭하고 [삽입] 탭 - [텍스트] 그룹 - [개체(□)]를 클릭합니다.

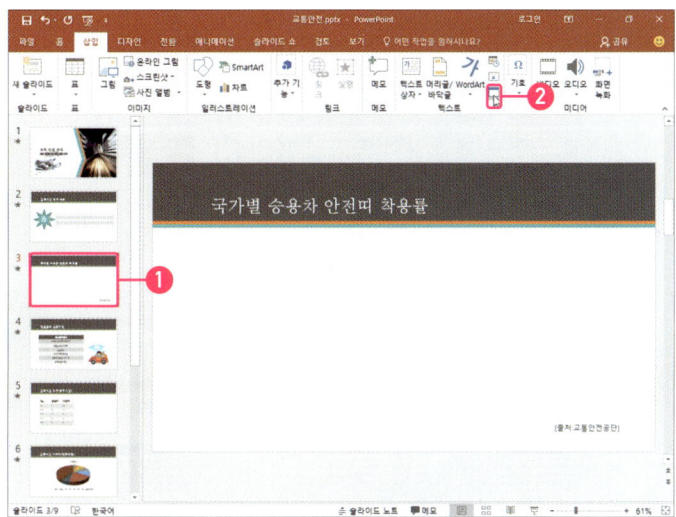

02 [개체 삽입] 대화상자에서 파일을 불러오기 위해 **'파일로부터 만들기'**를 선택한 후 파일을 불러오기 위해 [찾아보기] 단추를 클릭합니다.

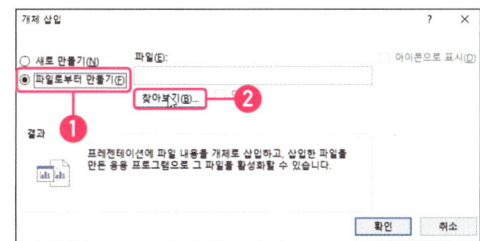

PLUS

원본 개체와 연결하기
[개체 삽입] 대화상자에서 '연결'에 체크하면 원본 개체와 연결됩니다. 만약 엑셀 원본 데이터에서 수정을 하게 되면 파워포인트에 삽입된 개체도 업데이트 되어 자동으로 데이터가 수정됩니다.

03 [찾아보기] 대화상자에서 **'안전띠착용률.xlsx'**를 선택한 후 [확인] 단추를 클릭합니다.

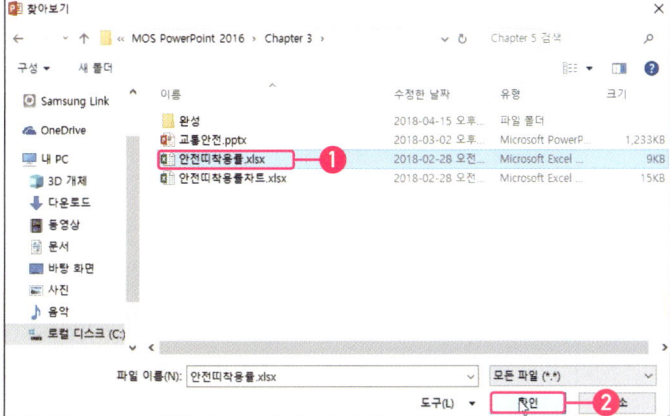

04 [개체 삽입] 대화상자에서 [확인] 단추를 클릭합니다.

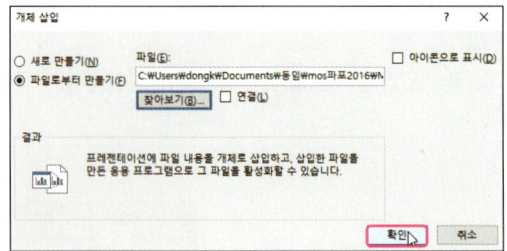

05 개체로 삽입된 엑셀 표의 크기 조절점을 드래그하고, 슬라이드 왼쪽으로 위치시킵니다.

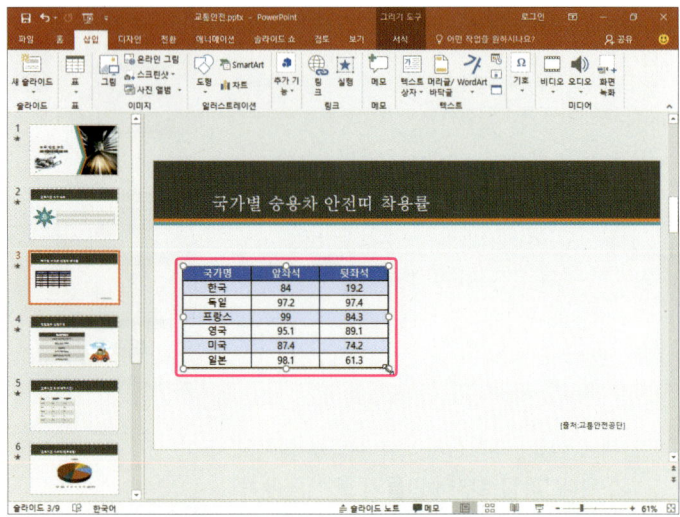

● 예제파일 : 예제3-01.pptx, 식생활실천율.xlsx ● 완성파일 : 완성3-01.pptx

01. 슬라이드2에 열 3개와 행 6개로 이루어진 표를 추가합니다.

02. 슬라이드6에 *식생활실천율.xlsx* 파일의 표를 슬라이드 오른쪽에 추가합니다. 표의 크기 조절은 선택 사항입니다.

Section

02

표 편집과 서식

표에서 셀을 삭제하거나 삽입, 셀 병합 등의 편집과 표를 예쁘게 꾸밀 수 있습니다.

Check Point 표 도구, 레이아웃, 행 및 열 삭제, 삽입, 셀 크기, 셀 병합, 셀 분할, 표 크기, 표 스타일

◉ 예제파일 : 교통안전-2.pptx

Skill 01 표 편집-1

슬라이드4에서 표에 있는 "정속주행" 행을 삭제한 후 표의 오른쪽에 "비고"라는 새로운 열을 삽입합니다.

01 **슬라이드4**의 표에서 **'정속주행' 행**에 커서를 두고, [표 도구] - [레이아웃] 탭 - [행 및 열] 그룹 - [삭제] - **[행 삭제]**를 클릭합니다.

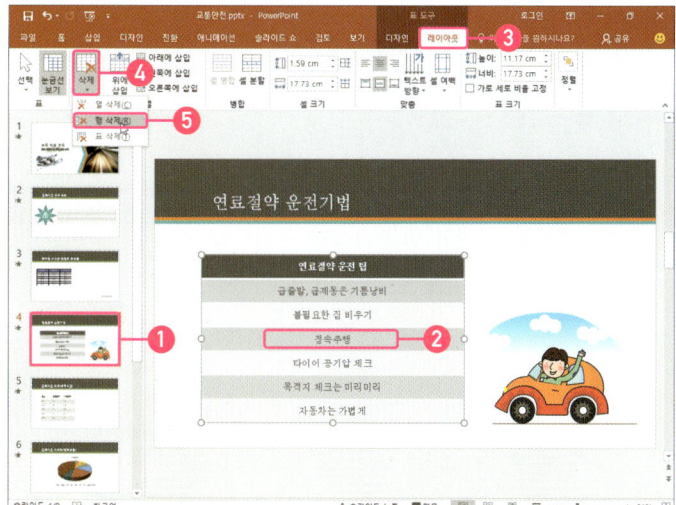

PLUS!
[표 도구]의 [레이아웃] 탭에서는 행 및 열을 삭제하거나 삽입, 셀 병합, 셀 분할, 셀이나 표 크기 조정까지 표 편집과 관련된 다양한 기능들이 있습니다.

02 [행 및 열] 그룹 - **[오른쪽에 삽입]**을 클릭합니다.

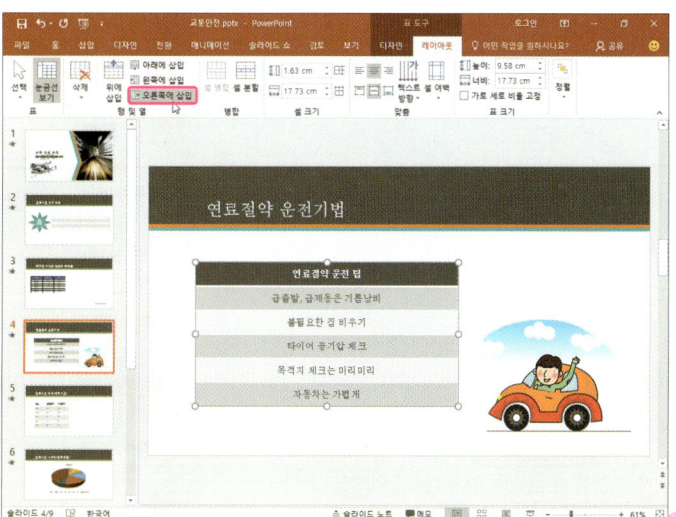

Chapter 3 ■ 표, 차트, SmartArt 및 미디어

03 커서를 둔 셀 오른쪽에 1열이 더 삽입되었습니다. 1행 2열에 '**비고**'라고 입력합니다.

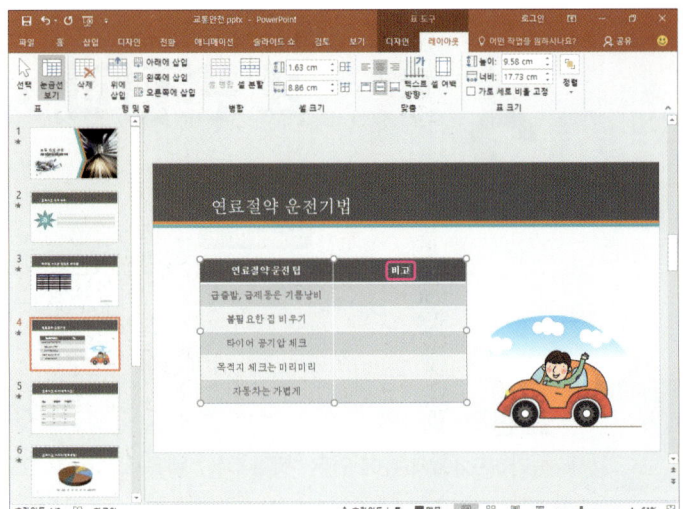

> **PLUS**
> 위나 아래에 삽입은 행이 추가되고, 왼쪽이나 오른쪽에 삽입은 열이 추가됩니다.

Skill 02 표 편집-2

슬라이드4에서 표에 있는 "비고" 열의 너비를 5cm로 조정합니다.

01 **슬라이드4**의 표에서 열의 너비만 크기를 조정하기 위해 '**비고**' **열**에 커서를 둡니다.

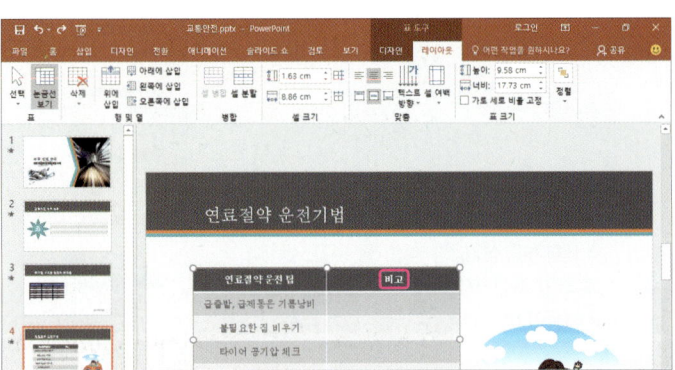

02 [표 도구] - [레이아웃] 탭 - [셀 크기] 그룹 - [표 열 너비(🗐)]에 '**5cm**'라고 입력한 후 Enter 키를 누르면 '비고' 열 너비가 조정됩니다.

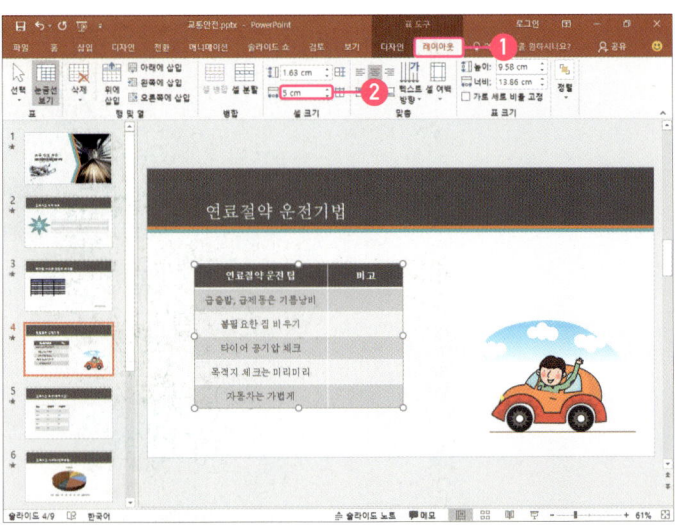

> **PLUS**
> 행의 높이를 조정하려면 [셀 크기] 그룹 – [표 행 높이(🗐)]에 값을 입력합니다.

표 편집-3

슬라이드8의 표에서 2행 5열부터 4행 5열까지 셀 병합합니다.

01 슬라이드8의 표에서 **2행 5열**부터 **4행 5열**까지 드래그하여 선택합니다.

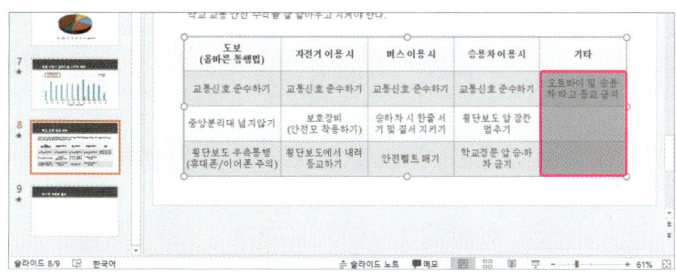

02 [표 도구] - [레이아웃] 탭 - [병합] 그룹 - [**셀 병합**]을 클릭하면 하나의 셀로 병합됩니다.

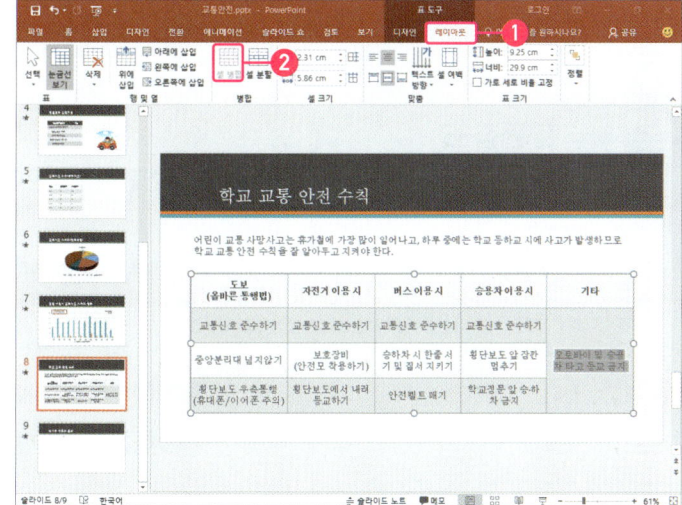

PLUS

셀 분할
[표 도구] – [레이아웃] 탭 – [병합] 그룹 – [셀 분할]을 클릭합니다. [셀 분할] 대화상자가 나타나면 분할할 행과 열의 개수를 입력한 후 [확인] 단추를 클릭합니다.

표 편집-4

슬라이드8에서 표 크기의 높이를 10cm로 조정합니다.

01 슬라이드8에서 **표**를 선택한 후 [표 도구] - [레이아웃] 탭 - [표 크기] 그룹에서 표 높이와 너비를 확인할 수 있습니다.

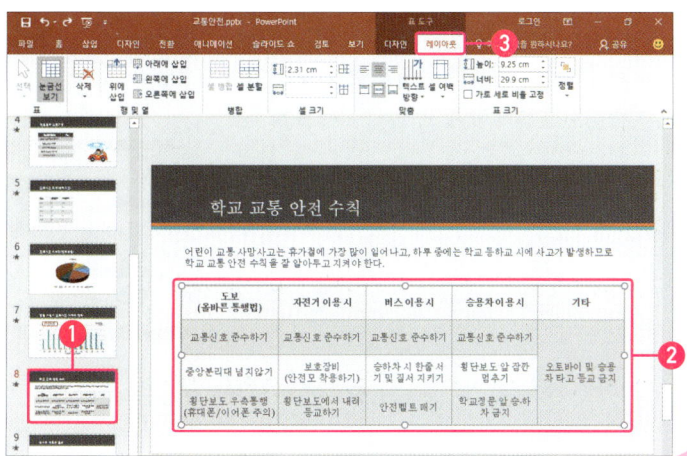

PLUS

표 안에 커서를 두고, [표 도구] – [레이아웃] 탭 – [표] 그룹 – [선택]을 클릭한 후 [표 선택]을 클릭하면 표 전체를 선택하고, [열 선택]이나 [행 선택]을 하면 커서가 있는 열이나 행을 선택하게 됩니다.

Chapter 3 · 표, 차트, SmartArt 및 미디어

02 [표 크기] 그룹에서 높이에 '**10cm**'라고 입력하고 Enter 키를 누르면 표의 높이만 변경됩니다.

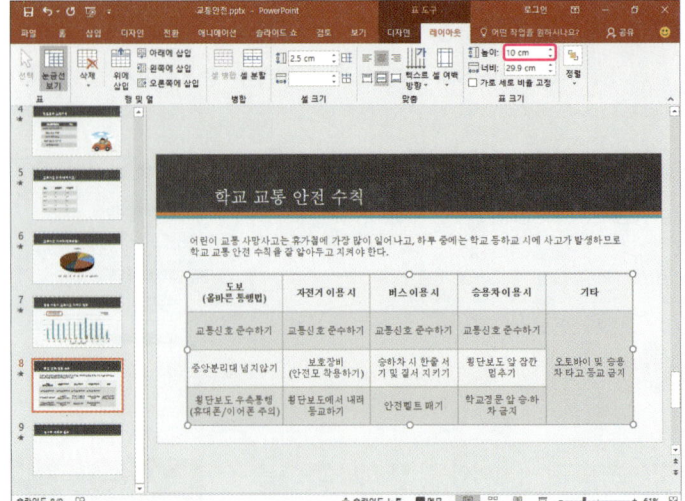

PLUS

[표 도구] – [레이아웃] 탭 – [표 크기] 그룹에서 '가로 세로 비율 고정'에 체크한 후 높이의 값을 변경하면 높이에 비례하여 너비 크기도 변경됩니다.

Skill 05 표 편집-5

슬라이드5의 표 전체의 데이터를 가운데 맞춤, 세로 가운데 맞춤으로 설정합니다.

01 **슬라이드5**에서 **표**를 선택합니다. 현재 왼쪽 맞춤, 위쪽 맞춤되어 있습니다.

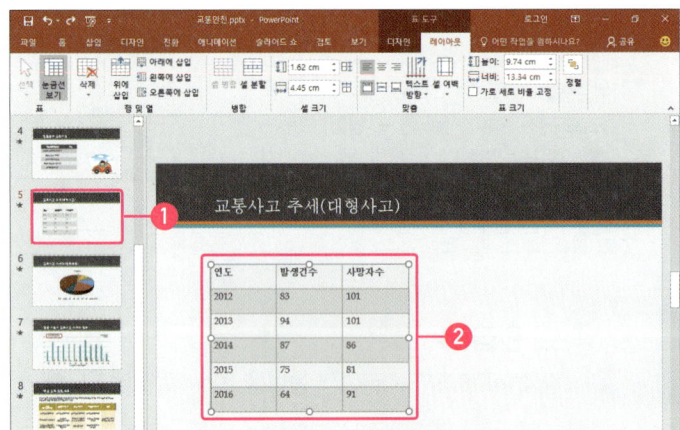

02 [표 도구] - [레이아웃] 탭 - [맞춤] 그룹에서 [**가운데 맞춤(▤)**], [**세로 가운데 맞춤(▤)**]을 클릭하여 표 안의 텍스트를 정렬합니다.

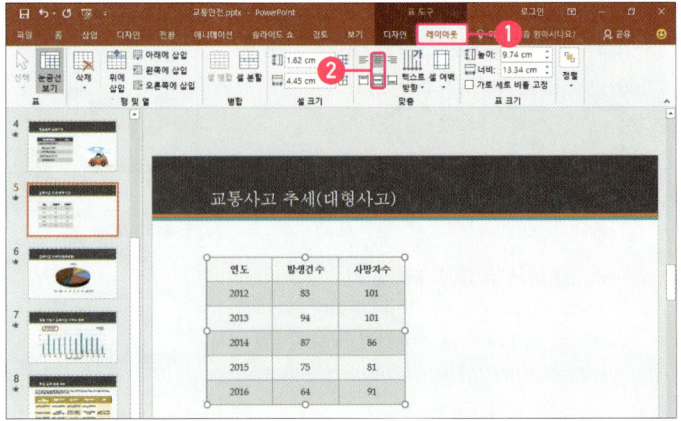

표 서식-1

슬라이드8의 표에 보통 스타일2-강조3을 적용합니다. 열은 줄무늬 열로 행은 줄무늬 행이 되지 않도록 표 스타일을 변경합니다.

01 **슬라이드8**에서 **표**를 선택한 후 [표 도구] - [디자인] 탭 - [표 스타일] 그룹에서 자세히 단추(▼)를 클릭하여 [**보통 스타일2-강조3**]을 선택합니다.

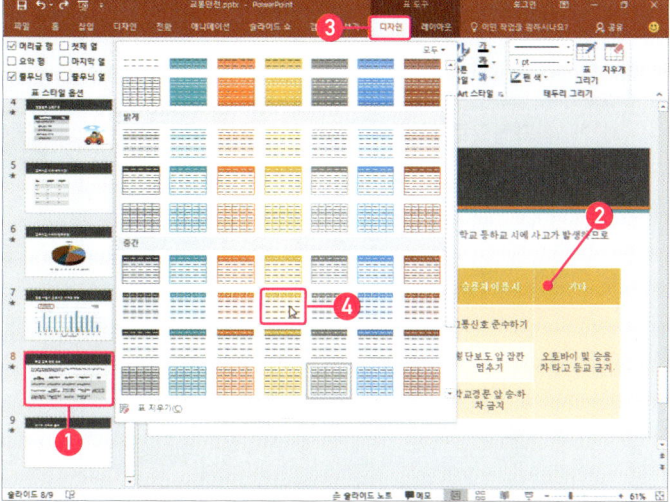

PLUS!
표 스타일에서는 스타일마다 테두리, 음영을 조합하여 다양한 스타일을 제공하여 표 스타일을 빠르게 변경할 수 있게 도와줍니다.

02 [표 스타일 옵션] 그룹에서 [**줄무늬 행**]의 체크는 해제하고, [**줄무늬 열**]에는 체크합니다. 표 스타일이 변경됩니다.

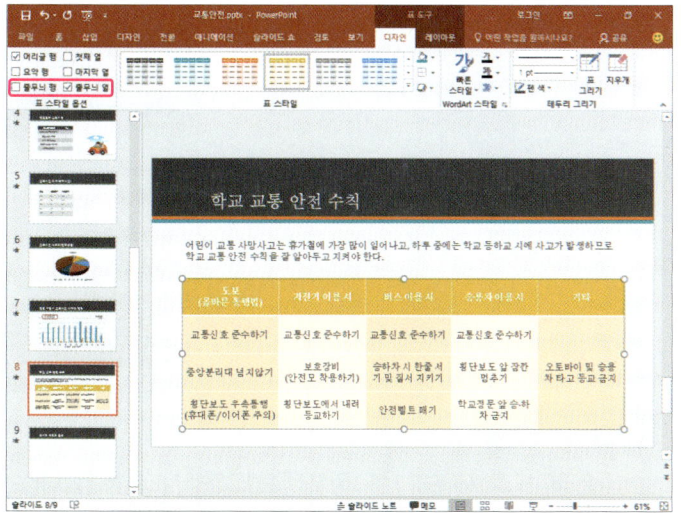

Chapter 3 • 표, 차트, SmartArt 및 미디어 **99**

표 서식-2

슬라이드8의 1행 1열부터 1행 5열까지 십자형으로 셀 입체 효과를 적용합니다.

01 슬라이드8의 표에서 **1행 1열부터 1행 5열**까지 드래그하여 선택합니다. 선택한 후 [표 도구] - [디자인] 탭 - [표 스타일] 그룹 - [효과(　)] - [셀 입체 효과] - [입체 효과]의 **[십자형으로]**를 클릭합니다.

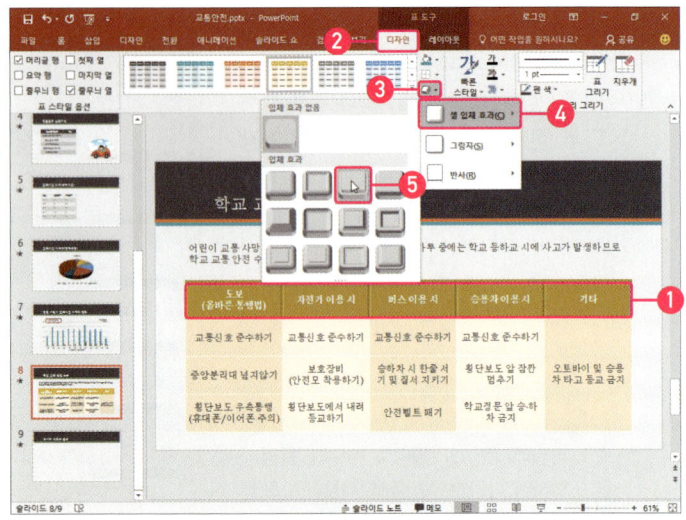

02 첫 행에 입체 효과가 적용되었습니다.

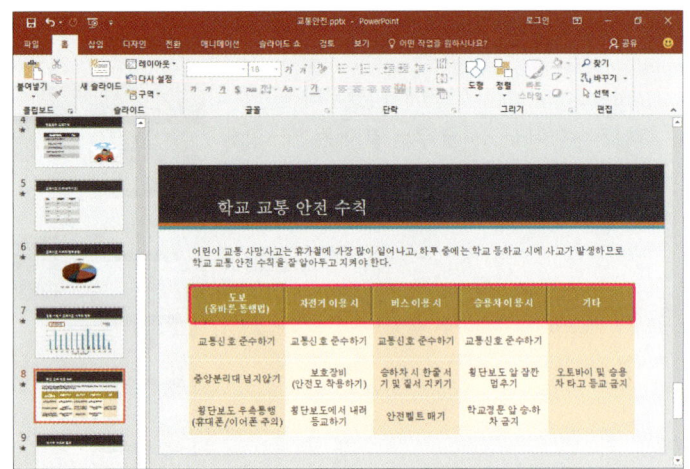

 ⊙ 예제파일 : 예제3-02.pptx   ⊙ 완성파일 : 완성3-02.pptx

01. 슬라이드2에서 표의 1행 1열부터 1행 3열까지 셀 병합합니다.

02. 슬라이드2에 표의 빈 행을 삭제하고, 왼쪽에 "**구분**"이라는 열을 삽입합니다. "구분" 열의 너비를 5.5cm로 조정합니다.

03. 슬라이드3에서 표의 1행의 텍스트를 가운데 맞춤합니다.

04. 슬라이드3에 있는 표의 스타일을 보통 스타일2 - 강조6으로 변경합니다.

05. 슬라이드3에서 표의 1행 1열부터 1행 2열까지 볼록하게 셀 입체 효과를 적용하고, 표 전체에 원근감: 오른쪽 위 그림자 효과를 적용합니다.

Section 03 차트 삽입

차트를 목적에 맞게 막대형, 꺾은선형, 원형 등 다양한 형태로 삽입할 수 있습니다.

Check Point 차트, 개체, 차트 레이아웃, 차트 요소 추가

◉ 예제파일 : 교통안전-3.pptx, 안전띠착용률차트.xlsx

Skill 01 차트 삽입-1

슬라이드5에서 표에 있는 "연도"를 항목으로, "발생건수", "사망자수" 데이터를 계열로 표시하는 3차원 묶은 가로 막대형 차트를 표의 오른쪽에 추가합니다. 계열 이름 중 "발생건수"를 "건수"라고 설정하고, 차트 제목은 보이지 않게 설정합니다. 차트의 크기 조절은 선택 사항입니다.

01 슬라이드5에서 차트를 삽입하기 위해 [삽입] 탭 - [일러스트레이션] 그룹 - **[차트]**를 클릭합니다.

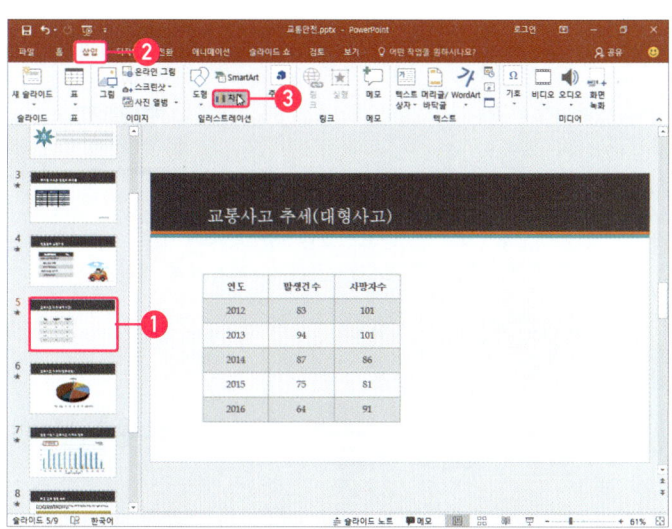

02 [차트 삽입] 대화상자에서 [가로 막대형] 범주를 선택한 후 차트 종류 중 **'3차원 묶은 가로 막대형'** 차트를 클릭한 후 [확인] 단추를 클릭합니다.

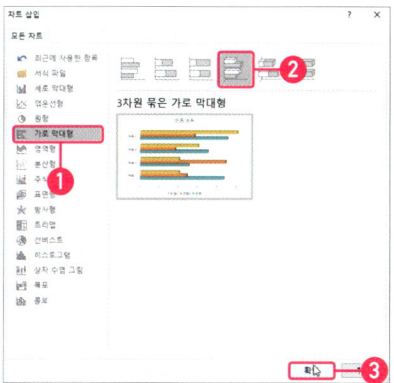

03 엑셀 창이 나타나면 **'연도'**를 항목으로 입력하고 **'발생건수'**, **'사망자수'**를 계열로 입력합니다. 불필요한 데이터를 삭제하기 위해 D 열머리 위에서 마우스 오른쪽 단추를 눌러 [삭제]를 클릭하고 엑셀 창을 닫습니다.

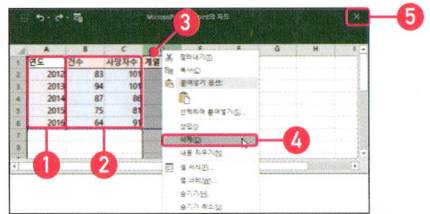

> **PLUS**
> 차트를 삽입한 후 계열 이름 중 '발생건수'를 '건수'로 수정하려면 [차트 도구] – [디자인] 탭 – [데이터] 그룹 – [데이터 편집]을 클릭합니다. 엑셀 창이 나타나고 데이터를 수정할 수 있습니다.

04 차트의 크기를 조정하여 표의 오른쪽에 위치시킨 후 차트 제목을 보이지 않게 하기 위해서 [차트 도구] - [디자인] 탭 - [차트 레이아웃] 그룹 - [차트 요소 추가] - **[차트 제목]** - **[없음]**을 클릭합니다.

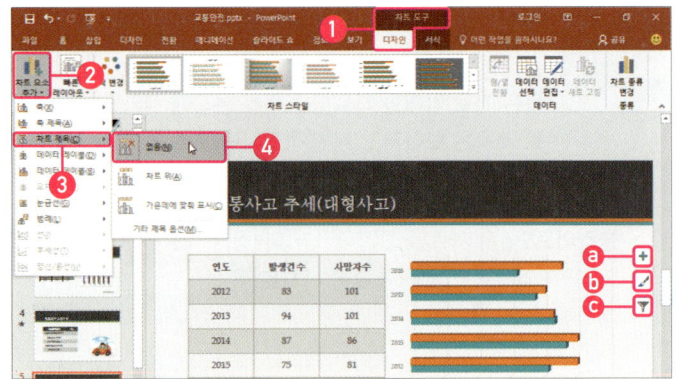

> **PLUS**
> ⓐ 차트 요소 : 차트의 구성 요소를 추가하거나 제거 가능 ⓑ 스타일 : 미리 정의되어 있는 빠른 차트 스타일 적용
> ⓒ 값, 이름 : 계열, 범주 요소를 선택하거나 제거 가능

 차트 삽입-2
슬라이드9에 기본 파레토 히스토그램 차트를 추가합니다.

01 **슬라이드9**에서 차트를 삽입하기 위해 [삽입] 탭 - [일러스트레이션] 그룹 - **[차트]**를 클릭합니다.

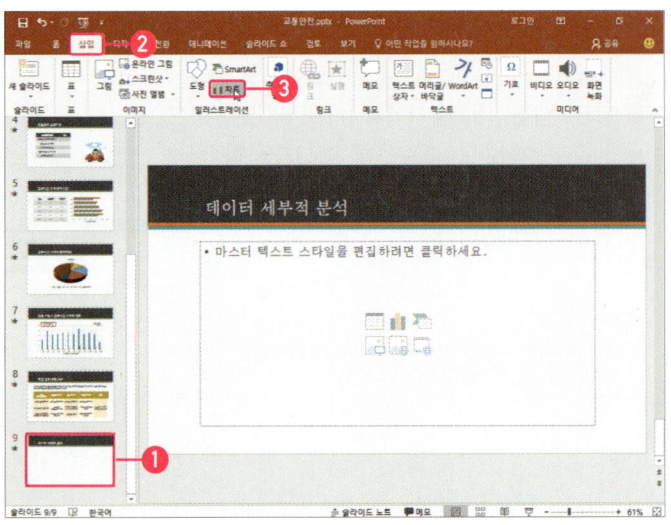

02 [차트 삽입] 대화상자에서 [히스토그램] 범주를 선택한 후 **'파레토'** 차트를 클릭하고 [확인] 단추를 클릭합니다.

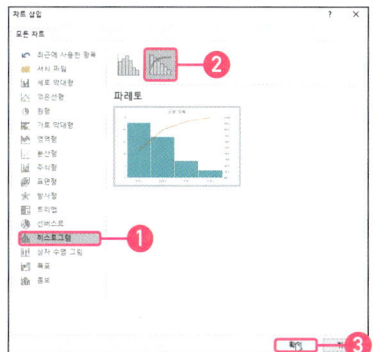

03 파레토 히스토그램 차트가 삽입되었습니다. 엑셀 데이터가 제시되지 않았으므로, 엑셀 창을 닫습니다.

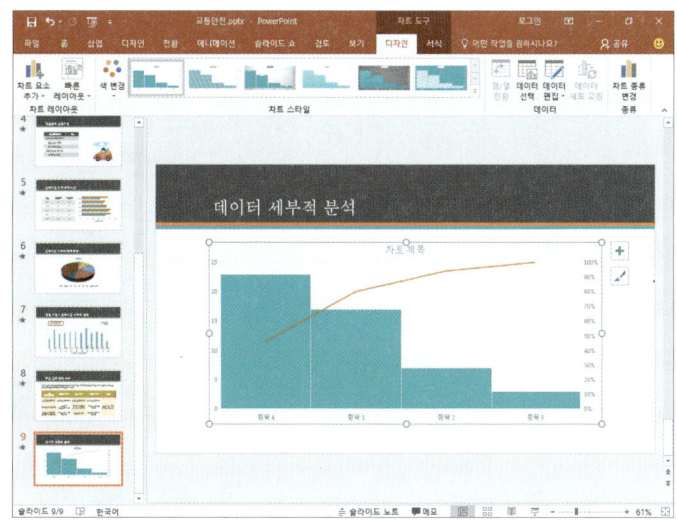

Skill 03 차트 삽입-3

슬라이드3에 *안전띠착용률차트.xlsx* 파일의 차트를 슬라이드 오른쪽에 추가합니다. 차트 크기 조절은 선택 사항입니다.

01 **슬라이드3**에 개체를 삽입하기 위해 [삽입] 탭 - [텍스트] 그룹 - [개체(□)]를 클릭합니다.

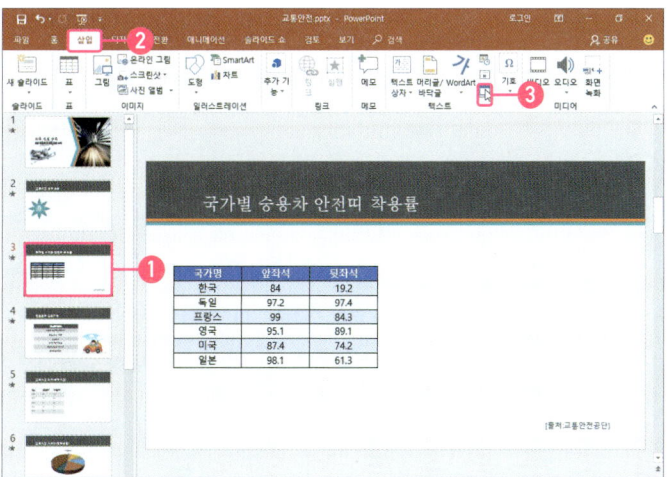

Chapter 3 • 표, 차트, SmartArt 및 미디어   103

02 [개체 삽입] 대화상자에서 '**파일로부터 만들기**'를 선택한 후 [찾아보기] 단추를 클릭합니다. [찾아보기] 대화상자에서 '**안전띠착용률차트.xlsx**'를 선택한 후 [확인] 단추를 클릭합니다.

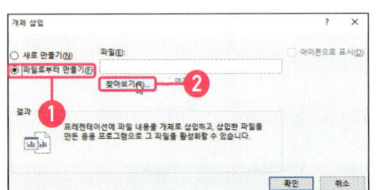
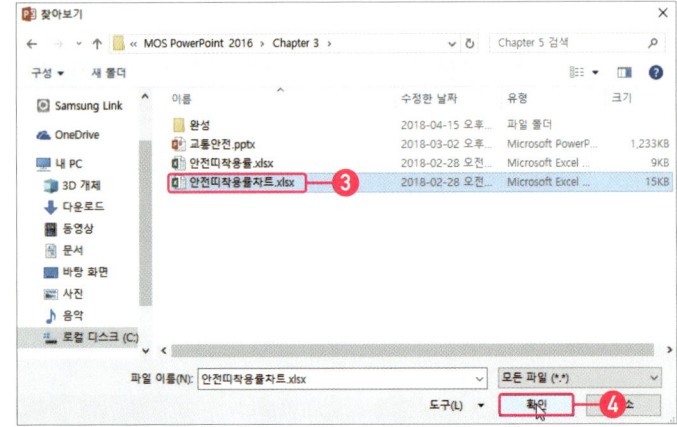

03 [개체 삽입] 대화상자에서 [확인] 단추를 클릭합니다.

04 차트의 크기를 조절하고 오른쪽으로 위치시킵니다.

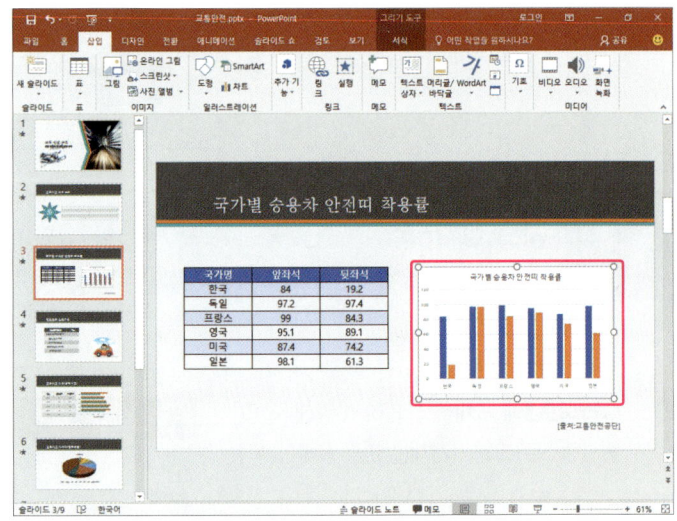

예제파일 : 예제3-03.pptx, 식생활실천율차트.xlsx 완성파일 : 완성3-03.pptx

01. 슬라이드4의 표에 있는 수치를 사용하여 꺾은선형 차트를 만듭니다. 연도를 항목으로 "주1회 이상 패스트푸드 먹는 초등생"이라는 이름을 계열로 사용합니다. 차트의 크기 조절은 선택 사항입니다.

02. 슬라이드6에 *식생활실천율차트.xlsx* 파일의 차트를 슬라이드 왼쪽에 추가합니다. 차트의 크기 조절은 선택 사항입니다.

Section 04 차트 종류 변경과 효과

차트 종류를 변경하고, 차트 요소를 추가, 제거하는 방법과 차트 스타일에서 제공하는 여러 스타일, 차트 레이아웃까지 쉽고 빠르게 적용할 수 있습니다.

Check Point 차트 종류 변경, 차트 요소, 차트 스타일, 빠른 레이아웃

◉ 예제파일 : 교통안전-4.pptx

Skill 01 차트 종류 변경-1

슬라이드5에 있는 차트를 3차원 영역형 차트로 변경합니다.

01 **슬라이드5**에서 **차트**를 선택한 후 [차트 도구] - [디자인] 탭 - [종류] 그룹 - [**차트 종류 변경**]을 클릭합니다.

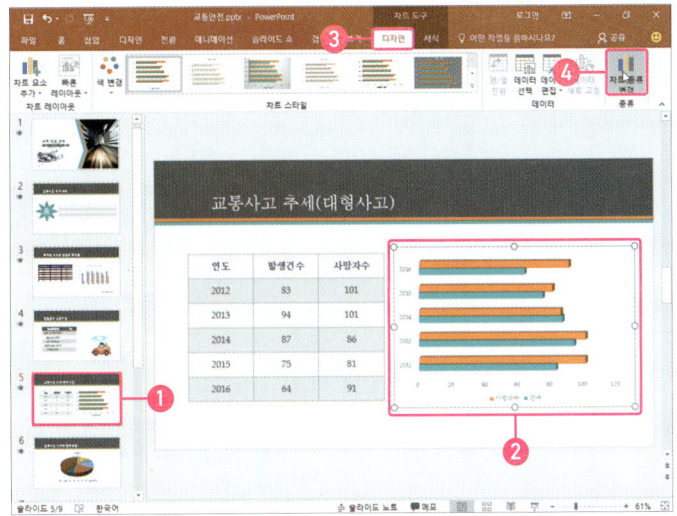

02 [차트 종류 변경] 대화상자에서 [영역형] 범주를 선택한 후 '**3차원 영역형**' 차트를 클릭하고 [확인] 단추를 클릭합니다.

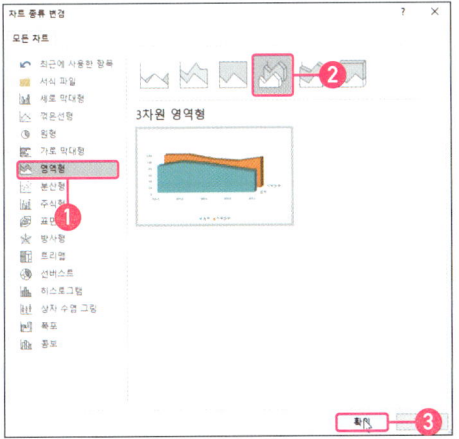

Chapter 3 • 표, 차트, SmartArt 및 미디어 105

03 묶은 가로 막대형 차트에서 3차원 영역형 차트로 변경되었습니다.

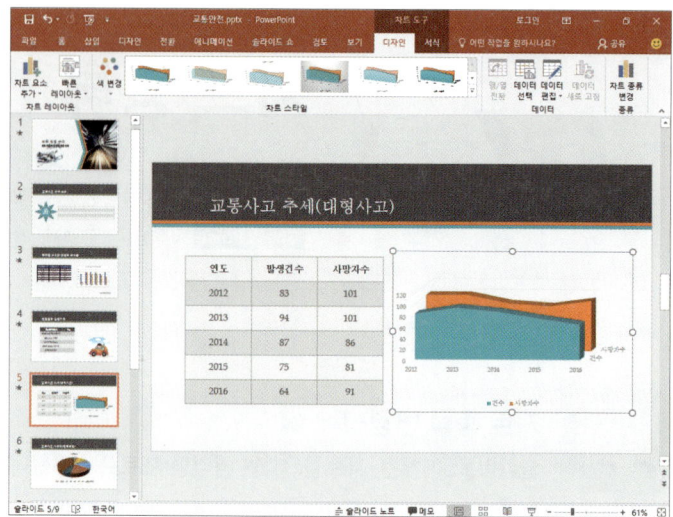

Skill 02 차트 종류 변경-2

슬라이드7에서 "어린이 사망자수" 계열의 차트만 꺾은선형으로 변경합니다.

01 **슬라이드7**에서 **차트**를 선택한 후 [차트 도구] - [디자인] 탭 - [종류] 그룹 - [**차트 종류 변경**]을 클릭합니다.

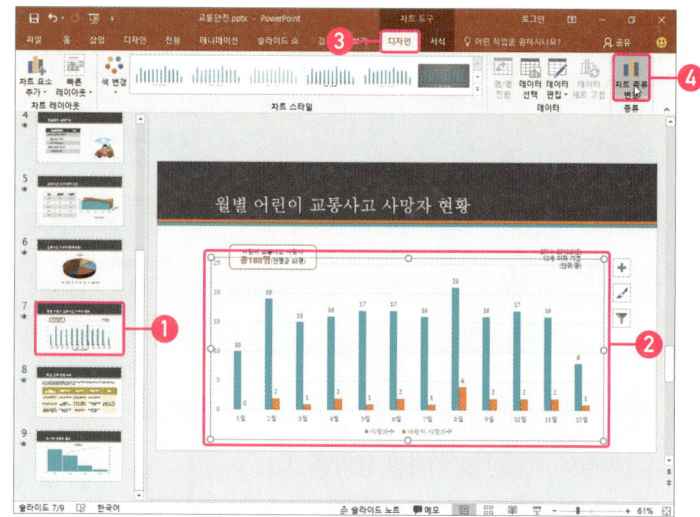

02 특정 계열만 차트를 변경하기 위해 [차트 종류 변경] 대화상자에서 [콤보] 범주를 클릭합니다. '**어린이 사망자수**' 계열의 지정된 차트 종류를 클릭합니다. 목록 중 [**꺾은선형**] 차트를 선택한 후 [확인] 단추를 클릭합니다.

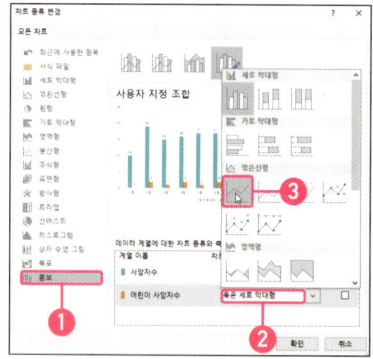 

03 '사망자수' 계열은 그대로 묶은 세로 막대형 차트이고, '어린이 사망자수' 계열은 꺾은선형으로 차트가 변경되었습니다.

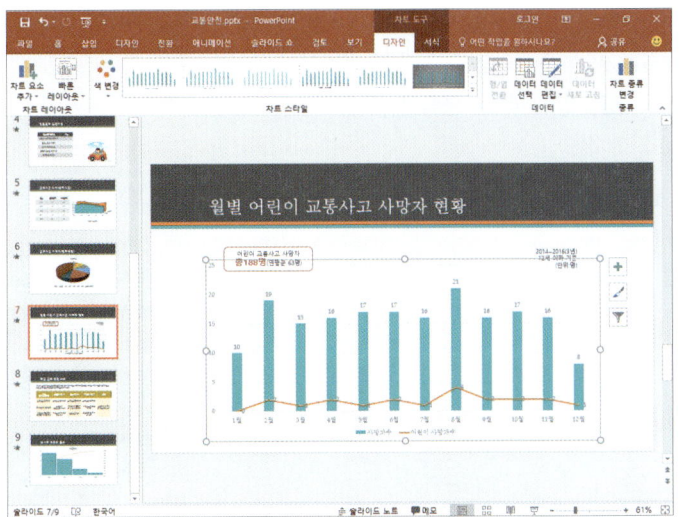

PLUS
특정 계열 차트만 변경할 때 유의할 점
이전 버전에서는 변경하려는 차트의 계열 요소를 클릭하여 변경할 수 있었습니다. 하지만 파워포인트 2016에서는 선택한 계열 요소의 차트만 변경되는 것이 아니라 차트 전체가 변경되기 때문에 반드시 [콤보] 범주에서 계열을 선택하여 변경해 주어야 합니다.

차트 요소 추가-1

슬라이드7에서 차트의 범례가 위쪽에 나타나도록 변경합니다. 데이터 레이블은 차트와 가운데 맞춤합니다.

01 **슬라이드7**에서 **차트**를 선택한 후 [차트 도구] - [디자인] 탭 - [차트 레이아웃] 그룹 - [차트 요소 추가] - **[범례]** - **[위쪽]**을 클릭합니다. 범례가 아래에서 위쪽으로 변경됩니다.

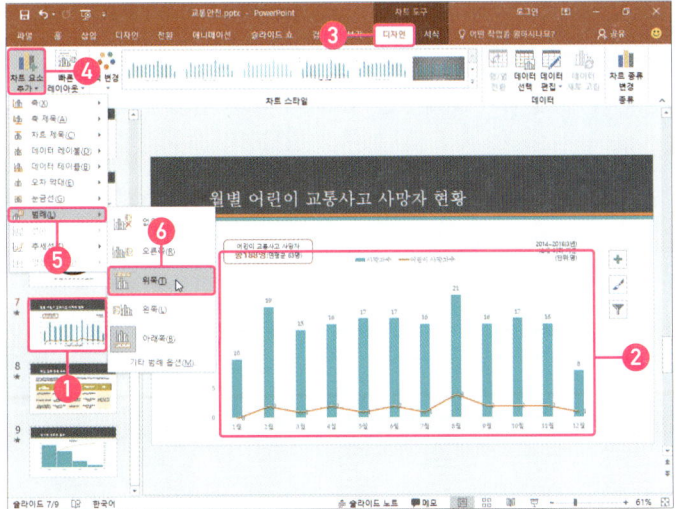

PLUS
[차트 도구] – [디자인] 탭 – [차트 레이아웃] 그룹 – [차트 요소 추가]에서 축, 축 제목, 차트 제목, 데이터 레이블, 데이터 테이블, 범례 등 차트 요소를 추가하거나 제거할 수 있습니다.

Chapter 3 · 표, 차트, SmartArt 및 미디어 107

02 [차트 도구] - [디자인] 탭 - [차트 레이아웃] 그룹 - [차트 요소 추가] - **[데이터 레이블]** - **[가운데]**를 클릭합니다.

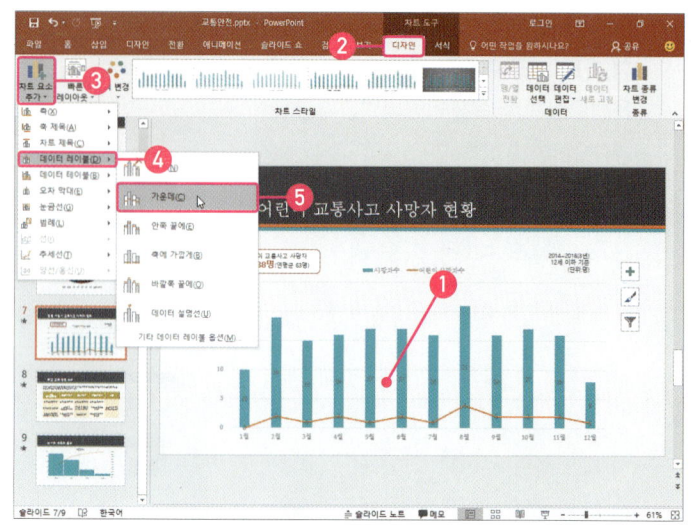

03 데이터 레이블이 가운데 배치됩니다.

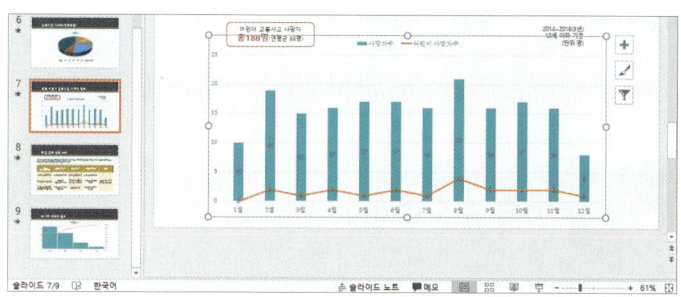

Skill 04 차트 요소 추가-2

슬라이드6에 있는 차트에서 "고령자(65세이상)"에만 데이터 설명선을 추가합니다.

01 **슬라이드6**에서 **원형 차트**를 선택하면 전체 요소가 선택됩니다. 고령자(65세이상) 차트 요소를 선택하기 위해 한 번 더 '**고령자(65세이상)**'를 클릭하면 해당 요소만 선택됩니다.

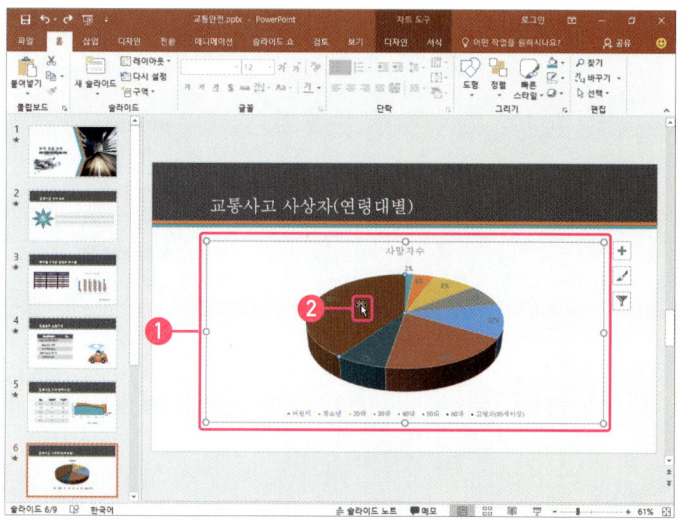

02 [차트 도구] - [디자인] 탭 - [차트 레이아
웃] 그룹 - [차트 요소 추가] - **[데이터 레이
블]** - **[데이터 설명선]**을 클릭합니다. '고령
자(65세이상)' 차트 요소에만 데이터 설명
선이 추가됩니다.

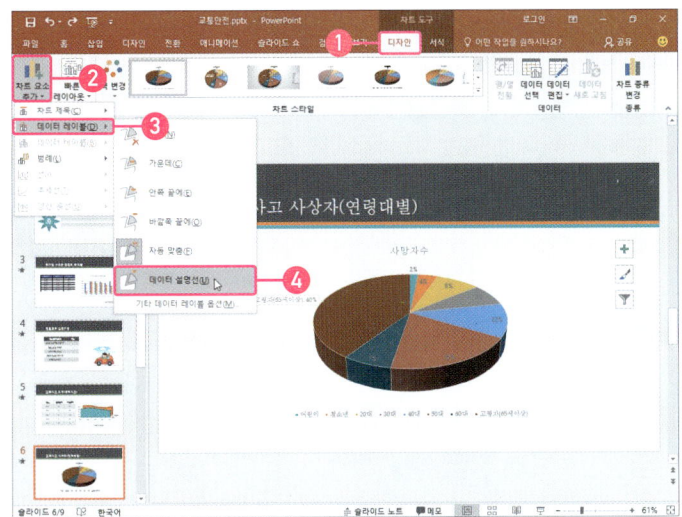

Skill 05 차트 스타일과 빠른 레이아웃-1

슬라이드6에 있는 차트에서 "고령자(65세이상)"를 20%로 조각 분리합니다.

01 **슬라이드6**에서 **원형 차트**를 선택한 후 '**고
령자(65세이상)**' 차트 요소를 한 번 더 선
택합니다.

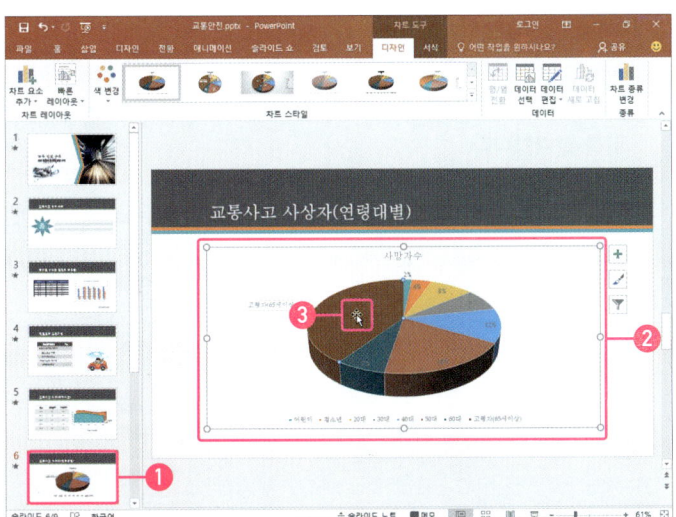

02 선택한 요소의 서식을 변경하기 위해 [차
트 도구] - [서식] 탭 - [현재 선택 영역] 그
룹 - [선택 영역 서식]을 클릭합니다.

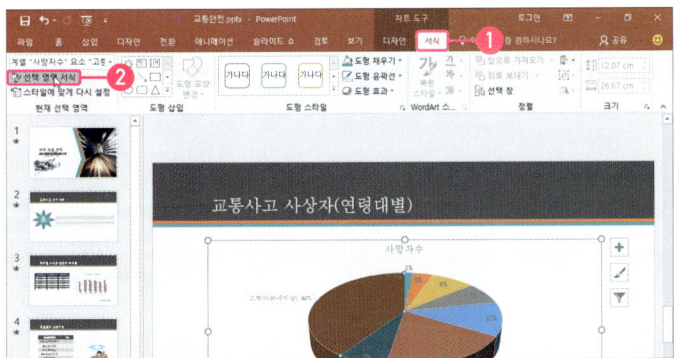

03 [데이터 요소 서식] 옵션 창이 오른쪽에 표시됩니다. [계열 옵션] 중 쪼개진 요소를 '**20%**'로 입력한 후 Enter 키를 누르고 창을 닫습니다. 선택한 차트 요소만 원형 차트에서 분리됩니다.

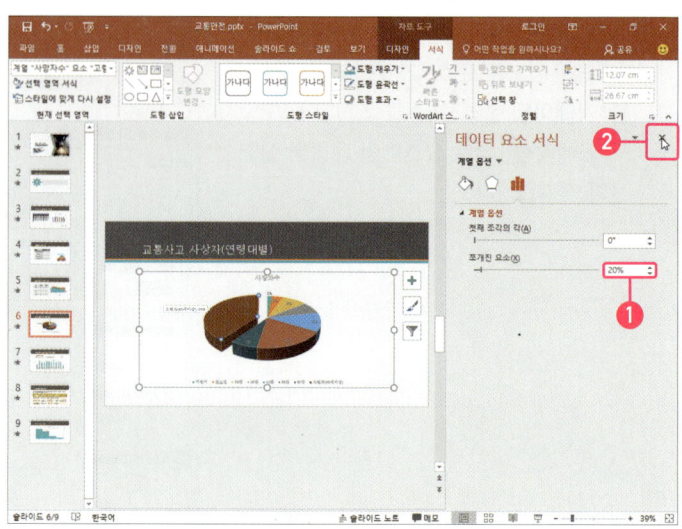

Skill 06 차트 스타일과 빠른 레이아웃-2

슬라이드7에 있는 차트의 스타일을 스타일5로 변경한 다음, 색을 단색형 구역에 있는 단색 색상표5로 변경하고, 사망자수가 가장 많은 "8월" 계열만 파랑으로 변경합니다.

01 **슬라이드7**에서 **차트**를 선택한 후 [차트 도구] - [디자인] 탭 - [차트 스타일] - [**스타일 5**]를 클릭합니다.

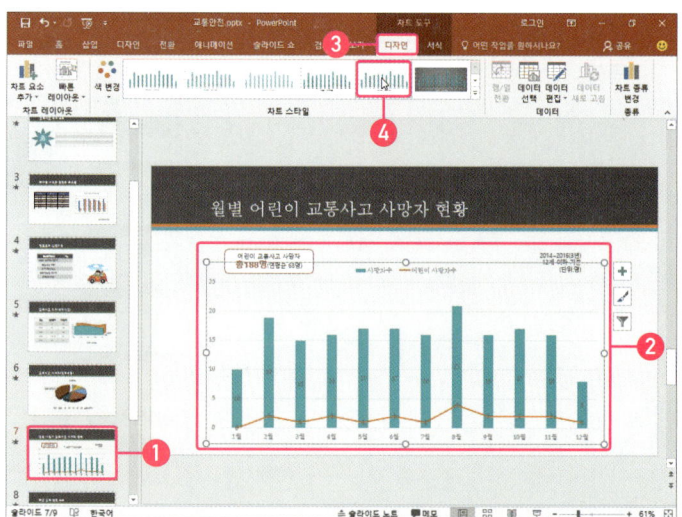

02 차트 색상을 변경하기 위해 [차트 스타일] 그룹 - [색 변경] - [단색형]의 [**단색 색상표 5**]를 클릭합니다.

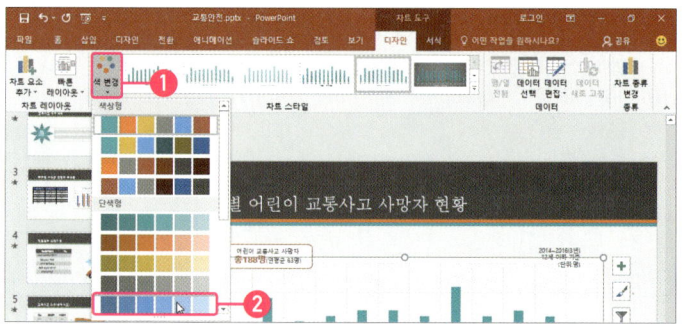

03 차트 요소 중 '사망자수'의 '8월' 계열 서식만 변경하기 위해 묶은 세로 막대형 차트를 선택한 후 **'8월'** 계열만 한 번 더 선택합니다.

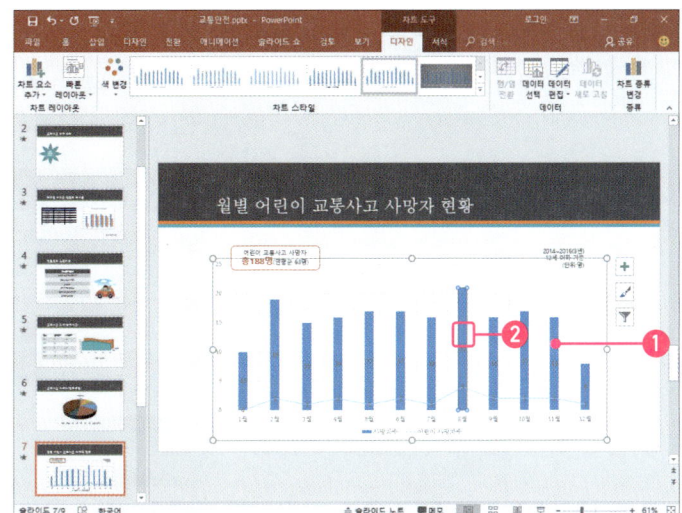

04 [차트 도구] - [서식] 탭 - [도형 스타일] 그룹 - [도형 채우기] - [표준 색]의 **[파랑]**을 클릭합니다.

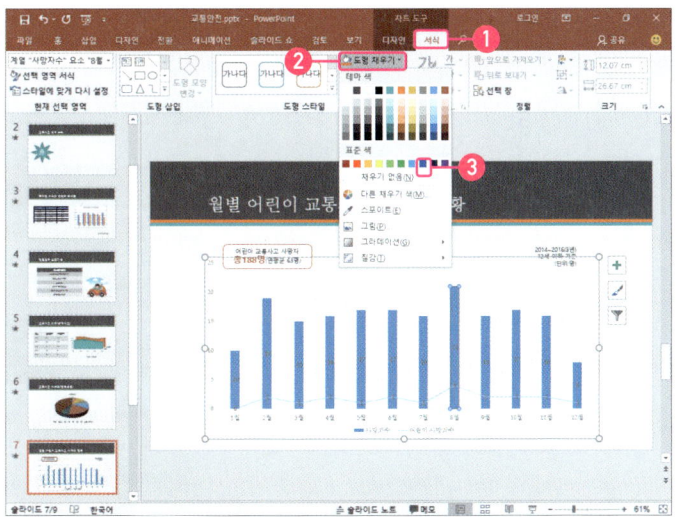

05 차트 요소 중 '사망자수'의 '8월' 계열만 파란색으로 강조되었습니다.

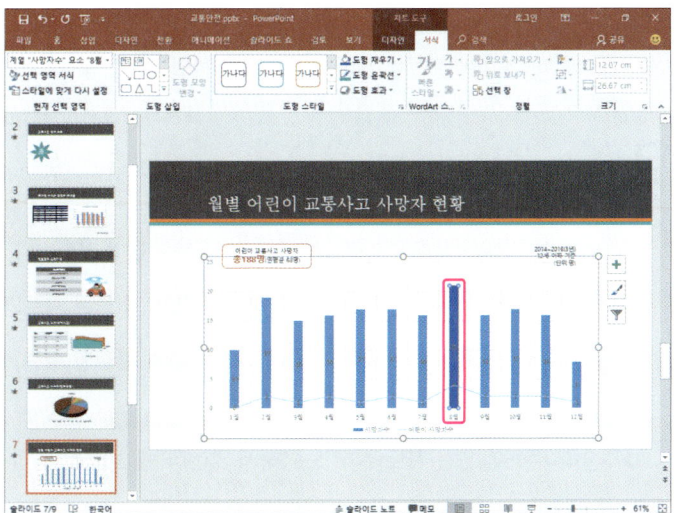

차트 스타일과 빠른 레이아웃-3

슬라이드7에 있는 차트의 레이아웃을 레이아웃4로 변경합니다.

01 **슬라이드7**에서 **차트**를 선택한 후 [차트 도구] - [디자인] 탭 - [차트 레이아웃] 그룹 - [빠른 레이아웃]에서 **[레이아웃4]**를 선택합니다.

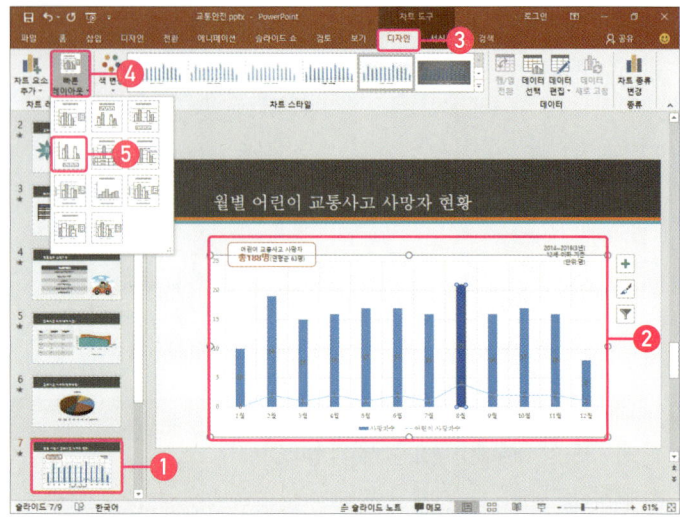

02 빠른 레이아웃에서 미리 제공되는 레이아웃으로 차트를 깔끔하게 정리했습니다.

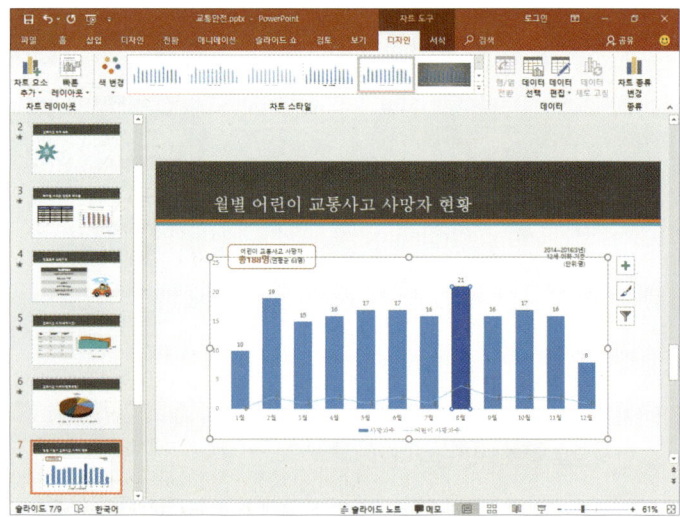

● 예제파일 : 예제3-04.pptx   ● 완성파일 : 완성3-04.pptx

01. 슬라이드4에서 차트 종류를 묶은 가로 막대형으로 변경합니다.

02. 슬라이드4의 차트에 범례는 보이지 않게 하고, 레이블은 차트와 겹쳐져야 합니다.

03. 슬라이드5에 있는 차트의 스타일을 스타일11로 변경한 다음, 색상을 색상형 구역에 있는 색상표4로 변경합니다.

04. 슬라이드5에 있는 차트에서 "노력하지 않는다"를 10%로 조각 분리합니다.

Section 05

SmartArt 그래픽 삽입

SmartArt 그래픽은 정보를 시각적으로 나타낼 수 있습니다. 단순한 다이어그램부터 조직도, 프로세스 그래픽까지 다양하게 만들 수 있습니다.

Check Point SmartArt 그래픽 삽입, SmartArt 그래픽 변환

● 예제파일 : 캠핑족-1.pptx

Skill 01 · SmartArt 그래픽 삽입-1

슬라이드5에 기본 피라미드 SmartArt 그래픽을 삽입합니다. 위에서부터 아래로 "<u>1등</u>", "<u>2등</u>", "<u>3등</u>", "<u>4등</u>"이라는 텍스트를 입력합니다. (피라미드 목록형의 크기 조절은 선택 사항입니다.)

01 슬라이드5를 클릭합니다. SmartArt 그래픽을 삽입하기 위해 [삽입] 탭 - [일러스트레이션] 그룹 - [**SmartArt**]를 클릭합니다.

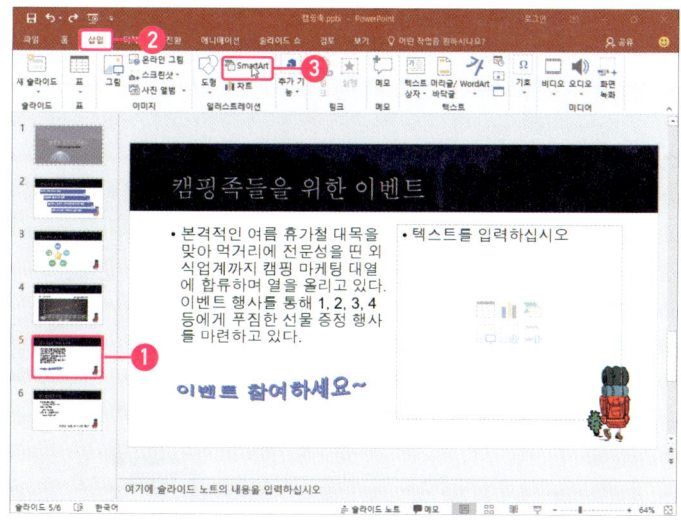

02 [SmartArt 그래픽 선택] 대화상자에서 [피라미드형] 범주를 선택한 후 '**기본 피라미드형**'을 클릭하고 [확인] 단추를 클릭합니다.

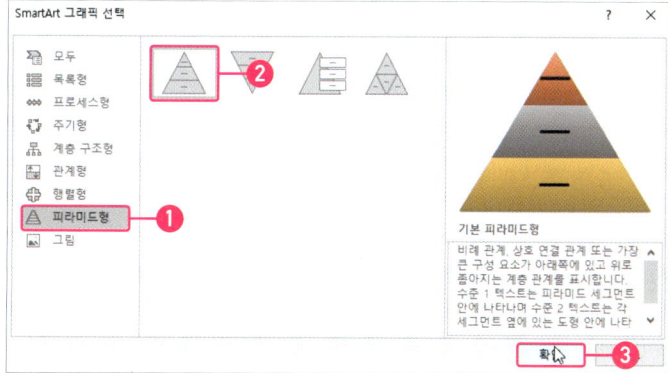

Chapter 3 · 표, 차트, SmartArt 및 미디어

03 텍스트 창의 첫 번째 항목에서 **'1등'**이라고 입력한 후 키보드의 ↓ 키를 누르고, **'2등'**과 **'3등'**을 차례로 입력합니다. 도형을 추가해야 **'4등'**을 입력할 수 있으므로, [SmartArt 도구] - [디자인] 탭 - [그래픽 만들기] 그룹 - [도형 추가]에서 목록 단추 (▼)를 클릭하고 **[뒤에 도형 추가]**를 선택합니다.

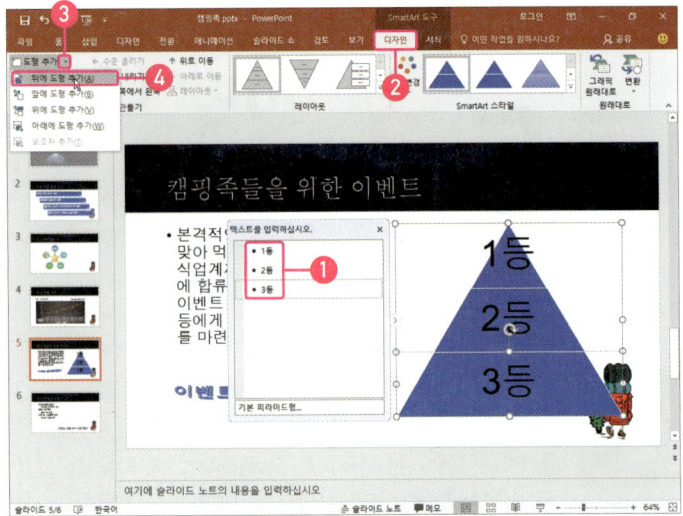

> **PLUS**
> **SmartArt 그래픽 텍스트 창**
> 텍스트 창을 사용하면 SmartArt 그래픽에 텍스트를 빠르게 입력하고 구성할 수 있습니다. 텍스트 창 내에서는 방향키 ↓ 나 ↑ 키를 사용하여 이동하고, 텍스트를 수정할 때도 방향키로 이동한 후 수정합니다.

04 도형이 추가되면 텍스트 창에서 **'4등'**이라고 입력합니다.

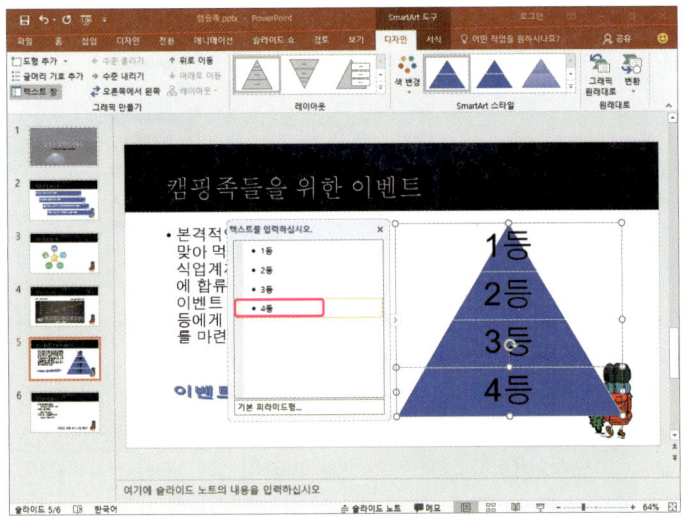

> **PLUS**
> **도형 추가 및 수준 내리고 올리기**
> · 도형 추가 : [Enter]
> · 수준 내리기 : [Tab]
> · 수준 올리기 : [Shift] + [Tab]

SmartArt 그래픽 삽입-2

슬라이드6에서 "지정된 공간 주차"로 시작되는 텍스트 상자를 세로 글머리 기호 목록형 SmartArt 그래픽으로 변환합니다.

01 슬라이드6에서 '지정된 공간 주차'로 시작되는 텍스트 상자를 선택한 후 [홈] 탭 - [단락] 그룹 - [SmartArt 그래픽으로 변환(📋)]을 클릭하고 [기타 SmartArt 그래픽]을 클릭합니다.

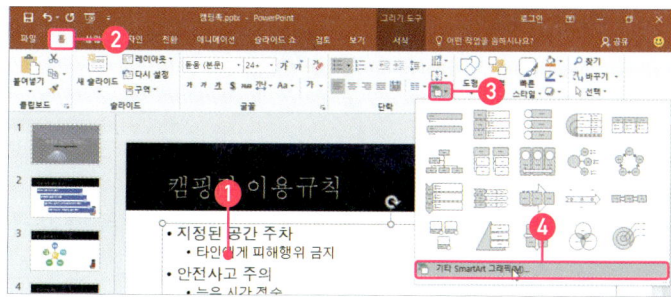

02 [SmartArt 그래픽 선택] 대화상자에서 변환할 SmartArt 그래픽이 있는 [목록형] 범주를 선택한 후 '세로 글머리 기호 목록형'을 클릭하고 [확인] 단추를 클릭합니다.

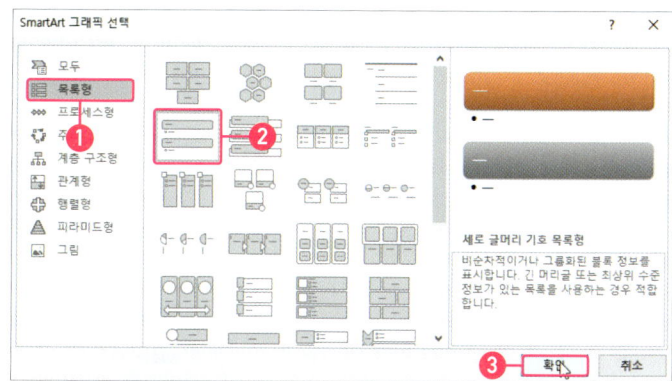

03 텍스트가 세로 글머리 기호 목록형 SmartArt 그래픽으로 바로 변환됩니다.

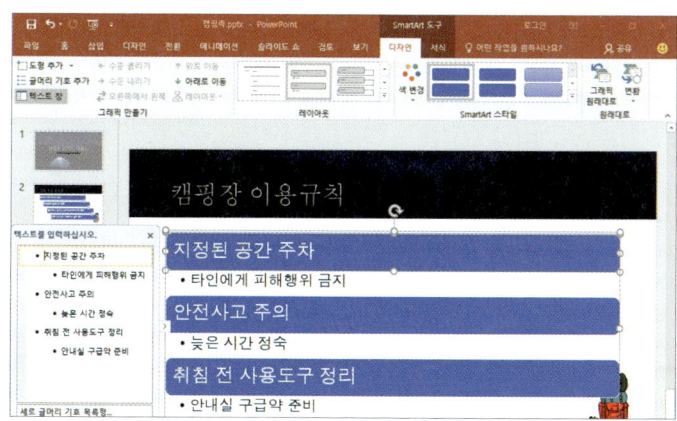

(● 예제파일 : 예제3-05.pptx ● 완성파일 : 완성3-05.pptx)

01. 슬라이드2에서 내용 텍스트 상자를 연속 그림 목록형 SmartArt 그래픽으로 변환합니다.

02. 슬라이드3에 기본 벤형 SmartArt 그래픽을 삽입하고, "기업정보보호", "컨텐츠보호", "개인정보보호" 텍스트를 입력합니다.(기본 벤형의 크기 조절은 선택 사항입니다.)

Section 06

SmartArt 그래픽 편집

삽입한 SmartArt 그래픽의 도형을 추가 또는 삭제할 수 있고, 도형의 위치를 이동시킬 수 있습니다.

Check Point 도형 추가, 레이아웃, 색 변경, SmartArt 스타일

◉ 예제파일 : 캠핑족-2.pptx, tent.png

Skill 01 SmartArt 그래픽 도형 추가하고 이동하기-1

슬라이드3에 있는 SmartArt 그래픽의 마지막 부분에 도형을 추가하고, "랜턴"이라고 입력합니다.

01 슬라이드3에서 SmartArt 그래픽을 선택한 후 텍스트 창에서 마지막 부분인 '바닥시트' 옆에 커서를 둡니다. [SmartArt 도구] - [디자인] 탭 - [그래픽 만들기] 그룹 - [도형 추가]에서 목록 단추(▼)를 클릭하고 [뒤에 도형 추가]를 선택합니다.

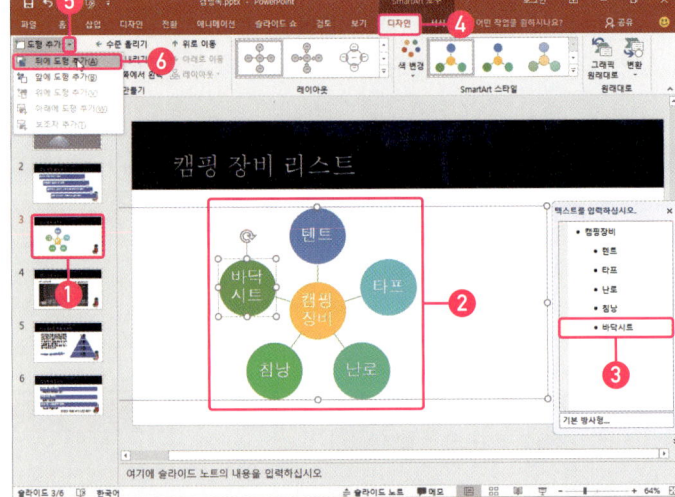

PLUS
텍스트 창에서 마지막 부분인 '바닥시트' 옆에 커서를 둔 후 Enter 키를 눌러도 도형을 추가할 수 있습니다.

02 도형이 추가된 것을 확인한 후 텍스트 창에서 '**랜턴**'을 입력합니다.

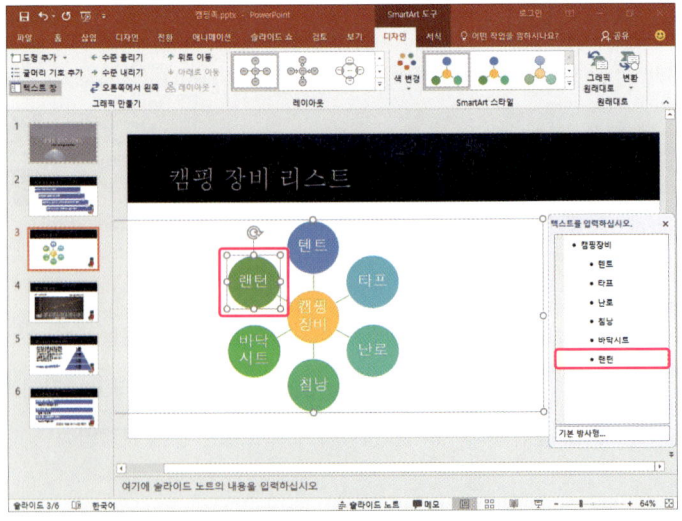

SmartArt 그래픽 도형 추가하고 이동하기-2

슬라이드2에 있는 SmartArt 그래픽에서 "아웃도어 푸드시장 창출" 도형을 마지막 위치로 변경합니다.

01 슬라이드2에서 SmartArt 그래픽을 선택한 후 텍스트 창에서 '**아웃도어 푸드시장 창출**' 옆에 커서를 둡니다. [SmartArt 도구] - [디자인] 탭 - [그래픽 만들기] 그룹 - [아래로 이동]을 클릭합니다.

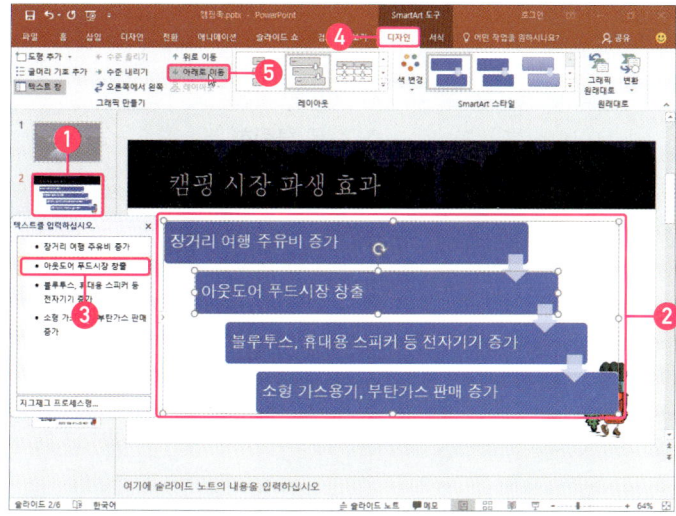

02 [아래로 이동]을 한 번 더 클릭하여 마지막 위치까지 이동합니다.

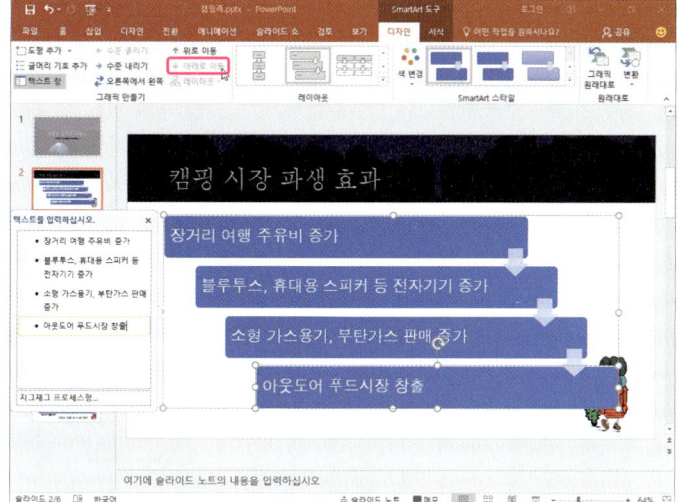

> **PLUS**
> 도형을 위로 이동하려면 텍스트 창에서 이동할 텍스트에 커서를 둔 후 [SmartArt 도구] – [디자인] 탭 – [그래픽 만들기] 그룹 – [위로 이동]을 클릭합니다.

Chapter 3 · 표, 차트, SmartArt 및 미디어   **117**

SmartArt 그래픽 레이아웃 변경하기

슬라이드2에 있는 SmartArt 그래픽을 세로 그림 목록형으로 변환하고, 네 개의 둥근 모서리 사각형에 *tent.png* 파일을 삽입합니다.

01 **슬라이드2**에서 **SmartArt 그래픽**을 선택한 후 [SmartArt 도구] - [디자인] 탭 - [레이아웃] 그룹의 자세히 단추(▼)를 클릭하고 **[기타 레이아웃]**을 클릭합니다.

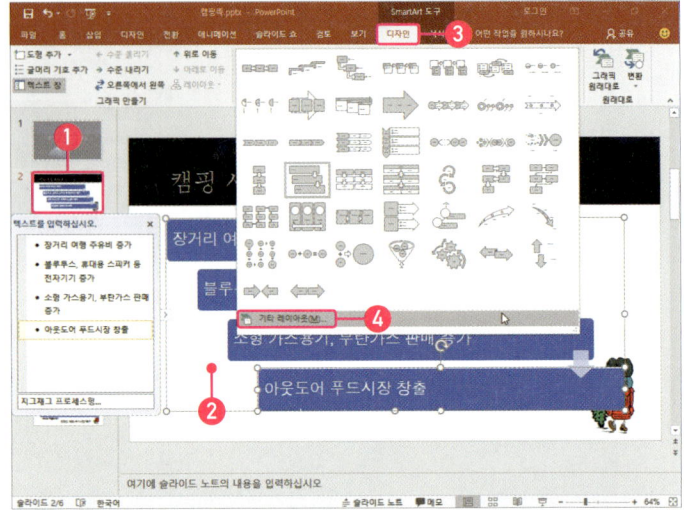

02 [SmartArt 그래픽 선택] 대화상자에서 [목록형] 범주를 선택한 후 **'세로 그림 목록형'**을 클릭하고 [확인] 단추를 클릭합니다.

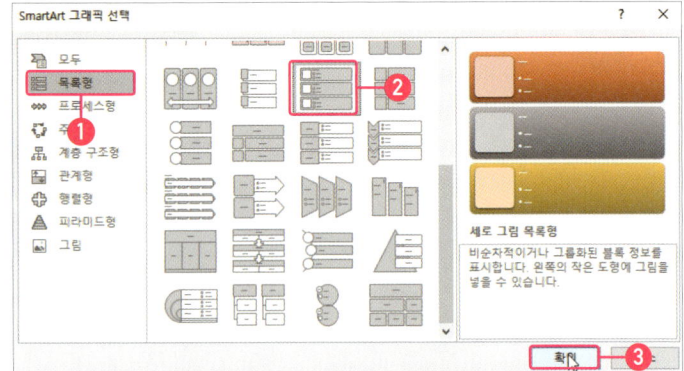

03 그래픽 안에 그림을 삽입하기 위해 첫 번째 둥근 모서리 사각형의 🖼를 클릭합니다.

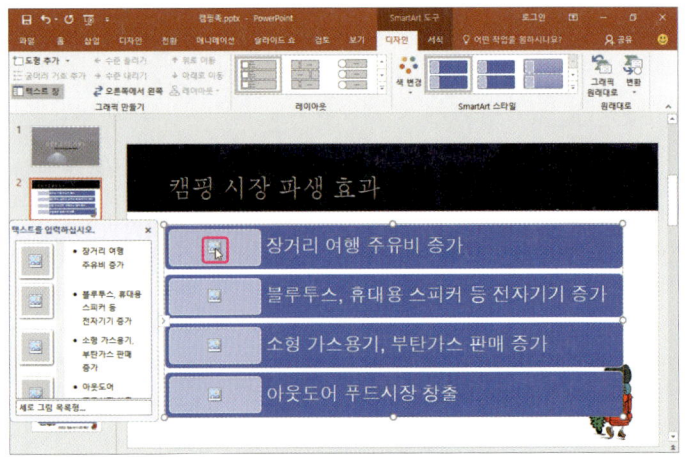

04 [그림 삽입] 대화상자가 나타나면 파일에서 [찾아보기]를 클릭합니다.

05 또 다른 [그림 삽입] 대화상자가 나타나면 'tent.png'를 선택한 후 [삽입] 단추를 클릭합니다.

06 같은 방법으로 다른 둥근 모서리 사각형에도 그림을 삽입합니다.

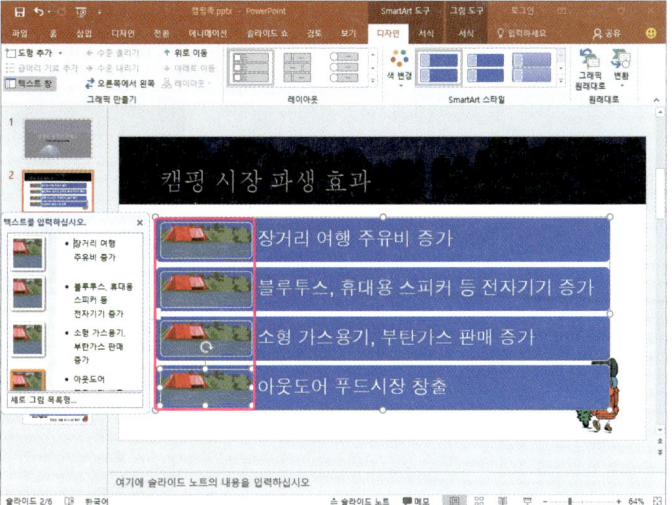

SmartArt 그래픽 서식 변경하기-1

슬라이드3에 있는 SmartArt 그래픽의 글꼴 크기는 28pt로 변경하고, "캠핑장비" 도형을 팔각형 도형으로 변환합니다.

01 **슬라이드3**에 있는 **SmartArt 그래픽**을 선택한 후 [홈] 탭 - [글꼴] 그룹에서 글꼴 크기를 **[28pt]**로 설정합니다.

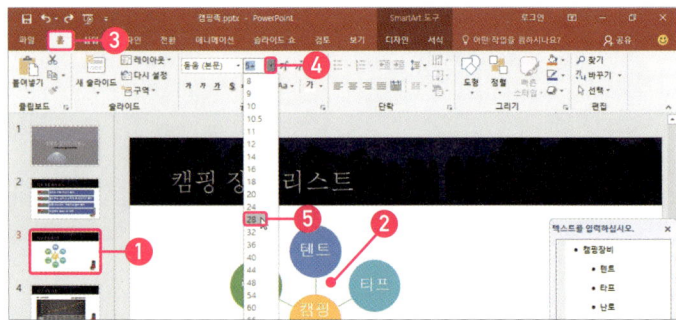

02 SmartArt 그래픽 중 도형 모양을 변경할 '**캠핑장비**' 도형을 클릭하고, [SmartArt 도구] - [서식] 탭 - [도형] 그룹 - [도형 모양 변경] - [기본 도형]의 **[팔각형(⬯)]**을 클릭합니다.

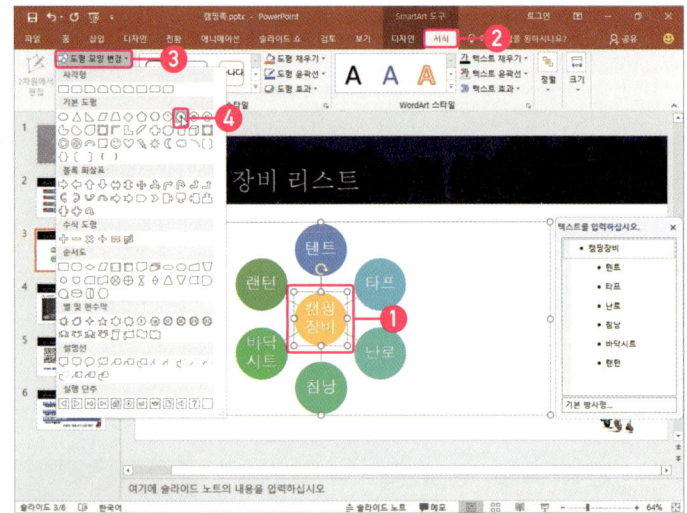

03 '캠핑장비' 도형이 원에서 팔각형으로 변경되었습니다.

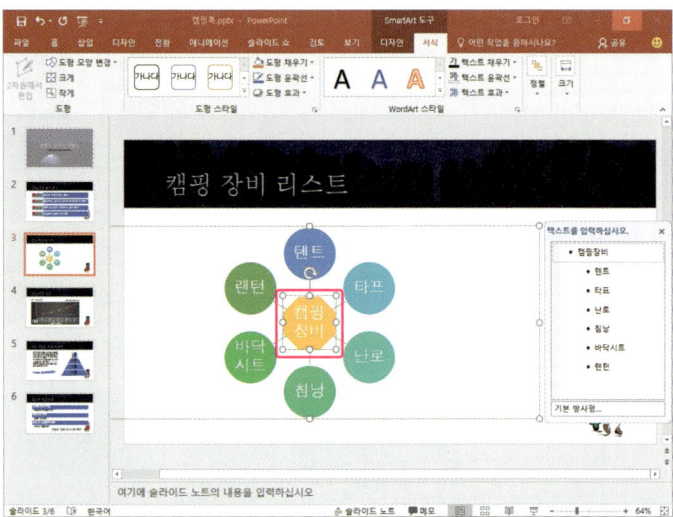

SmartArt 그래픽 서식 변경하기-2

슬라이드5에 있는 SmartArt 그래픽의 색상을 색상형-강조색으로 변경하고, 스타일은 3차원 – 경사로 적용합니다.

01 슬라이드5에 있는 **SmartArt 그래픽**을 선택한 후 색상을 변경하기 위해 [SmartArt 도구] - [디자인] 탭 - [SmartArt 스타일] 그룹 - [색 변경] - **[색상형 – 강조색]**을 클릭합니다.

02 SmartArt 그래픽 스타일을 변경하기 위해 [SmartArt 스타일] 그룹의 자세히 단추(▽)를 클릭하고 [3차원]의 **[경사]**를 클릭합니다.

> **PLUS**
> SmartArt 그래픽을 다시 원래대로 되돌리려면 [SmartArt 도구] – [디자인] 탭 – [원래대로] 그룹 – [그래픽 원래대로]를 클릭합니다. SmartArt 그래픽을 텍스트나 도형으로 변환하려면 [SmartArt 도구] – [디자인] 탭 – [원래대로] 그룹 – [변환] – [텍스트로 변환] 또는 [도형으로 변환]을 클릭합니다.

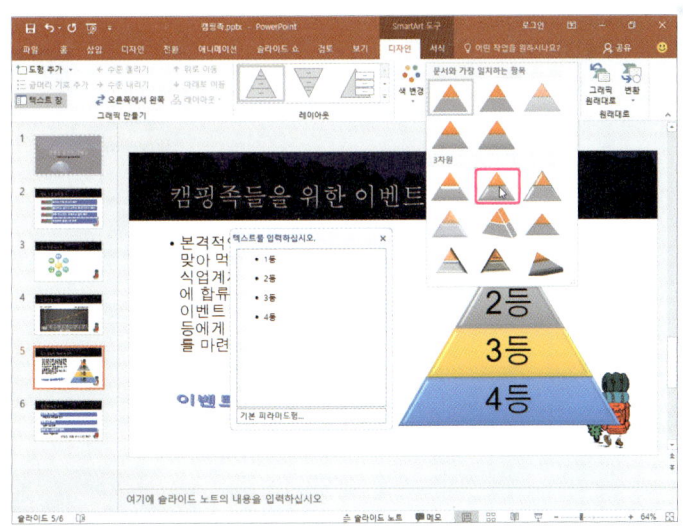

 적응 문제

◉ 예제파일 : 예제3-06.pptx, 바이너리.jpg   ◉ 완성파일 : 완성3-06.pptx

01. 슬라이드2에 있는 SmartArt 그래픽에서 네 개의 원형에 *바이너리.jpg* 파일을 삽입하고, 색상을 그라데이션 반복 – 강조1로 변경합니다.

02. 슬라이드3에 있는 SmartArt 그래픽을 선형 벤형으로 변경하고, 스타일은 3차원 - 평면 효과를 적용합니다.

03. 슬라이드4에서 SmartArt 그래픽의 둥근 모서리 사각형을 모두 둥근 대각선 방향 모서리 사각형으로 변경하고, 색상을 색상형 범위 – 강조색5 또는 6을 적용합니다.

04. 슬라이드4에 있는 SmartArt 그래픽의 그래픽을 원래대로 되돌립니다.

Chapter 3 • 표, 차트, SmartArt 및 미디어 **121**

Section 07 · WordArt 삽입

WordArt에서 스타일을 선택하면 간단하게 특수 효과를 적용하여 텍스트를 돋보이게 만들 수 있습니다.

Check Point WordArt 삽입, WordArt 빠른 스타일

● 예제파일 : 캠핑족-3.pptx

Skill 01 · WordArt 삽입하기

슬라이드3의 SmartArt 그래픽 오른쪽에 채우기:황금색, 강조색4, 부드러운 입체 WordArt 스타일로 "준비는 철저히!"라는 텍스트를 삽입합니다.

01 슬라이드3에서 새 WordArt를 삽입하기 위해 [삽입] 탭 - [텍스트] 그룹 - [WordArt 삽입] - [채우기:황금색, 강조색4, 부드러운 입체]를 클릭합니다.

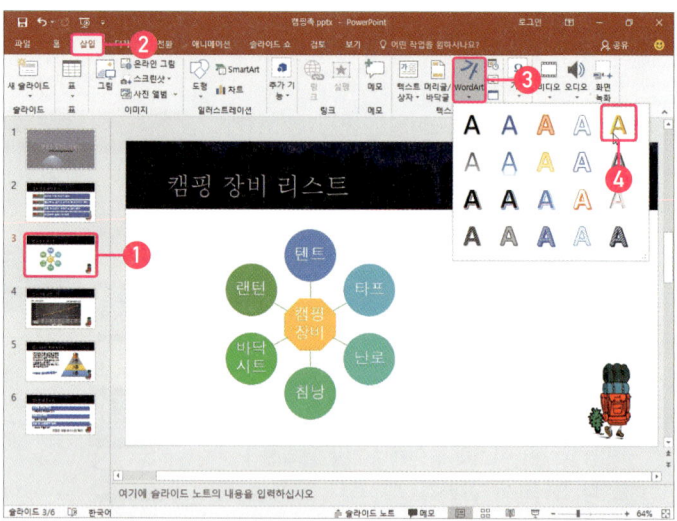

02 '필요한 내용을 적으십시오.'에 '**준비는 철저히!**'라고 입력합니다. 새 WordArt가 삽입되었습니다.

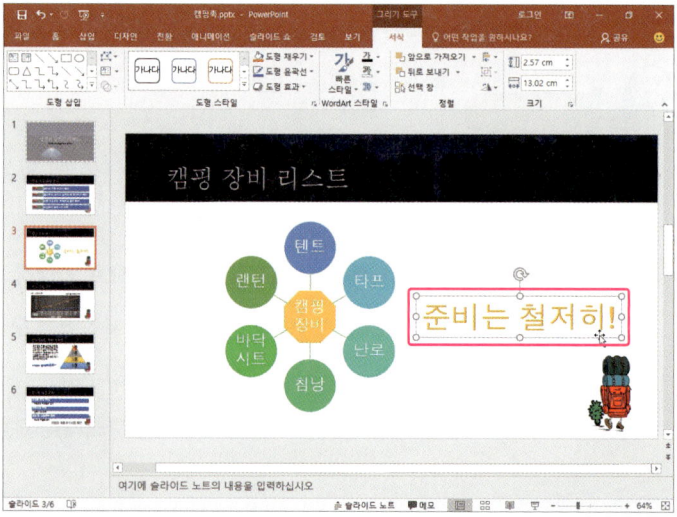

WordArt 스타일 변경하기

슬라이드6의 "캠핑장 이용 준수사항 확인" 텍스트를 채우기:흰색, 윤곽선:주황, 강조색2, 진한 그림자:주황, 강조색2 WordArt 스타일로 변경합니다.

01 슬라이드6에 있는 '캠핑장 이용 준수사항 확인' 텍스트를 선택하고 [그리기 도구] - [서식] 탭 - [WordArt 스타일] 그룹 - [WordArt 빠른 스타일]을 클릭한 후 [채우기:흰색, 윤곽선:주황, 강조색2, 진한 그림자:주황, 강조색2]를 선택합니다.

PLUS!
파워포인트의 전체 화면과 줄인 화면의 리본 메뉴에 표시되는 이름이 조금 다를 수 있습니다.

02 쉽고 빠르게 스타일과 효과를 적용하였습니다.

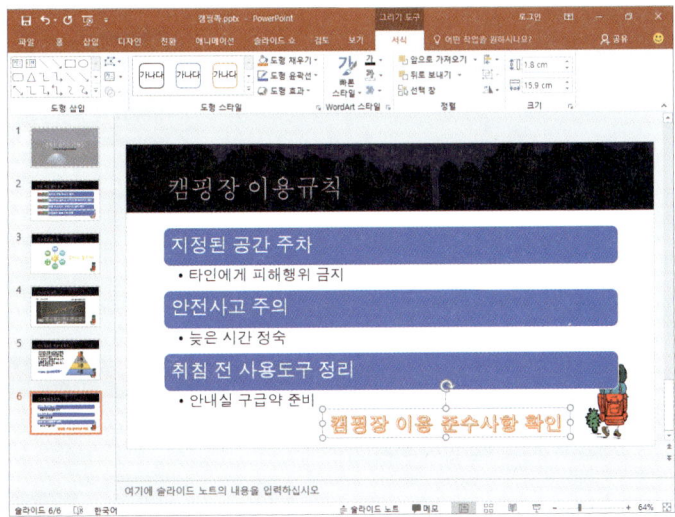

 적응 문제

⊙ 예제파일 : 예제3-07.pptx　⊙ 완성파일 : 완성3-07.pptx

01. 슬라이드4의 Smart 그래픽 아래쪽에 채우기:흰색, 윤곽선:파랑, 강조색5, 그림자 WordArt 스타일로 "정보를 중심으로 사회경제 역기능 발생"이라는 텍스트를 입력합니다. 글꼴 크기도 36pt로 변경합니다.

02. 슬라이드1의 부제목을 채우기:흰색, 윤곽선:라임, 강조색 1, 네온:라임, 강조색1 WordArt 스타일로 변경합니다.

Chapter 3 • 표, 차트, SmartArt 및 미디어

Section 08

WordArt 서식

WordArt 텍스트에도 글꼴 변경, 글꼴 크기, 그림자, 반사, 변환 등의 효과를 적용하여 특별하게 디자인할 수 있습니다.

Check Point 텍스트 효과, 반사, 변환, WordArt 서식 지우기

⊙ 예제파일 : 캠핑족-4.pptx

Skill 01 WordArt 서식 변경하기

슬라이드6의 WordArt 텍스트의 글꼴을 'HY헤드라인M'으로 변경하고, 반사 변형 - 근접 반사:터치 효과, 물결:위로 변환 효과를 적용합니다.

01 슬라이드6에서 **WordArt 텍스트**를 선택한 후 [홈] 탭 - [글꼴] 그룹에서 글꼴을 [**HY헤드라인M**]으로 설정합니다.

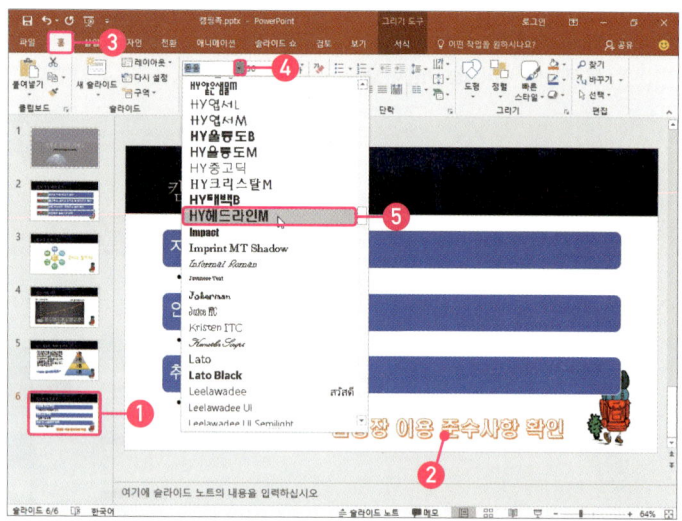

02 [그리기 도구] - [서식] 탭 - [WordArt 스타일] 그룹 - [텍스트 효과(🗛)] - [반사] - [반사 변형]의 [**근접 반사:터치**]를 클릭합니다.

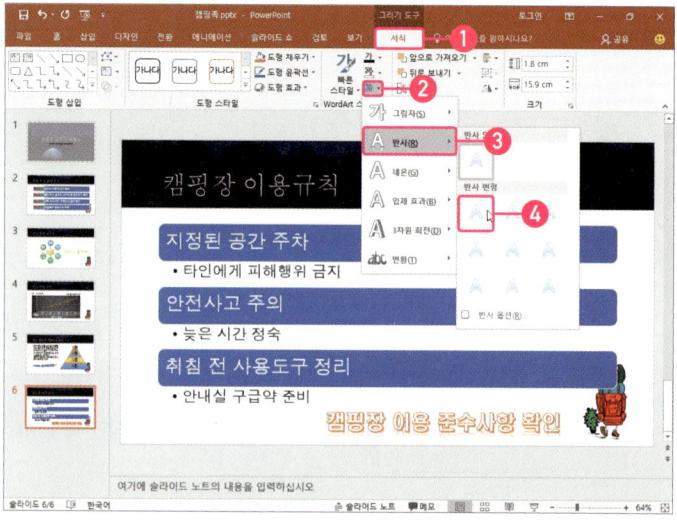

03 [WordArt 스타일] 그룹 - [텍스트 효과
(가)] - [변환] - **[물결:위로]**를 클릭합니다.
WordArt 텍스트에 물결 모양 효과가 적용
됩니다.

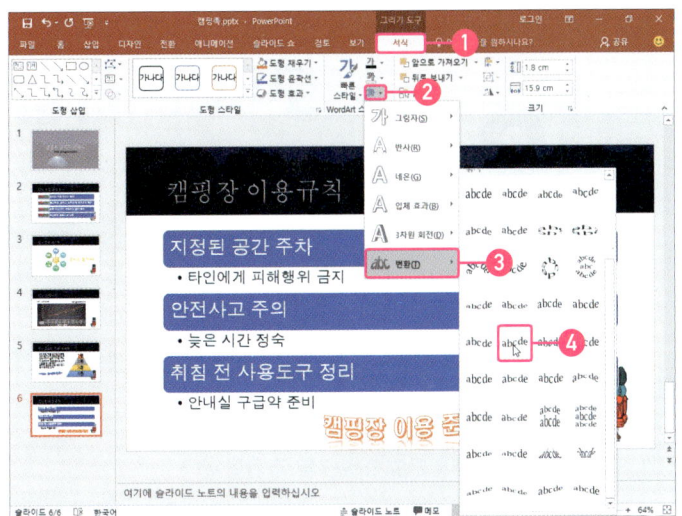

Skill 02 WordArt 서식 지우기

슬라이드6의 WordArt 텍스트에 적용된 WordArt 서식을 지웁니다.

01 **슬라이드6**에서 **WordArt 텍스트**를 선택한 후 [그리기 도구] - [서식] 탭 - [WordArt 스타일] 그룹 - **[WordArt 서식 지우기]**를 클릭합니다.

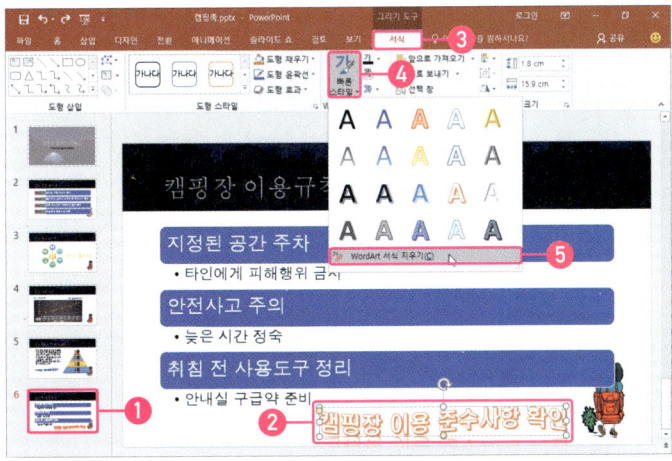

02 WordArt 텍스트에 적용된 모든 서식이 지워졌습니다.

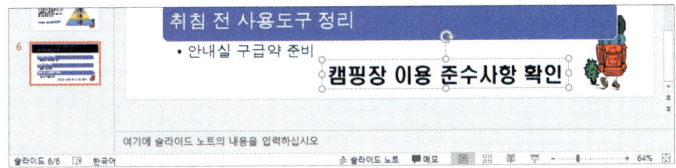

예제파일 : 예제3-08.pptx 완성파일 : 완성3-08.pptx

01. 슬라이드1에서 WordArt 텍스트에 삼각형:위로 변환 효과를 적용합니다.

02. 슬라이드4에서 WordArt 텍스트에 둥글게 입체 효과와 평행 – 축 분리 1 : 오른쪽으로 3차원 회전, 원근감:왼쪽 위로 그림자 효과를 적용합니다.

Chapter 3 • 표, 차트, SmartArt 및 미디어 125

Section 09 오디오 삽입과 편집

오디오 파일을 삽입하여 자동으로 오디오가 재생되도록 할 수도 있고, 효과음을 삽입하여 특정 슬라이드에서 재생되게 설정할 수도 있습니다.

Check Point 내 PC의 오디오, 오디오 컨트롤러, 페이드 인, 페이드 아웃, 오디오 옵션, 자동 재생, 쇼 동안 숨기기

예제파일 : 천문대-1.pptx, BGM.mp3

Skill 01 오디오 파일 삽입
슬라이드2에 *BGM.mp3*를 추가합니다.

01 **슬라이드2**에서 [삽입] 탭 - [미디어] 그룹 - [오디오] - [**내 PC의 오디오**]를 클릭합니다.

02 [오디오 삽입] 대화상자에서 '**BGM.mp3**'를 선택하고 [삽입] 단추를 클릭합니다.

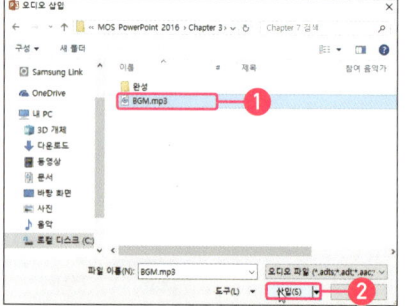

03 오디오 클립과 오디오 컨트롤러가 표시됩니다.

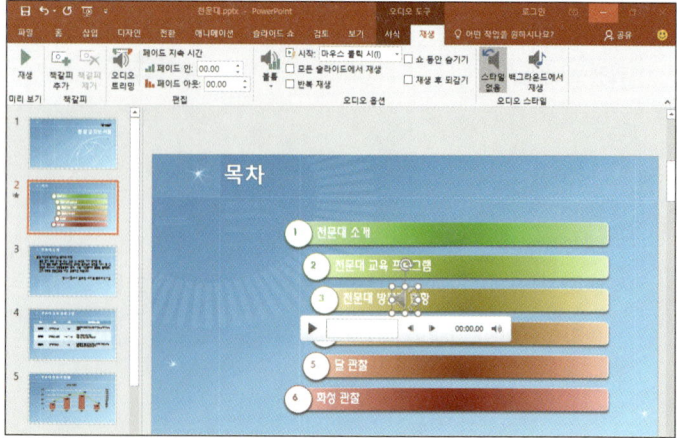

오디오 파일 편집-1

슬라이드2에서 사용자가 오디오 아이콘을 누를 때 0.5초 안에 페이드 인 효과가 나타나도록 설정하고 모든 슬라이드에서 오디오가 재생되도록 옵션을 설정합니다.

01 **슬라이드2**에 삽입된 **오디오 클립**을 선택한 후 [오디오 도구] - [재생] 탭 - [편집] 그룹에서 페이드 인을 '**00.50**'으로 설정합니다.

02 문제에서 제시된 시작 시점이 오디오 아이콘을 누를 때이므로 [오디오 옵션] 그룹에서 시작은 [**클릭할 때**]로 설정하고, [**모든 슬라이드에서 재생**]에 체크합니다.

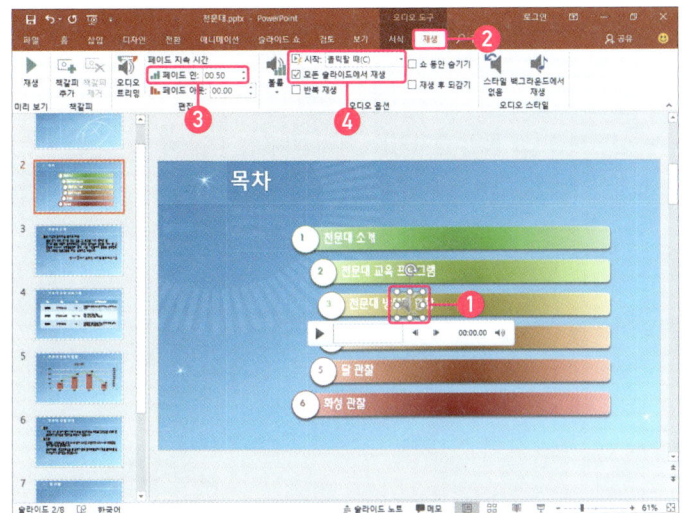

PLUS

현재 화면을 슬라이드 쇼로 진행하려면 Shift + F5 키를 누릅니다. 화면에 나타난 오디오 아이콘을 클릭하면 0.5초 뒤 오디오가 서서히 들리고 모든 슬라이드에서 오디오가 재생됩니다.

오디오 파일 편집-2

슬라이드2에서 오디오가 자동으로 재생되도록 오디오 클립 설정을 변경합니다. 쇼가 진행되는 동안에는 아이콘을 숨깁니다.

01 **슬라이드2**에 삽입된 **오디오 클립**을 선택한 후 [오디오 도구] - [재생] 탭 - [오디오 옵션] 그룹에서 시작을 **[자동 실행]**으로 설정하고 **[쇼 동안 숨기기]**에 체크합니다.

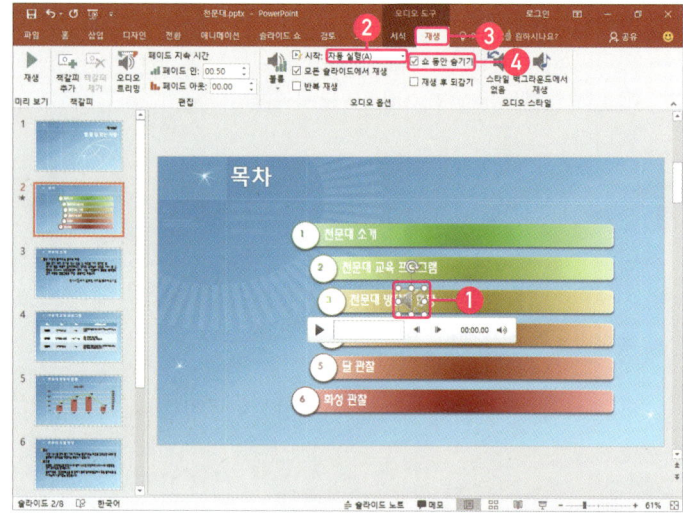

PLUS

Shift + F5 키를 눌러서 현재 화면을 슬라이드 쇼로 진행하면 오디오 클립이 보이지 않고 오디오는 자동 재생됩니다.

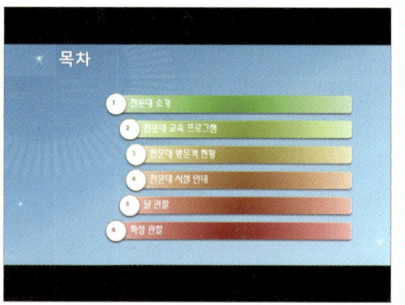

적응 문제

예제파일 : 예제3-09.pptx, 배경음악.mp3 완성파일 : 완성3-09.pptx

01. 슬라이드3에 *배경음악.mp3*를 삽입하고, 오디오가 자동으로 모든 슬라이드에서 재생되도록 오디오 클립을 설정합니다. 쇼가 진행되는 동안에는 아이콘을 숨깁니다.

02. 슬라이드3에서 오디오 클립의 페이드 인, 페이드 아웃을 0.1초로 설정하여 자연스럽게 오디오가 시작되고 끝날 수 있게 설정합니다.

Section 10

비디오 삽입과 편집

비디오를 삽입할 위치를 설정하여 비디오를 슬라이드에 삽입할 수 있고, 비디오의 불필요한 부분을 트리밍할 수 있습니다.

Check Point 내 PC의 비디오, 크기 및 위치, 비디오 트리밍

예제파일 : 천문대-2.pptx, 달.mp4

Skill 01 비디오 삽입

슬라이드7에 *달.mp4*를 추가합니다. 비디오의 가로 세로 위치를 왼쪽 위 모서리에서 3.18cm에 위치시킵니다.

01 **슬라이드7**에서 [삽입] 탭 - [미디어] 그룹 - [비디오] - **[내 PC의 비디오]**를 클릭합니다.

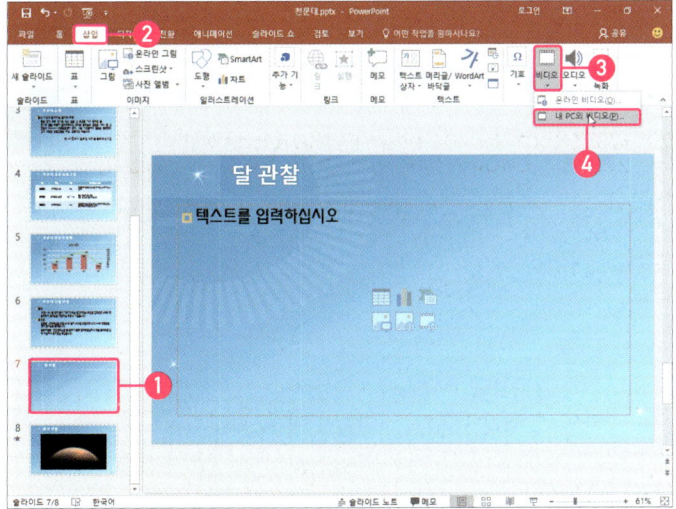

02 [비디오 삽입] 대화상자에서 **'달.mp4'**를 클릭한 후 [삽입] 단추를 클릭합니다.

> **PLUS**
> **파일에 연결**
> 오디오나 비디오 파일을 프레젠테이션 파일에 연결하려면 [삽입] 단추의 목록 단추를 클릭하여 [파일에 연결]을 선택해야 합니다. 프레젠테이션 파일과 삽입한 오디오나 비디오 파일의 저장 경로가 같아야만 재생 시 문제가 없습니다.

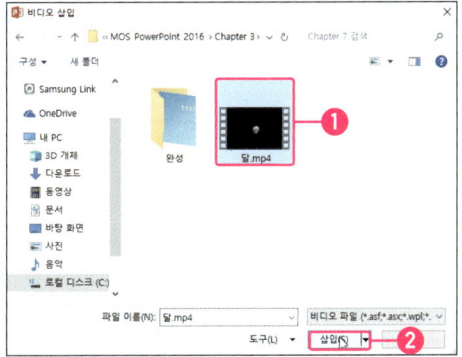

03 비디오 클립이 삽입되었습니다. 비디오의 위치를 지정하기 위해 [비디오 도구] - [서식] 탭 - [크기] 그룹의 표시 아이콘(🔲)을 클릭합니다.

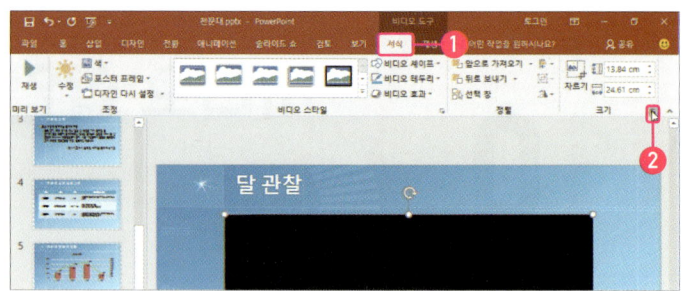

04 [비디오 형식 지정] 옵션 창의 [위치]를 클릭합니다. 가로 위치와 세로 위치는 **'3.18cm'**, 기준은 **'왼쪽 위 모서리'**로 설정한 후 [비디오 형식 지정] 옵션 창을 닫습니다.

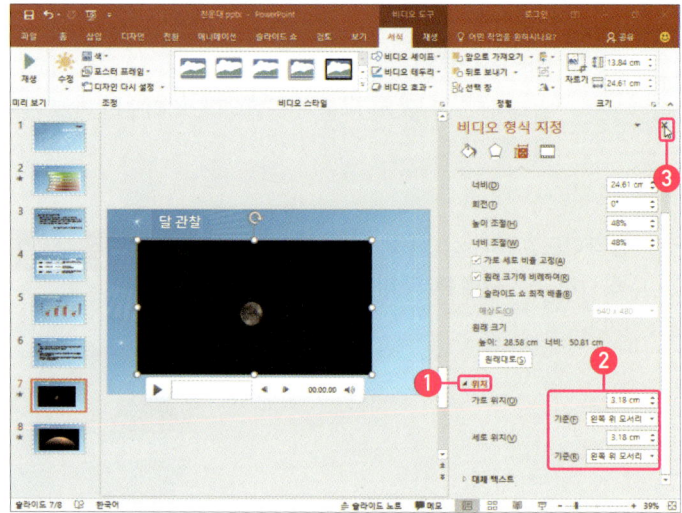

Skill 02 비디오 편집-1

슬라이드8에서 비디오 창의 크기가 현재 크기의 40%가 되도록 변경합니다.

01 **슬라이드8**에서 **비디오 클립**을 선택한 후 [비디오 도구] - [서식] 탭 - [크기] 그룹의 표시 아이콘(🔲)을 클릭합니다.

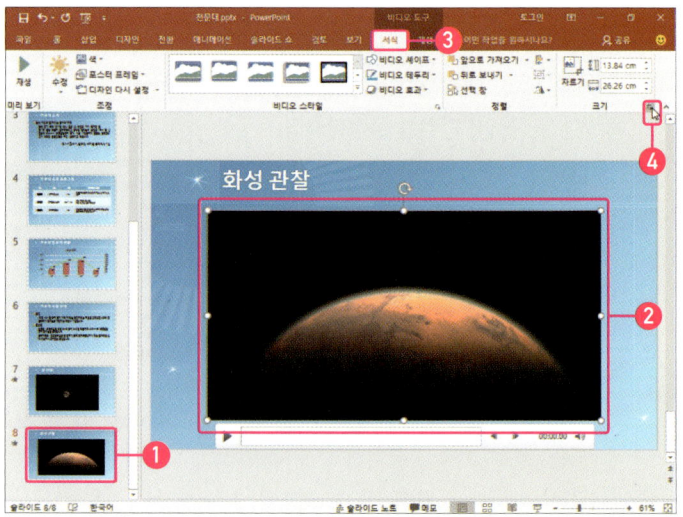

130 Part 01 • 유형분석

02 [비디오 형식 지정] 옵션 창의 [크기]에서 **'가로 세로 비율 고정'**에 체크가 되어 있는 상태로 높이 조절을 **'40%'**로 입력한 후 Enter 키를 누릅니다. 너비 조절은 자동으로 40%로 조절됩니다. [비디오 형식 지정] 옵션 창을 닫습니다.

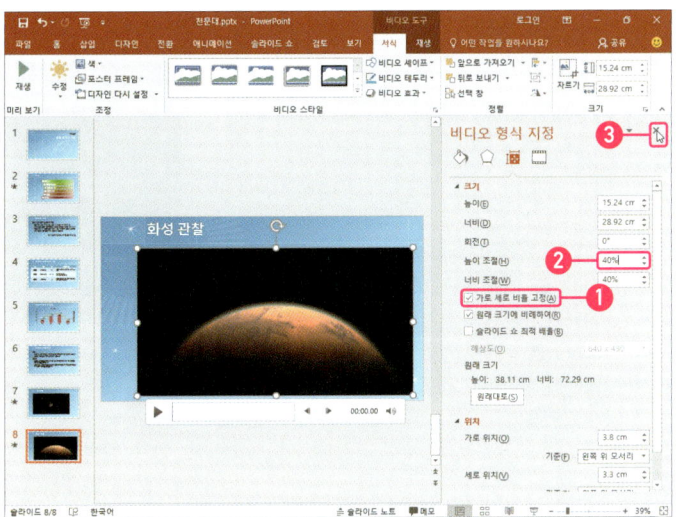

Skill 03 비디오 편집-2

슬라이드7에 있는 비디오를 "00:05"에 시작하여 "00:20.500"에 종료하도록 트리밍 합니다.

01 **슬라이드7**에서 **비디오 클립**을 선택한 후 [비디오 도구] - [재생] 탭 - [편집] 그룹 - [**비디오 트리밍**]을 클릭합니다.

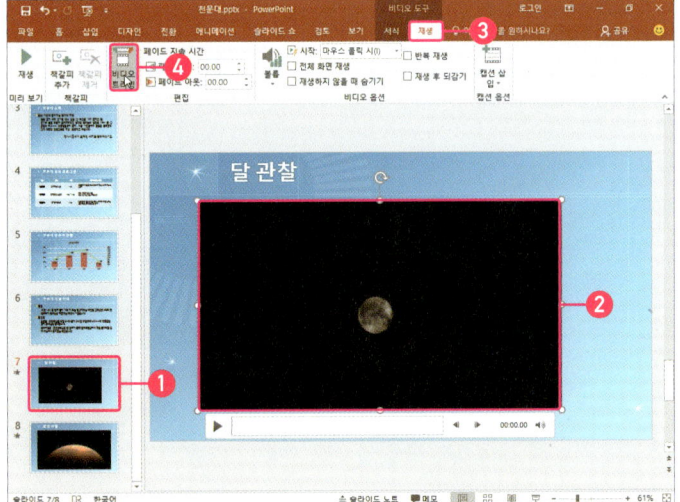

Chapter 3 · 표, 차트, SmartArt 및 미디어 **131**

02 [비디오 트리밍] 대화상자에서 시작 시간에 '**00:05**'라고 입력하고, 종료 시간에 '**00:20.500**'이라고 입력한 후 [확인] 단추를 클릭합니다.

> **PLUS**
> [비디오 트리밍] 대화상자에서 왼쪽의 녹색 슬라이드 바를 드래그하면 시작 시간이 조절되고, 오른쪽의 빨간색 슬라이드 바를 드래그하면 종료 시간이 조절됩니다. 녹색과 빨간색 슬라이드 바를 조절하여 트리밍할 수도 있습니다.

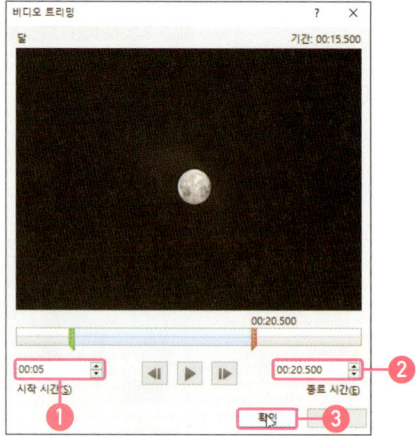

Skill 04 비디오 편집-3

슬라이드8에서 비디오 클립의 시작 시간을 1초로 설정하여 트리밍하고, 화면에 나타난 비디오 재생 단추를 클릭하면 1초 뒤 비디오가 전체 화면으로 서서히 재생되게 합니다.

01 **슬라이드8**에서 **비디오 클립**을 선택한 후 [비디오 도구] - [재생] 탭 - [편집] 그룹 - [**비디오 트리밍**]을 클릭합니다.

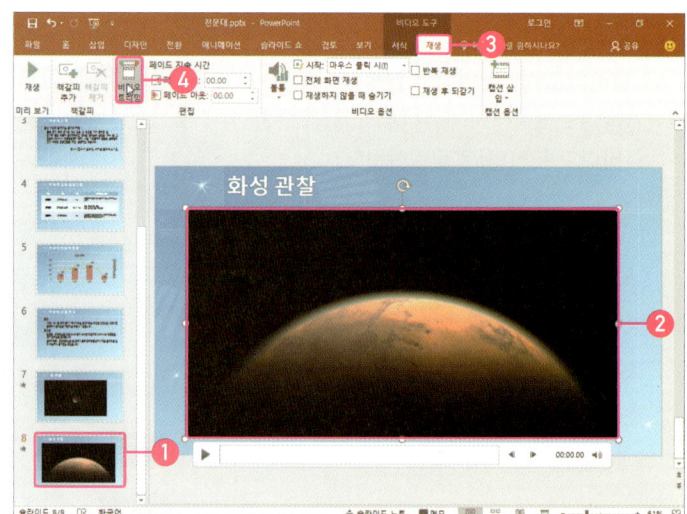

02 [비디오 트리밍] 대화상자에서 시작 시간에 '**00:01**'이라고 입력하여 시작 시간만 설정한 후 [확인] 단추를 클릭합니다.

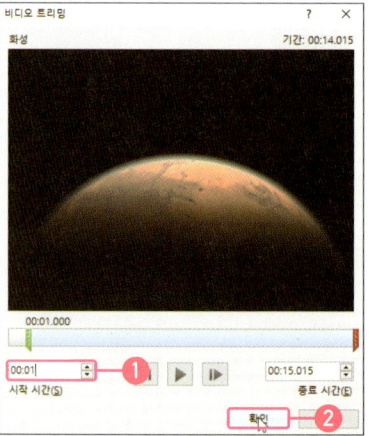

03 서서히 비디오가 재생될 수 있게 [편집] 그룹에서 페이드 인을 '**01.00**'으로 입력합니다. [비디오 옵션] 그룹에서 시작을 [**클릭할 때**]로 설정하고, [**전체 화면 재생**]에 체크합니다.

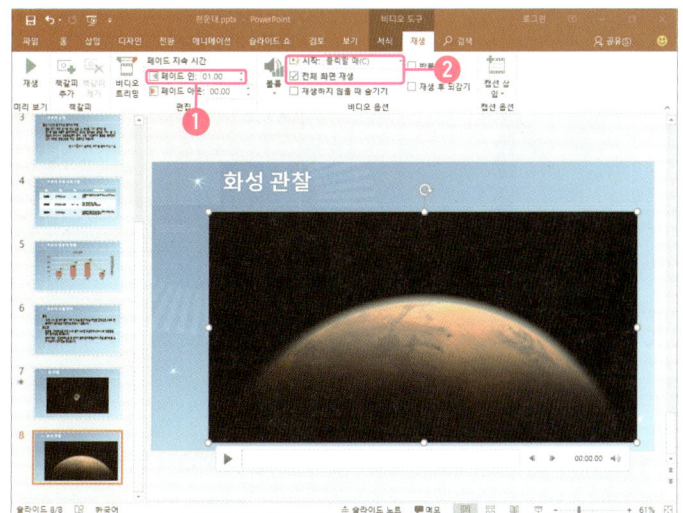

PLUS!

Shift + F5 키를 눌러서 현재 화면을 슬라이드 쇼로 재생한 후 비디오 플레이어의 재생 단추를 클릭하면 전체 화면에서 비디오가 재생됩니다.

⊙ 예제파일 : 예제3-10.pptx, 밀.mp4 ⊙ 완성파일 : 완성3-10.pptx

01. 슬라이드4에 밀.mp4를 추가하고, 모서리가 둥근 금속 직사각형 스타일을 적용합니다.

02. 슬라이드4에 있는 비디오를 "00:03"에 시작하여 "00:12.300"에 종료하도록 트리밍 합니다.

Chapter 3 • 표, 차트, SmartArt 및 미디어 **133**

Section 11

메모

메모는 작성자가 참고할 내용을 슬라이드 특정 위치에 주석을 달 수 있는 기능입니다. 문서를 다른 사람과 공유할 때 메모를 통해 의견을 나눌 수도 있습니다.

Check Point 새 메모, 메모 창, 메모 표시

◉ 예제파일 : 천문대-3.pptx

Skill 01 메모 추가하고 회신하기-1

슬라이드6에 "천체보는 곳"이라는 메모를 추가합니다.

01 슬라이드6에서 메모를 추가하기 위해 [삽입] 탭 - [메모] 그룹 - [메모]를 클릭합니다.

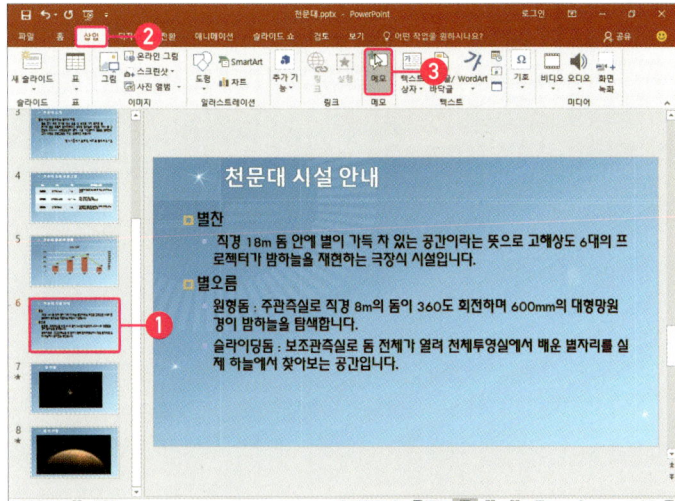

PLUS
[검토] 탭 - [메모] 그룹 - [새 메모]를 클릭해도 새 메모를 추가할 수 있습니다.

02 [메모] 옵션 창에 메모 상자가 표시되면 '**천체보는 곳**'이라고 입력한 후 Enter 키를 누르고 [메모] 옵션 창을 닫습니다. 슬라이드에 메모 아이콘이 표시됩니다.

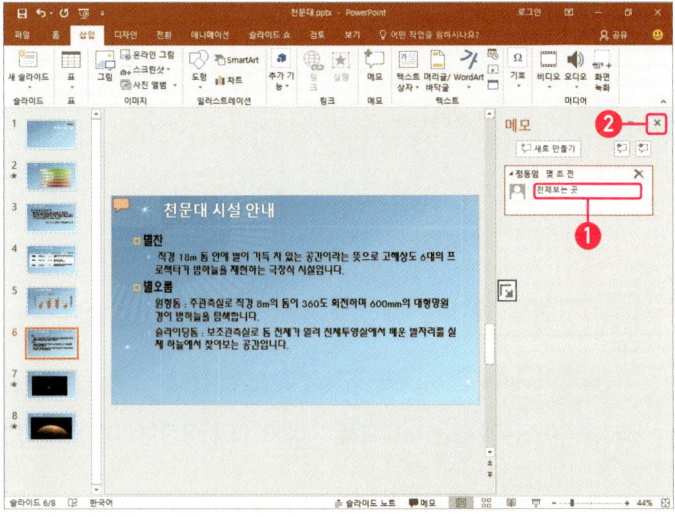

메모 추가하고 회신하기-2

슬라이드6의 "천체보는 곳"이라는 메모에 "**밤하늘 탐색**"이라는 내용으로 회신합니다.

01 슬라이드6에서 **메모 아이콘**을 클릭합니다.

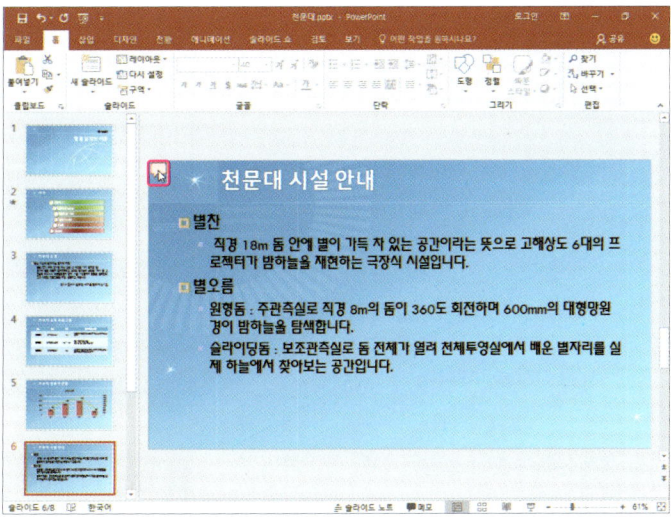

02 [메모] 옵션 창이 표시되고, 회신 메모 상자가 나타나면 '**밤하늘 탐색**'이라고 입력한 후 Enter 키를 누릅니다. 회신 메모가 추가됩니다.

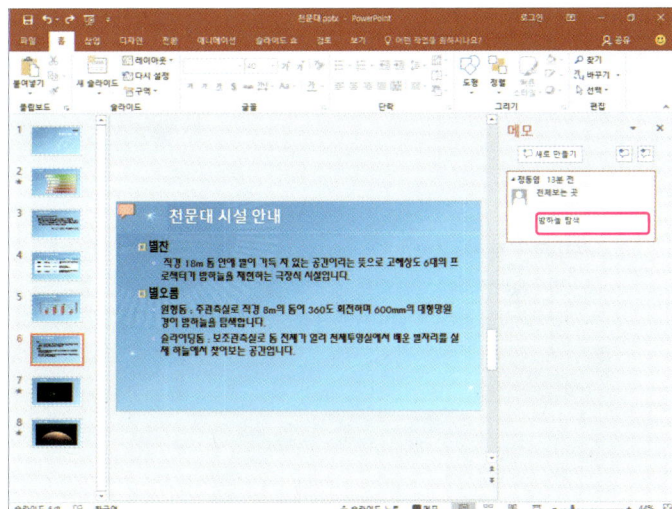

> **PLUS**
> [메모] 옵션 창에서 수정할 메모 상자를 선택한 후 원하는 내용으로 수정할 수 있습니다.

Chapter 3 • 표, 차트, SmartArt 및 미디어 **135**

Skill 03 메모 숨기기

프레젠테이션에 있는 메모를 숨깁니다.

01 [검토] 탭 - [메모] 그룹 - [메모 표시] - [메모 및 변경 내용 표시]를 클릭해 체크를 해제합니다.

> **PLUS**
> 메모를 보이게 하려면 [검토] 탭 – [메모] 그룹 – [메모 표시] – [메모 및 변경 내용 표시]를 다시 클릭합니다.

02 프레젠테이션에 삽입된 메모 아이콘이 숨겨집니다.

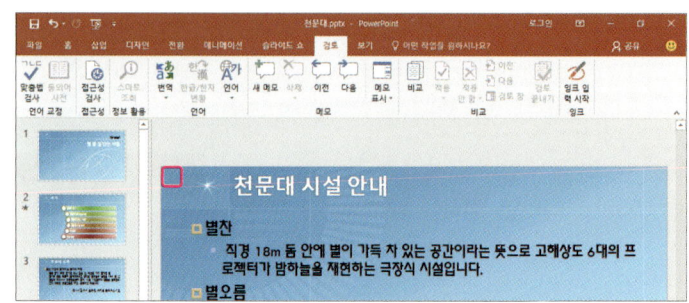

> **PLUS**
> **메모 삭제**
> [메모] 옵션 창에서 삭제하려는 메모를 선택한 후 [검토] 탭 – [메모] 그룹 – [삭제]에서 [삭제]를 클릭하면 선택한 메모가 삭제됩니다. [현재 슬라이드에 있는 모든 메모 및 링크 삭제]를 클릭하면 현재 슬라이드에 있는 모든 메모를 삭제하고 [이 프레젠테이션의 모든 메모 및 링크 삭제]를 클릭하면 프레젠테이션 전체에 있는 모든 메모를 삭제합니다.
>
>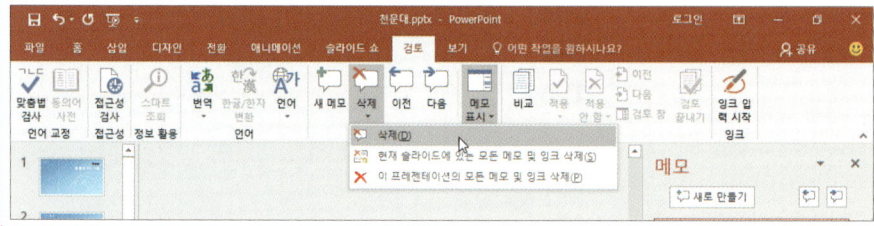

적응 문제

📄 예제파일 : 예제3-11.pptx   📄 완성파일 : 완성3-11.pptx

01. 슬라이드5에서 차트에 "탄수화물 섭취율 높음"이라고 메모를 추가합니다.

02. 슬라이드5에 "2015 수정"이라는 메모를 추가합니다.

03. 슬라이드5에서 차트에 추가한 메모를 삭제합니다.

Section 12 하이퍼링크

하이퍼링크를 사용하여 문서 내 원하는 곳으로 이동할 수도 있고, 웹 페이지와 연결하여 바로 이동할 수도 있습니다.

Check Point 링크, 하이퍼링크, 웹 페이지 링크, 현재 문서 링크, 실행 단추

예제파일 : 천문대-4.pptx

Skill 01 웹 사이트와 하이퍼링크

슬라이드3에서 "웹사이트에서 보려면 여기를 클릭하십시오"라는 문장에 하이퍼링크 "http://www.astroseoul.or.kr"을 추가합니다.

01 슬라이드3에서 '웹사이트에서 보려면 여기를 클릭하십시오'를 드래그하여 블록 설정한 다음 [삽입] 탭 - [링크] 그룹 - [하이퍼링크]를 클릭합니다.

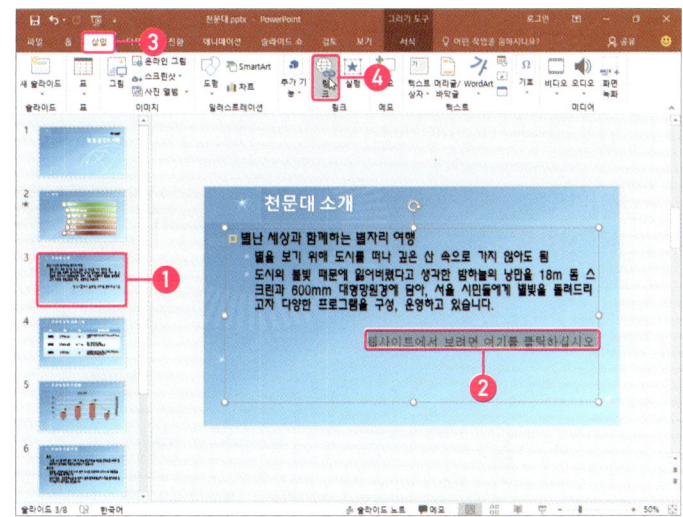

02 [하이퍼링크 삽입] 대화상자에서 연결 대상으로 [기존 파일/웹 페이지]를 클릭한 후 주소에 'http://www.astroseoul.or.kr'이라고 입력하고 [확인] 단추를 클릭합니다.

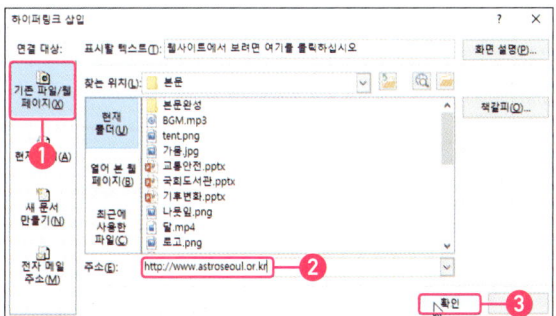

03 블록 설정했던 텍스트에 하이퍼링크되면서 밑줄이 나타납니다.

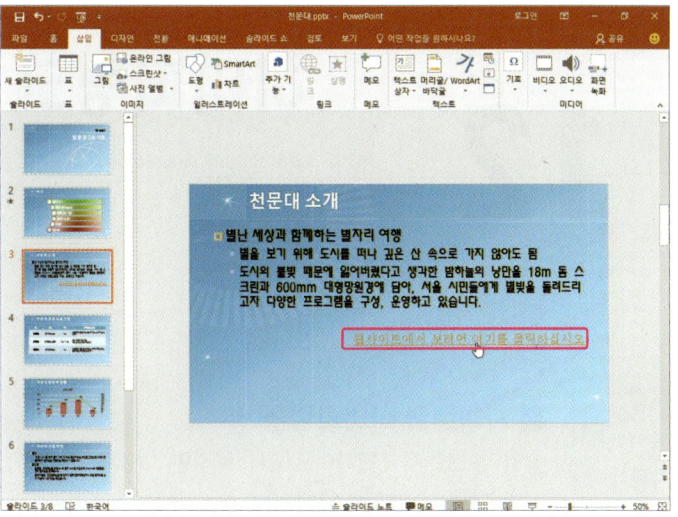

Skill 02 현재 문서 내 하이퍼링크

슬라이드2에서 목차에 해당하는 둥근 모서리 사각형을 각각의 관련된 슬라이드로 하이퍼링크를 삽입합니다.

01 **슬라이드2**에서 목차에 해당하는 **둥근 모서리 사각형**을 클릭한 후 [삽입] 탭 - [링크] 그룹 - [**하이퍼링크**]를 클릭합니다.

02 [하이퍼링크 삽입] 대화상자에서 연결 대상으로 [현재 문서]를 클릭한 후 이 문서에서 위치 선택에서 '**3. 천문대 소개**'를 선택하고 [확인] 단추를 클릭합니다.

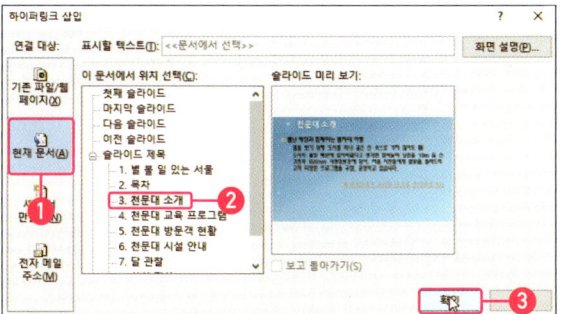

03 나머지 둥근 모서리 사각형도 각각 선택하여 관련된 슬라이드를 하이퍼링크로 연결합니다.

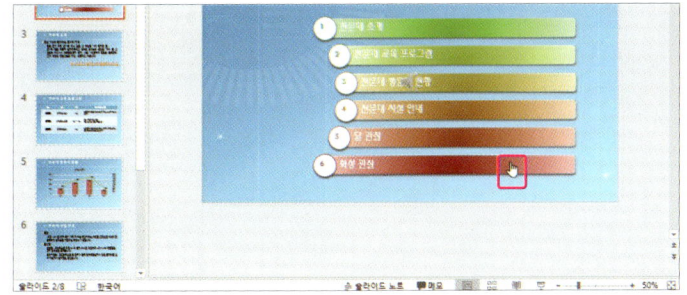

Skill 03 실행 단추 하이퍼링크

슬라이드3부터 슬라이드8까지 실행 단추:홈으로 이동 도형을 슬라이드 오른쪽 위에 추가합니다. 이 도형을 클릭하면 목차 슬라이드로 이동하는 하이퍼링크를 삽입합니다.

01 **슬라이드3**에서 [홈] 탭 - [그리기] 그룹 - [도형] - [**실행 단추:홈으로 이동(⌂)**]을 클릭합니다.

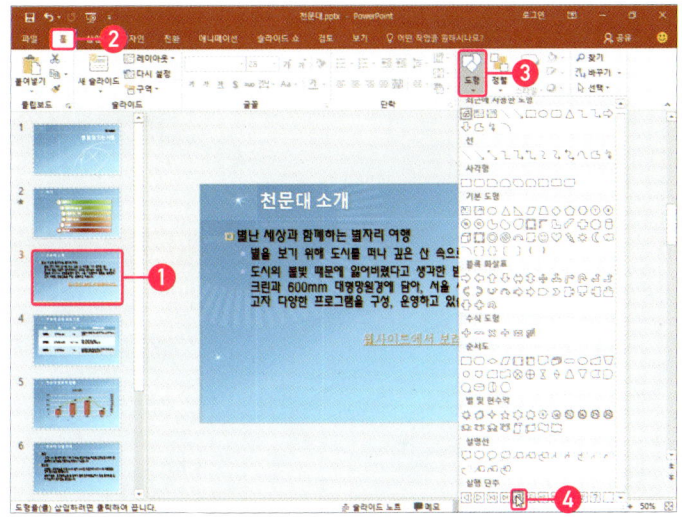

02 슬라이드 위에서 드래그하여 실행 단추를 삽입하면 [실행 설정] 대화상자가 열립니다. [마우스를 클릭할 때] 탭에서 '**하이퍼링크**'를 선택하고, 목록 단추를 클릭하여 [**슬라이드...**]를 선택합니다.

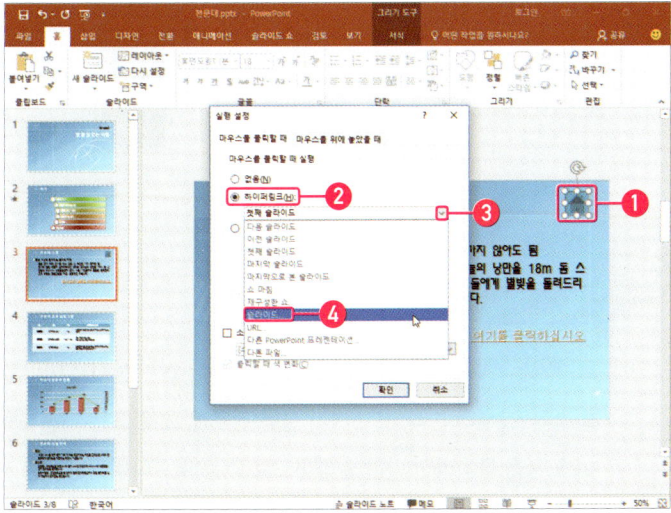

Chapter 3 • 표, 차트, SmartArt 및 미디어

03 [슬라이드 하이퍼링크] 대화상자의 슬라이드 제목에서 '**2. 목차**'를 클릭하고 [확인] 단추를 클릭합니다. 이어서 [실행 설정] 대화상자에서 [확인] 단추를 클릭합니다.

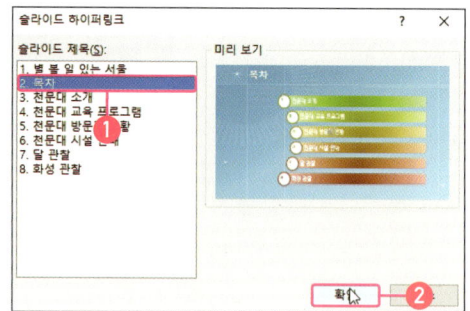

04 삽입된 실행 단추를 Ctrl+C 키를 눌러 복사합니다.

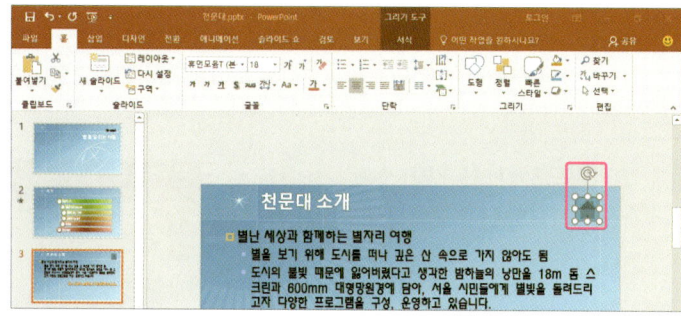

05 슬라이드4부터 슬라이드8까지 각각 선택하여 Ctrl+V 키를 눌러 붙여넣기 합니다.

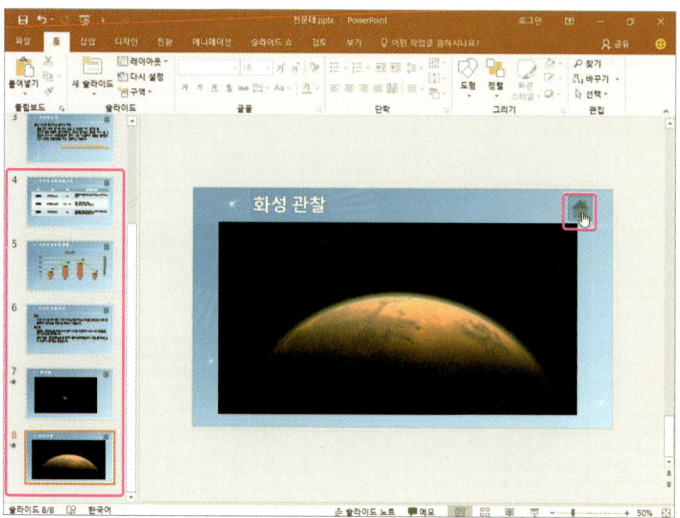

적응 문제

예제파일 : 예제3-12.pptx 완성파일 : 완성3-12.pptx

01. 슬라이드5에서 "[출처:보건복지부]" 텍스트 상자에 "http://www.mohw.go.kr" 하이퍼링크를 추가합니다.

02. 슬라이드2부터 슬라이드5까지 실행 단추:앞으로 또는 다음으로 이동 도형을 슬라이드 왼쪽 위에 추가합니다. 이 도형을 클릭하면 다음 슬라이드로 이동하는 하이퍼링크를 삽입합니다.

Chapter 4
애니메이션과 전환

Section 01 애니메이션 효과
Section 02 애니메이션 타이밍 설정
Section 03 전환 효과
Section 04 화면 전환 효과 타이밍 설정

Section 01 애니메이션 효과

애니메이션 효과를 텍스트나 도형, 이미지 등에 적용하면 전달하고자 하는 내용을 역동적으로 전달할 수 있습니다. 애니메이션 효과를 적용하고, 옵션을 통해 진행 방향을 변경할 수 있습니다.

Check Point 애니메이션, 옵션, 이동 경로, 애니메이션 추가

◉ 예제파일 : 커피-1.pptx

Skill 01 애니메이션 효과 적용하기

슬라이드2에 있는 내용 텍스트에 왼쪽에서 오른쪽으로 닦아내기 애니메이션 효과를 추가합니다.

01 **슬라이드2**에서 **내용 텍스트 상자**를 선택한 후 [애니메이션] 탭 - [애니메이션] 그룹의 자세히 단추(▼)를 클릭하고 [나타내기]의 [**닦아내기**]를 클릭합니다.

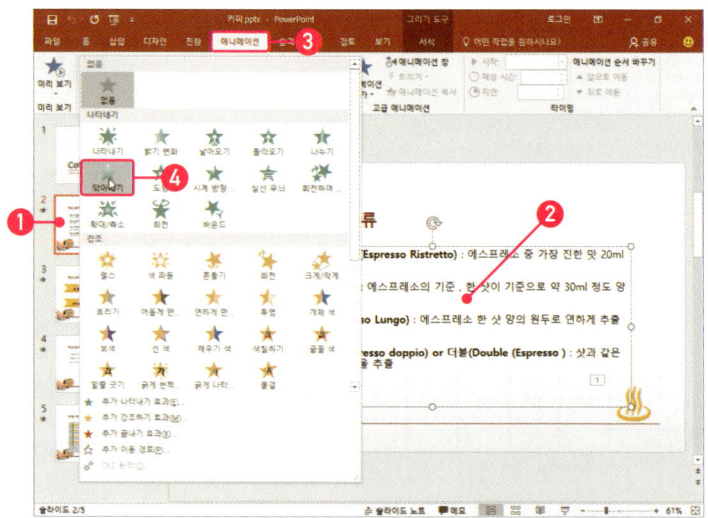

02 왼쪽에서 오른쪽으로 닦아내기 해야 하므로, [애니메이션] 그룹 - [효과 옵션] - [**왼쪽에서**]를 클릭합니다. 애니메이션을 설정하면 자동으로 텍스트가 왼쪽에서 오른쪽으로 진행합니다.

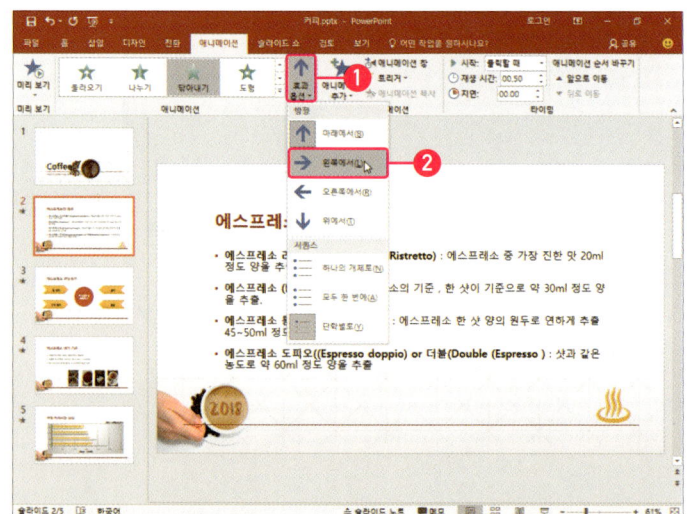

> **PLUS**
> 애니메이션을 미리 보려면 [애니메이션] 탭 – [미리 보기] 그룹 – [미리 보기]를 클릭합니다.

애니메이션 이동 경로 적용하기

슬라이드1에서 컵 그림을 오른쪽으로 이동하는 선 이동 경로 애니메이션을 적용합니다.

01 **슬라이드1**에서 **컵 그림**을 선택한 후 [애니메이션] 탭 - [애니메이션] 그룹의 자세히 단추(▼)를 클릭하고 [이동 경로]의 **[선]**을 클릭합니다.

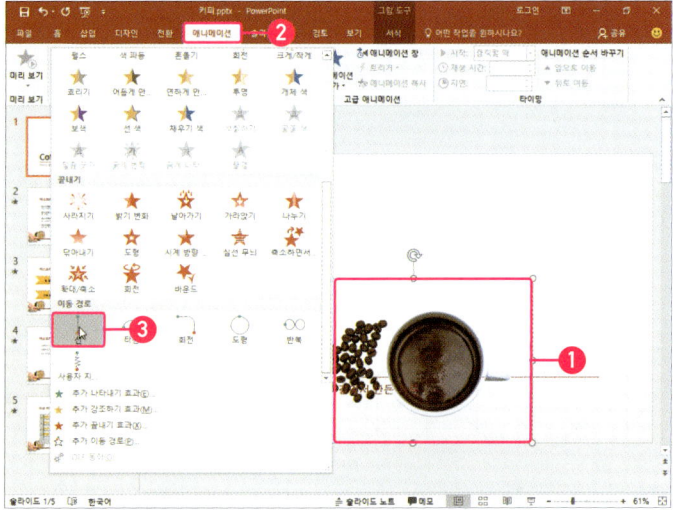

02 오른쪽으로 이동해야 하므로, [애니메이션] 그룹 - [효과 옵션] - **[오른쪽]**을 클릭합니다.

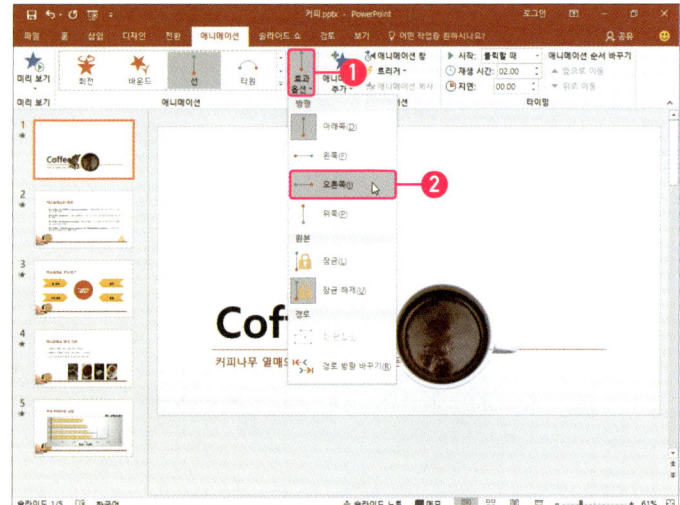

03 컵 그림이 오른쪽으로 이동합니다. 컵 그림에 이동 선이 표시됩니다. 이동 시작점은 녹색 삼각형으로, 끝점은 빨간색 삼각형으로 이동 방향을 나타냅니다.

애니메이션 효과 추가하기
슬라이드3에서 원형에 하트 애니메이션 이동 경로를 추가하고 이동 경로 방향을 바꿉니다.

01 **슬라이드3**에서 **원형**을 선택합니다. 이미 원형에 애니메이션 효과가 적용되어 있음을 알 수 있습니다.

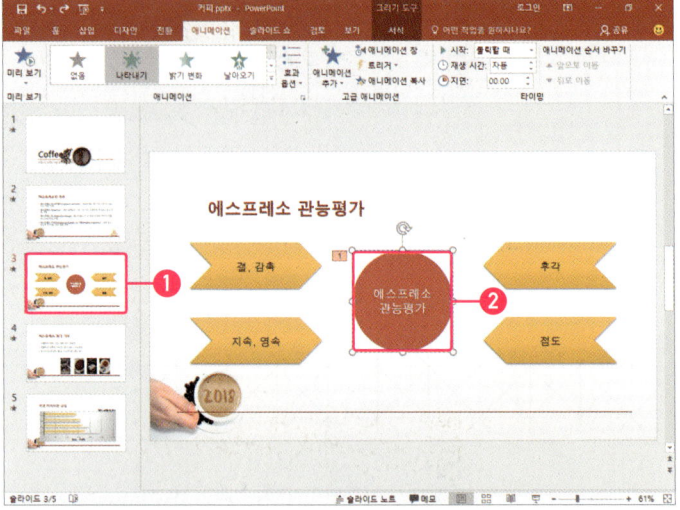

02 애니메이션을 추가로 적용하기 위해 [애니메이션] 탭 - [고급 애니메이션] 그룹 - [애니메이션 추가]를 클릭합니다. 원하는 이동 경로가 없을 경우 [**추가 이동 경로**]를 클릭합니다.

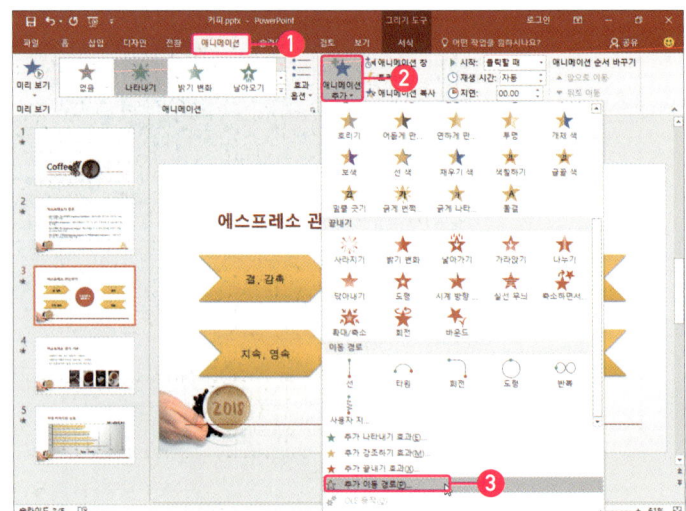

03 [이동 경로 추가] 대화상자에서 [**하트**]를 선택하고 [확인] 단추를 클릭합니다.

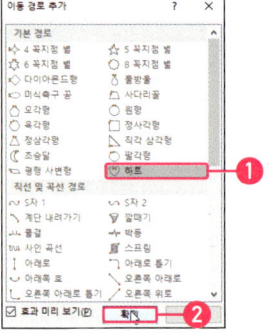

144 Part 01 • 유형분석

04 이동 경로 방향을 바꿔 주기 위해 [애니메이션] 그룹 - [효과 옵션] - **[경로 방향 바꾸기]**를 클릭합니다.

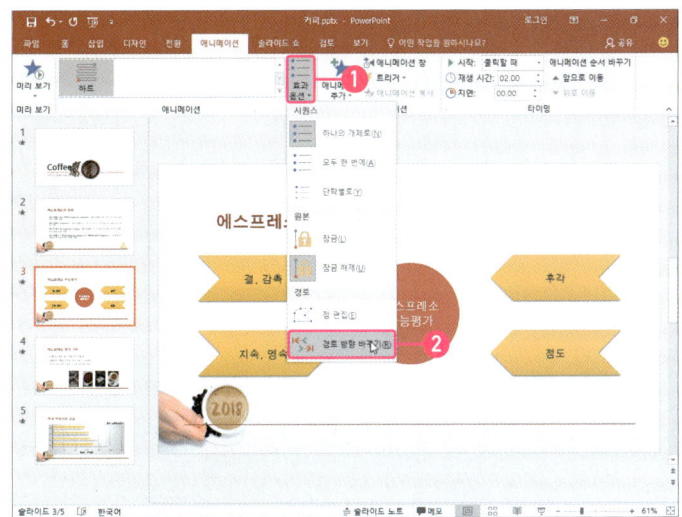

Skill 04 애니메이션 효과 복사하기

슬라이드2의 텍스트 상자에 적용된 애니메이션을 슬라이드4의 내용 텍스트 상자에 복사합니다.

01 **슬라이드2**에서 **텍스트 상자**를 선택한 후 애니메이션을 복사하기 위해 [애니메이션] 탭 - [고급 애니메이션] 그룹 - **[애니메이션 복사]**를 클릭합니다. 마우스 포인터 모양이 로 변경됩니다.

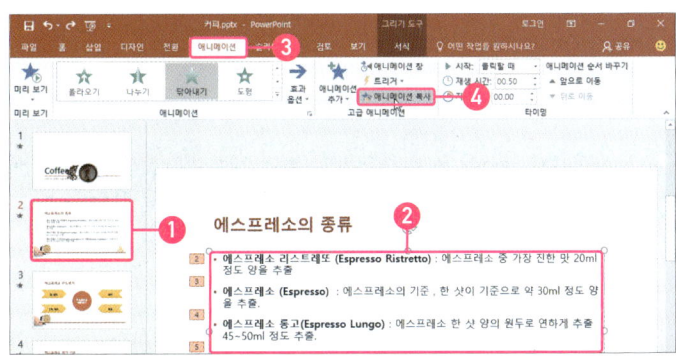

02 **슬라이드4**의 **내용 텍스트 상자** 위에서 마우스 포인터가 일 때 클릭합니다.

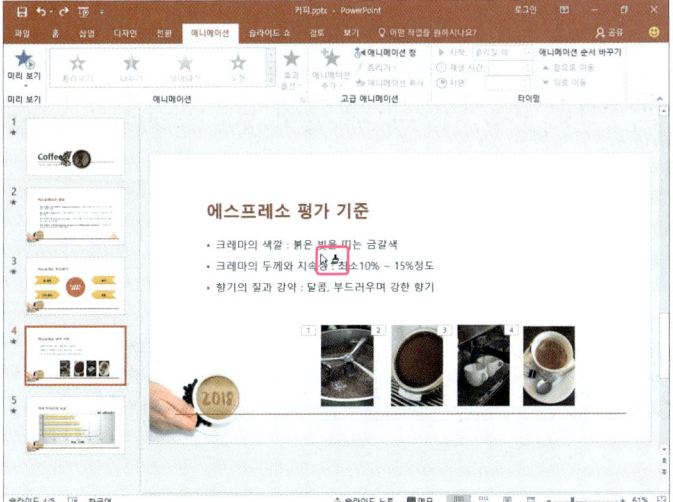

Chapter 4 • 애니메이션과 전환 **145**

03 복사된 애니메이션이 적용되었습니다.

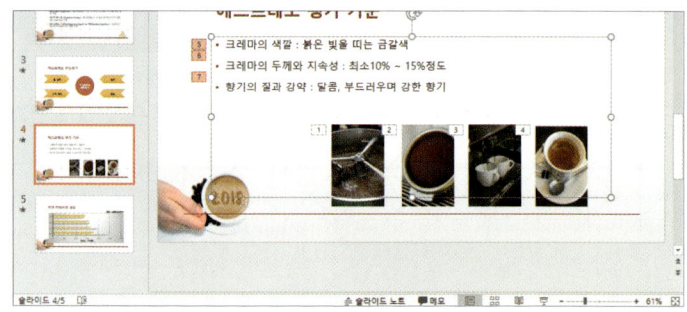

Skill 05 애니메이션 효과 변경하기

슬라이드2에서 온천 모양의 기호에 적용된 애니메이션을 물결 애니메이션으로 변경합니다.

01 **슬라이드2**에서 **기호**를 선택한 후 [애니메이션] 탭 - [애니메이션] 그룹의 자세히 단추(▼)를 클릭하고 [강조]의 **[물결]**을 클릭합니다.

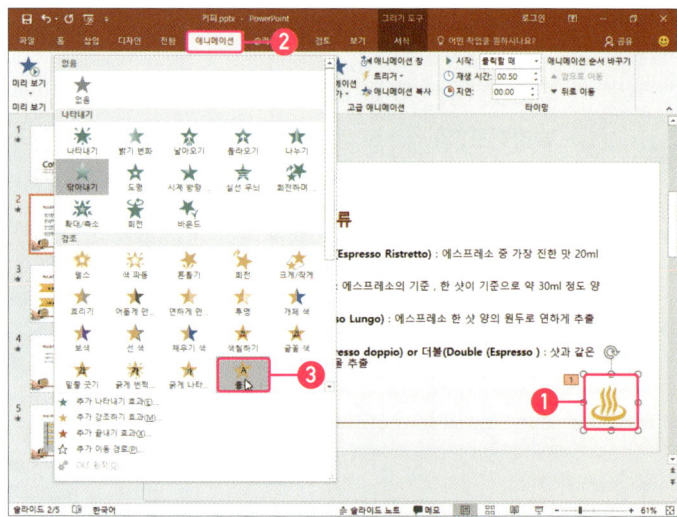

PLUS
애니메이션을 제거하려면 [애니메이션] 탭 – [애니메이션] 그룹 – [자세히(▼)] – [없음]을 클릭합니다.

02 물결 애니메이션으로 변경되었습니다.

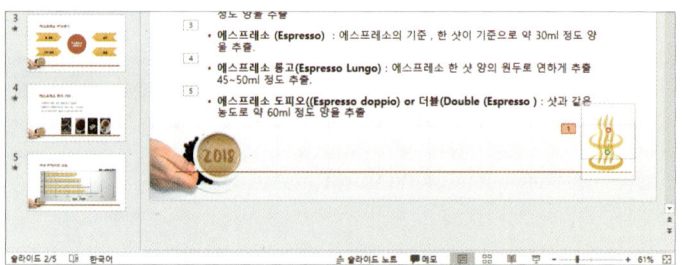

 적응 문제

⊙ 예제파일 : 예제4-01.pptx   ⊙ 완성파일 : 완성4-01.pptx

01. 슬라이드2에서 그림에 확대/축소 나타내기 애니메이션을 적용한 후 사라지기 끝내기 애니메이션을 추가합니다.
02. 슬라이드2에서 텍스트 상자에 적용된 애니메이션을 복사하여 슬라이드3의 내용 텍스트 상자에 적용합니다.
03. 슬라이드2에서 내용 텍스트 상자에 적용된 애니메이션을 글꼴 색 강조 애니메이션으로 변경합니다.(글꼴 색상은 상관없습니다.)

Section 02

애니메이션 타이밍 설정

애니메이션 재생 시간, 지연 시간을 설정할 수 있고, 애니메이션의 순서도 변경할 수 있습니다.

Check Point 시작, 재생 시간, 지연, 애니메이션 순서 바꾸기

● 예제파일 : 커피-2.pptx

Skill 01 애니메이션 타이밍과 순서

슬라이드4에서 왼쪽 이미지부터 오른쪽 이미지까지 하나씩 1초가 지난 후에 애니메이션이 차례로 진행되고, 아래에서 위로 날아오게 옵션을 변경합니다.

01 슬라이드4에서 Shift 키를 누른 채 **이미지**를 차례로 선택합니다. [애니메이션] 탭 - [타이밍] 그룹의 시작에서 **[이전 효과 다음에]**를 클릭합니다.

02 이미지에 애니메이션 순서를 나타내는 숫자가 모두 '0'으로 변경되었습니다. [타이밍] 그룹의 지연을 '**01.00**'으로 입력합니다.

Chapter 4 • 애니메이션과 전환 **147**

03 효과 옵션을 변경하기 위해 [애니메이션] 그룹 - [효과 옵션] - **[아래에서]**를 클릭합니다.

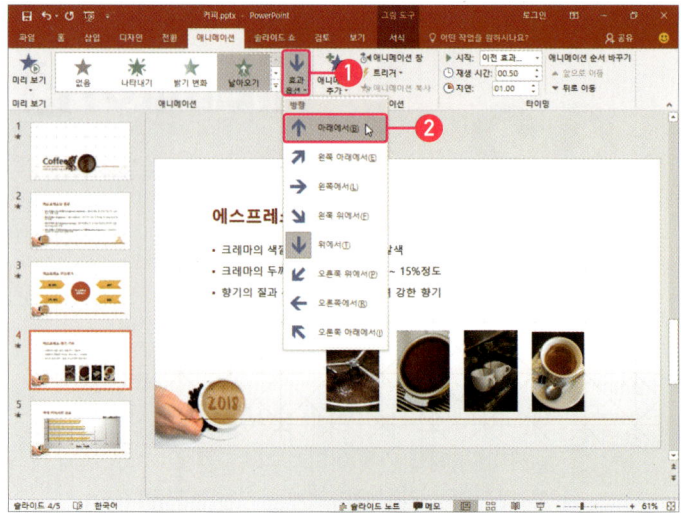

PLUS
현재 화면을 슬라이드 쇼에서 확인하려면 Shift + F5 키를 누릅니다. 이미지들이 자동으로 아래에서 위쪽으로 차례로 애니메이션이 진행합니다. 텍스트는 클릭을 해야 애니메이션을 확인할 수 있습니다.

Skill 02 애니메이션 순서 변경

슬라이드2의 애니메이션 순서를 변경하여 온천 모양의 기호가 나타나기 전에 텍스트가 나타나도록 설정합니다.

01 **슬라이드2**에서 [애니메이션] 탭 - [고급 애니메이션] 그룹 - **[애니메이션 창]**을 클릭합니다.

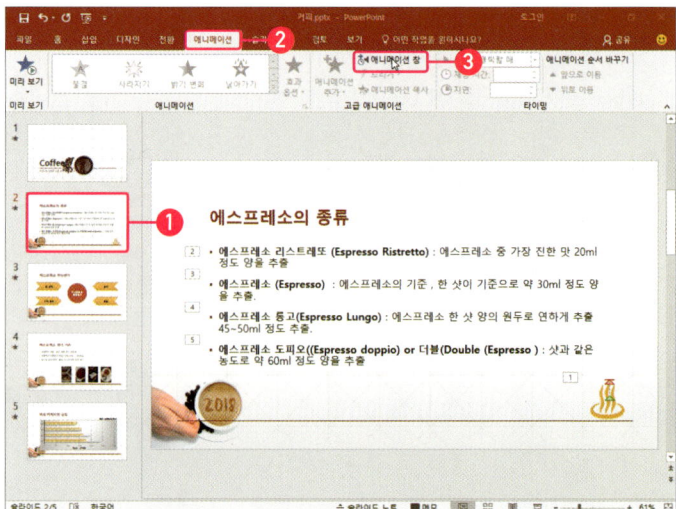

PLUS
[애니메이션 창]을 열면 이 슬라이드에 적용된 애니메이션을 모두 볼 수 있습니다. 슬라이드의 애니메이션 시간 표시 막대를 보면서 편집할 수 있습니다.

02 [애니메이션 창] 옵션 창에서 기호에 해당하는 **TextBox**를 선택한 후 ▼**를 클릭**하여 애니메이션 순서를 뒤로 이동합니다.

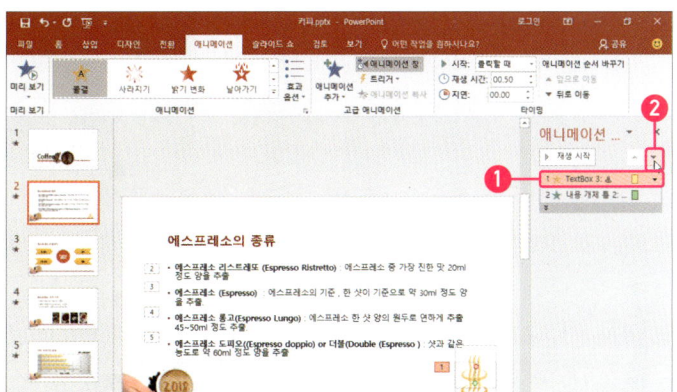

03 애니메이션 순서가 '1'이였던 기호가 '5'로 변경되었습니다. [애니메이션 창] 옵션 창을 닫아줍니다.

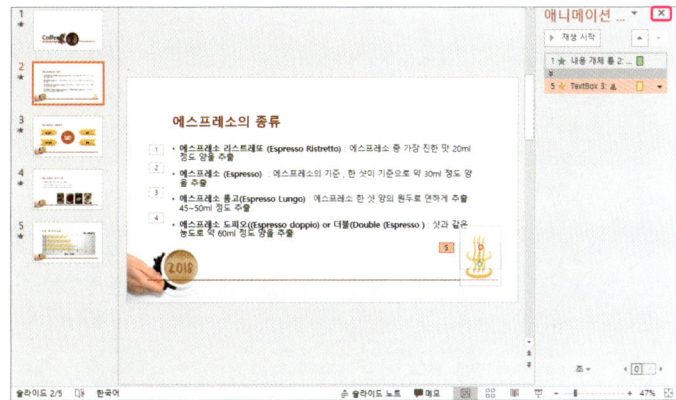

Skill 03 트리거
슬라이드5에서 제목 텍스트를 클릭하면 차트 애니메이션이 재생되도록 시작 트리거를 설정합니다.

01 **슬라이드5**에서 시작 트리거를 설정하기 위해 **차트**를 선택한 후 [애니메이션] 탭 - [고급 애니메이션] 그룹 - [트리거] - [클릭할 때] - [**제목1**]을 클릭합니다.

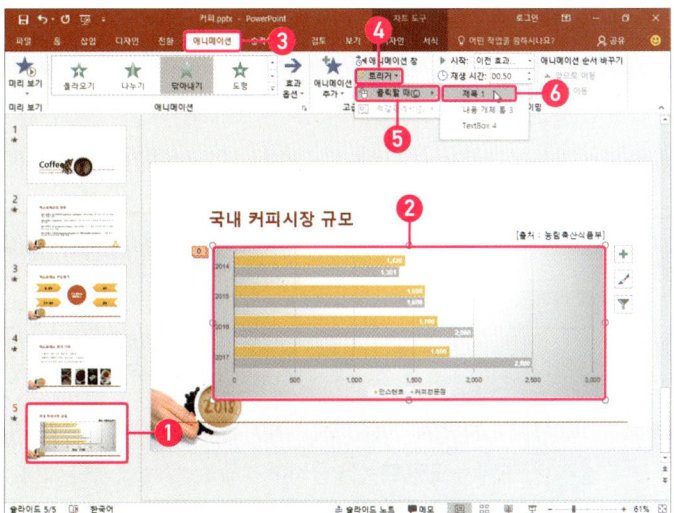

Chapter 4 • 애니메이션과 전환 149

02 트리거가 설정된 차트 애니메이션에 트리거 아이콘(⚡)이 표시됩니다.

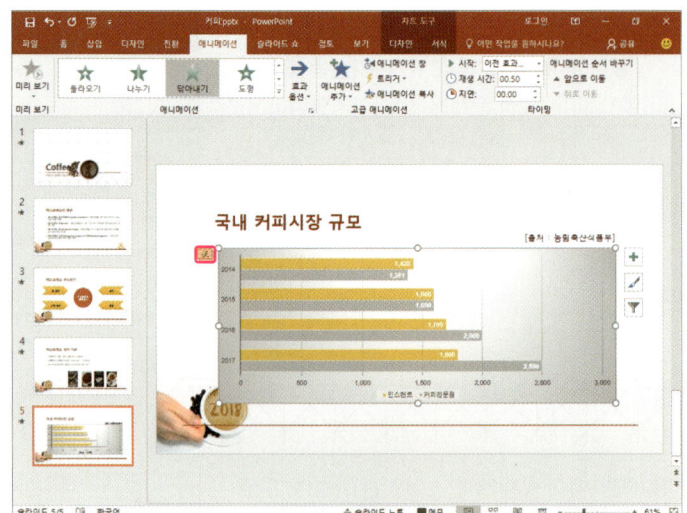

PLUS

Shift + F5 키를 눌러 현재 화면을 슬라이드 쇼로 실행한 후 제목 텍스트를 클릭하면 차트 애니메이션이 재생됩니다.

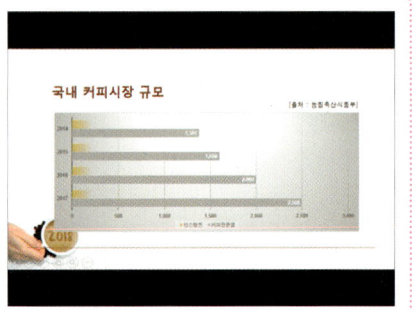

적응 문제

● 예제파일 : 예제4-02.pptx ● 완성파일 : 완성4-02.pptx

01. 슬라이드4의 내용 텍스트의 애니메이션이 2초가 지난 다음에 1초 동안 효과가 순차적으로 자동 재생되도록 수정합니다.

02. 슬라이드6에서 도형 그룹을 클릭하면 SmartArt 그래픽 애니메이션이 재생되도록 시작 트리거를 설정합니다.

Section 03 전환 효과

슬라이드 전환은 슬라이드 간에 이동할 때 발생하는 애니메이션 효과입니다. 속도를 제어하고 소리를 추가하는 등 전환 효과의 속성을 설정할 수 있습니다.

Check Point 화면 전환, 효과 옵션, 모두 적용

● 예제파일 : 커피-3.pptx

Skill 01 전환 효과 추가하기
모든 슬라이드에 덮기 전환 효과를 추가합니다.

01 [전환] 탭 - [슬라이드 화면 전환] 그룹의 자세히 단추(▼)를 클릭하고 [은은한 효과]의 **[덮기]**를 클릭합니다.

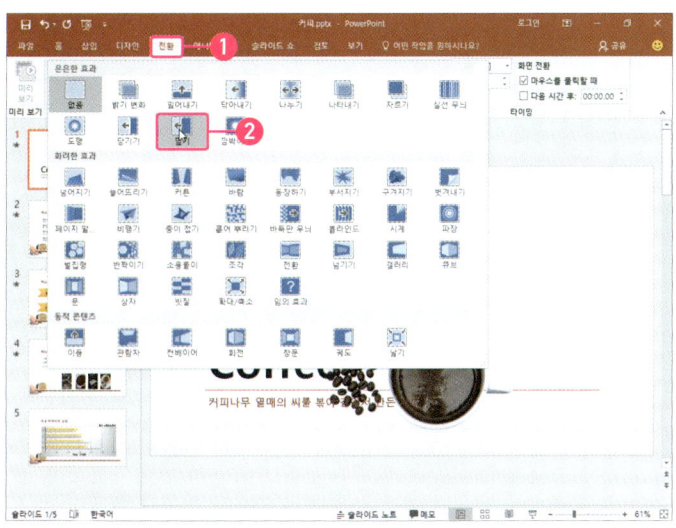

02 모든 슬라이드에 적용하기 위해 [타이밍] 그룹 - **[모두 적용]**을 클릭합니다. 모든 슬라이드 앞에 ★가 표시됩니다.

PLUS
애니메이션이나 화면 전환 효과가 적용된 슬라이드는 슬라이드 목록 창의 슬라이드 그림 앞에 ★가 표시됩니다.

전환 효과 옵션 설정하기
모든 슬라이드에 대한 전환 효과 옵션을 아래에서로 설정합니다.

01 전환 효과 옵션을 변경하기 위해 [전환] 탭 - [슬라이드 화면 전환] 그룹 - [효과 옵션] - **[아래에서]**를 클릭합니다.

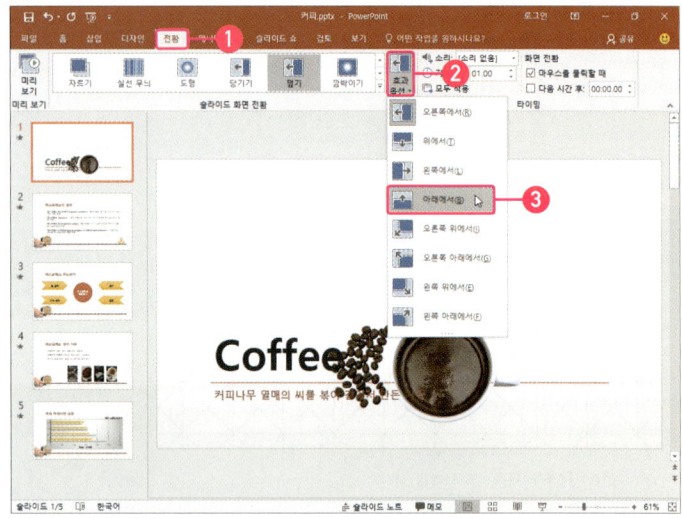

02 모든 슬라이드에 적용하기 위해 [타이밍] 그룹 - **[모두 적용]**을 클릭합니다. 모든 슬라이드의 전환 효과 옵션이 아래에서로 변경됩니다.

ⓐ 예제파일 : 예제4-03.pptx ⓐ 완성파일 : 완성4-03.pptx

01. 모든 슬라이드에 큐브 전환 효과를 추가합니다.

02. 모든 슬라이드에 대한 전환 효과 옵션을 왼쪽에서로 설정합니다.

Section 04

화면 전환 효과 타이밍 설정

화면 전환 효과에 전환 기간을 설정할 수 있고 소리가 나게 할 수도 있습니다. 화면 전환 시 클릭뿐 아니라 자동으로 전환되도록 시간을 설정할 수 있습니다.

Check Point 기간, 다음 시간 후, 소리

예제파일 : 커피-4.pptx

Skill 01 전환 기간 설정하기-1

모든 슬라이드의 전환 기간을 2초로 변경합니다.

01 전환 기간을 설정하기 위해 [전환] 탭 - [타이밍] 그룹에서 기간을 '**02.00**'으로 입력한 후 [**모두 적용**]을 클릭합니다.

Skill 02 전환 기간 설정하기-2

모든 슬라이드에 5초 이후에 자동으로 전환되도록 설정합니다.

01 5초 이후에 자동으로 화면 전환할 수 있게 [전환] 탭 - [타이밍] 그룹의 화면 전환에서 [**다음 시간 후**]에 체크한 후 '**00:05.00**'으로 입력합니다. 모든 슬라이드에 적용하기 위해 [타이밍] 그룹의 [**모두 적용**]을 클릭합니다.

전환 소리 설정하기
슬라이드4에 요술봉 소리 전환 옵션을 추가합니다.

01 슬라이드4에만 소리 전환 옵션을 변경하기 위해 **슬라이드4**를 선택한 후 [타이밍] 그룹에서 소리를 **[요술봉]**으로 설정합니다.

전환 효과 변경하기
슬라이드1에서 슬라이드2로 전환될 때 커튼 전환 효과를 추가합니다.

01 **슬라이드2**를 선택한 후 [전환] 탭 - [슬라이드 화면 전환] 그룹의 자세히 단추(▼)를 클릭하고 [화려한 효과]의 **[커튼]**을 클릭합니다.

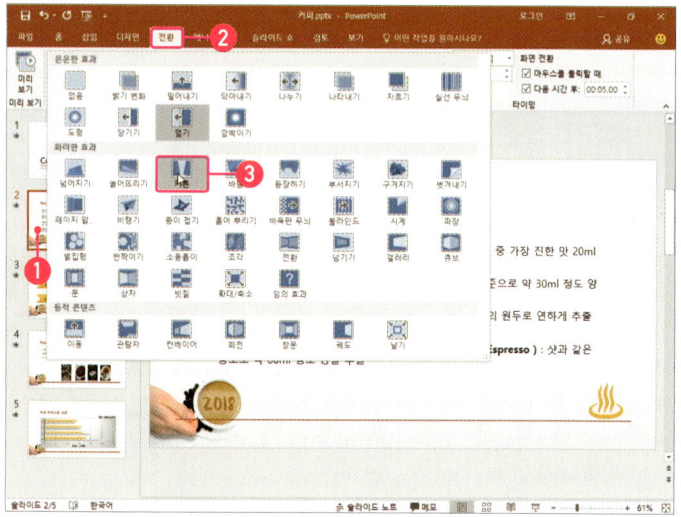

PLUS

F5 키를 눌러 처음 화면부터 슬라이드 쇼가 진행되면 슬라이드1에서 슬라이드 2로 이동하는 부분만 커튼 화면 전환 효과가 나타나고, 나머지 슬라이드에서는 덮기 전환 효과가 자동으로 진행되는 것을 확인할 수 있습니다.

● 예제파일 : 예제4-04.pptx ● 완성파일 : 완성4-04.pptx

01. 모든 슬라이드에 대한 전환 기간을 3초로 설정하고 소리를 소리 없음으로 실행합니다.

02. 모든 슬라이드에 4초 이후에 자동으로 전환되도록 설정합니다.

03. 슬라이드2에 박수 소리 전환 옵션을 추가합니다.

· **MEMO** ·

Chapter 5
프레젠테이션 정렬과 보호

Section 01 프레젠테이션 정렬과 슬라이드 다시 사용
Section 02 프레젠테이션 검토
Section 03 프레젠테이션 보호

Section 01 프레젠테이션 정렬과 슬라이드 다시 사용

여러 개의 창이 열려 있을 때 창을 전환하고, 나란히 정렬할 수 있습니다. 프레젠테이션을 검토하고 비교해서 병합하고, 프레젠테이션에 다른 슬라이드를 다시 사용할 수 있습니다.

Check Point 새 창, 모두 정렬, 비교, 슬라이드 다시 사용

예제파일 : 보험-1.pptx, 비교.pptx, 안전먹거리.pptx

Skill 01 나란히 정렬

현재 슬라이드를 두 개의 창으로 나란히 정렬합니다.

01 [보기] 탭 - [창] 그룹 - [**새 창**]을 클릭합니다.

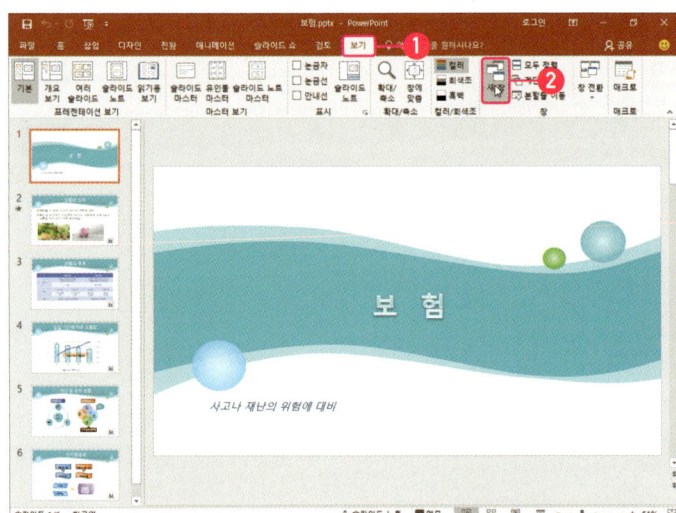

PLUS
이번 Section에서는 예제 파일 중 '보험-1.pptx' 파일을 불러온 후 실습을 진행하도록 합니다.

02 현재 프레젠테이션이 두 개의 창으로 나타납니다. 두 개의 창을 나란히 정렬하기 위해 [보기] 탭 - [창] 그룹 - [**모두 정렬**]을 클릭합니다.

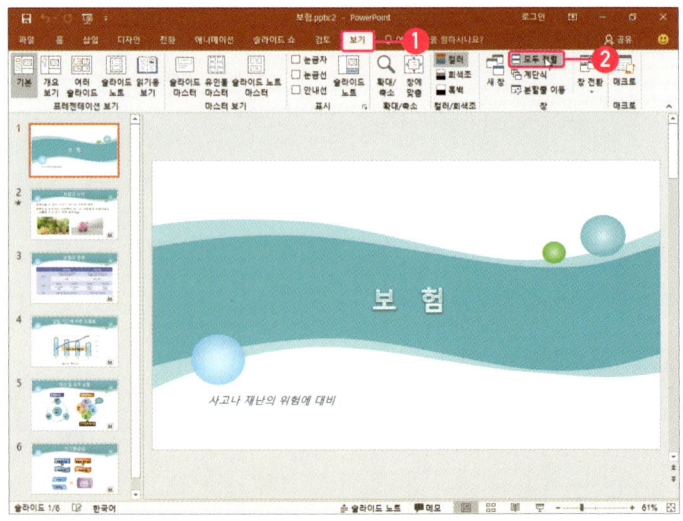

03 제목 표시줄에 '보험.pptx:2', '보험.pptx:1'
로 표시되는 두 개의 창이 나란히 정렬되
었습니다.

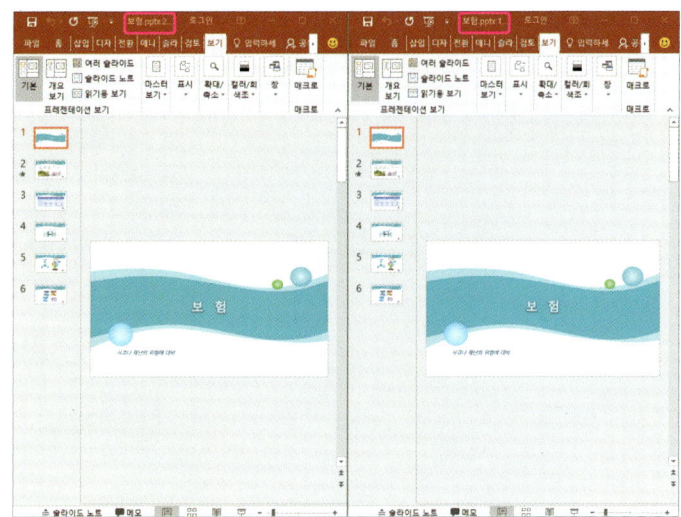

PLUS!

창 전환

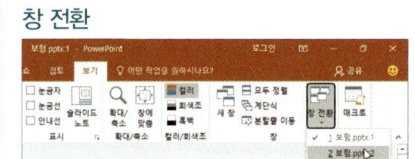

여러 개의 창이 열려 있을 때 [보기] 탭 – [창] 그룹 – [창 전환]을 클릭하고 열려
있는 창 목록 중 전환할 창을 선택하면 해당 창으로 전환할 수 있습니다.

Skill 02 프레젠테이션 비교하기

비교.pptx 파일과 변경 내용을 비교하고, 슬라이드1의 모든 변경 내용을 적용합니다. 또한 슬라이드2의 변
경 내용을 추적한 후 그림의 변경 내용을 적용합니다.

01 [검토] 탭 - [비교] 그룹 - **[비교]**를 클릭합
니다.

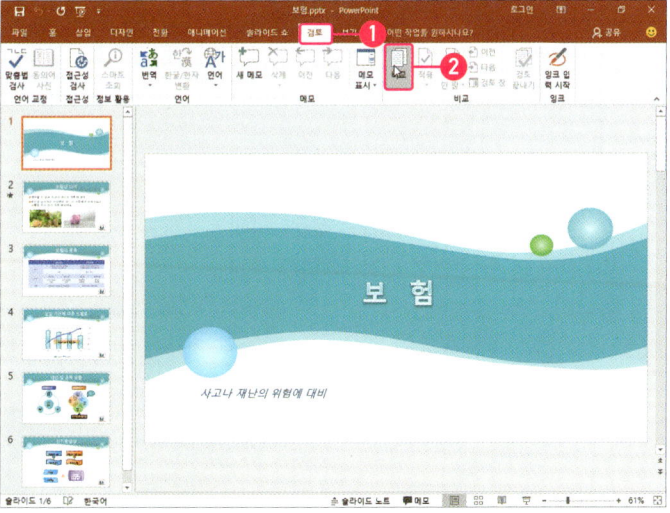

※ 이번 Skill에서는 해당 기능의 결과 화면을 집중해서 보여주기 위해 앞 Skill 결과 중 생성된 창 1개를 닫은 화면을 제공하고 있습니다.

02 [현재 프레젠테이션에 병합할 파일 선택] 대화상자에서 '**비교.pptx**'를 선택한 후 [병합] 단추를 클릭합니다.

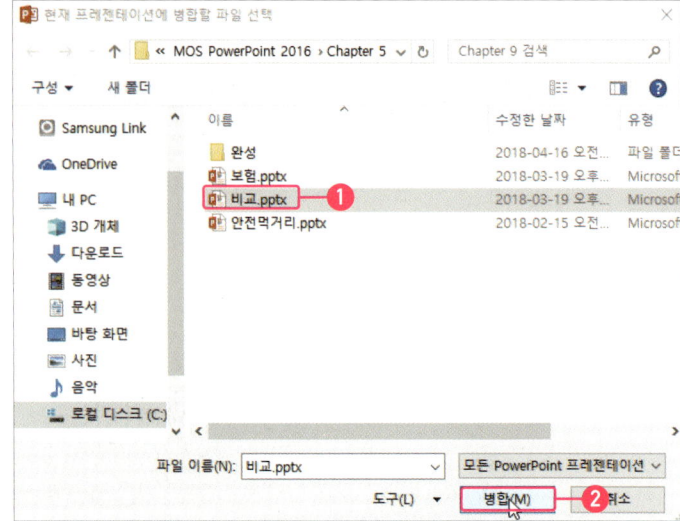

03 변경 항목이 있는 슬라이드로 이동되며 오른쪽에 [수정] 옵션 창이 나타납니다.

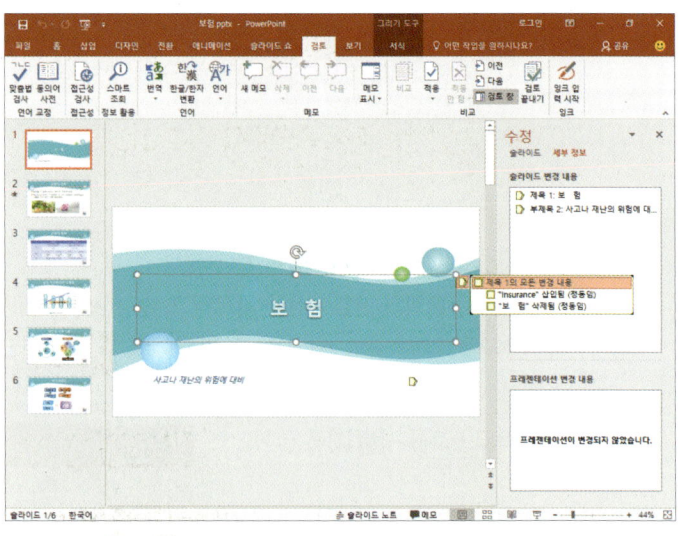

04 **슬라이드1**의 모든 변경 내용을 한꺼번에 적용하기 위해 [비교] 그룹 - [적용] - [**이 슬라이드의 모든 변경 내용 적용**]을 클릭합니다.

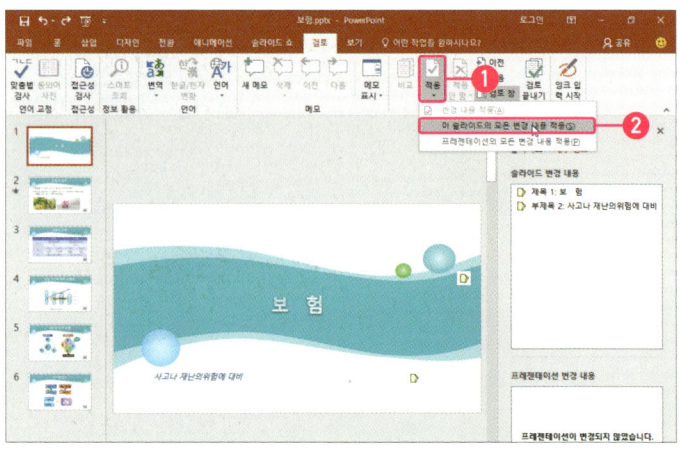

05 노란색의 표식에 체크가 되고 슬라이드가 변경됩니다.

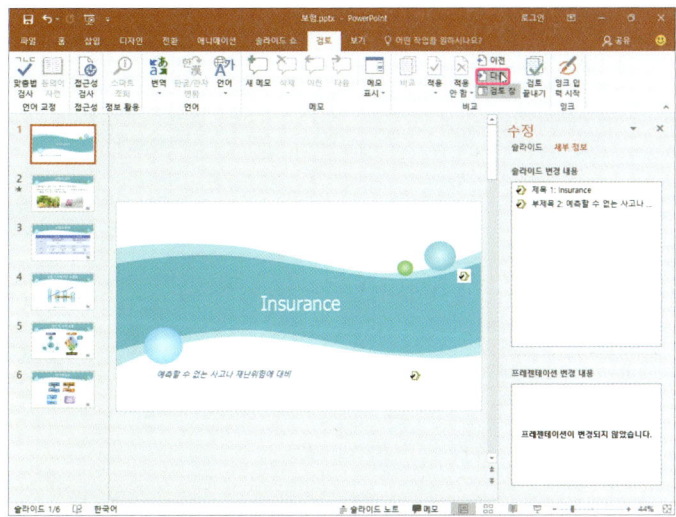

06 **슬라이드2**에서 **노란색 표식**을 클릭합니다.

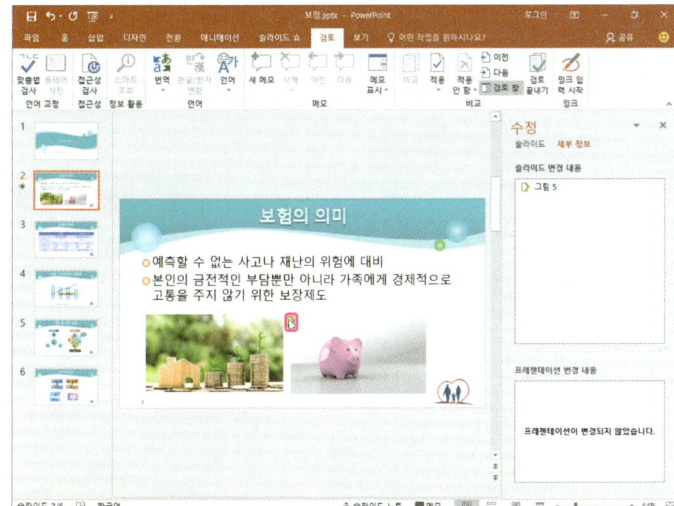

> **PLUS**
> [비교] 그룹에서 [다음]을 클릭하여 슬라이드2의 변경 항목이 있는 곳으로 이동할 수도 있습니다.

07 노란색 표식의 '**그림 5의 모든 변경 내용**'에 체크합니다

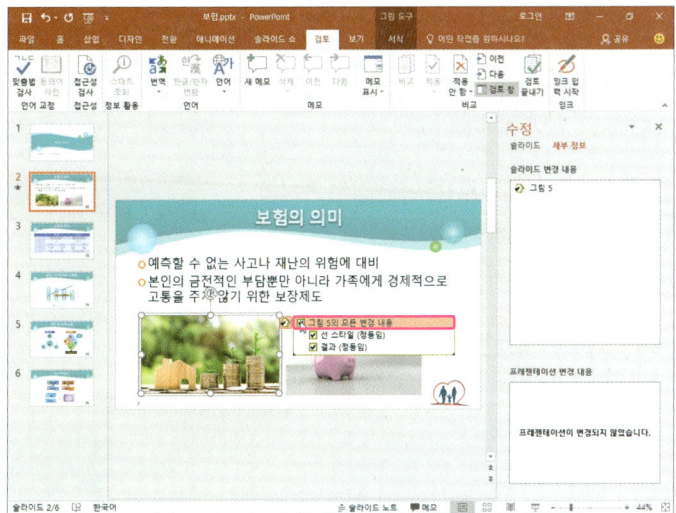

> **PLUS**
> 예제 파일에 표시된 개체 번호가 교재와 다를 수 있습니다.
> 예 그림 7

Chapter 5 • 프레젠테이션 정렬과 보호

08 그림의 선과 그림자 스타일이 변경되어 적용됩니다.

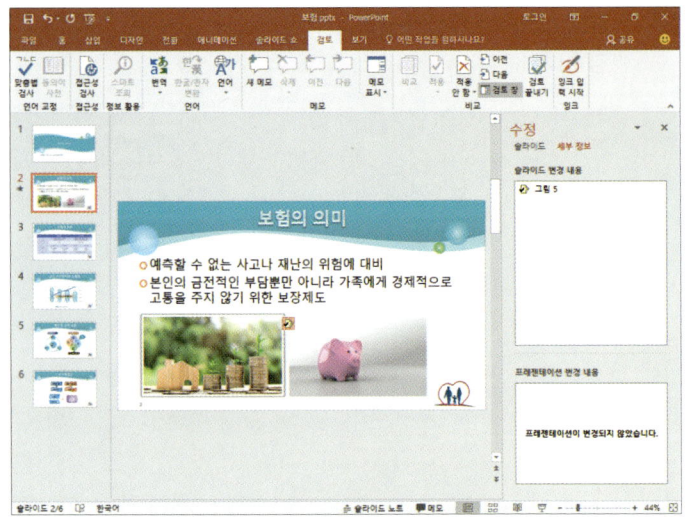

Skill 03 슬라이드 다시 사용
*안전먹거리.pptx*의 모든 슬라이드를 프레젠테이션 맨 뒤에 순서대로 추가합니다.

01 맨 뒤에 슬라이드를 추가해야 하므로 슬라이드 목록 창에서 **마지막 슬라이드**를 선택한 후 [홈] 탭 - [슬라이드] 그룹 - [새 슬라이드] - **[슬라이드 다시 사용]**을 클릭합니다.

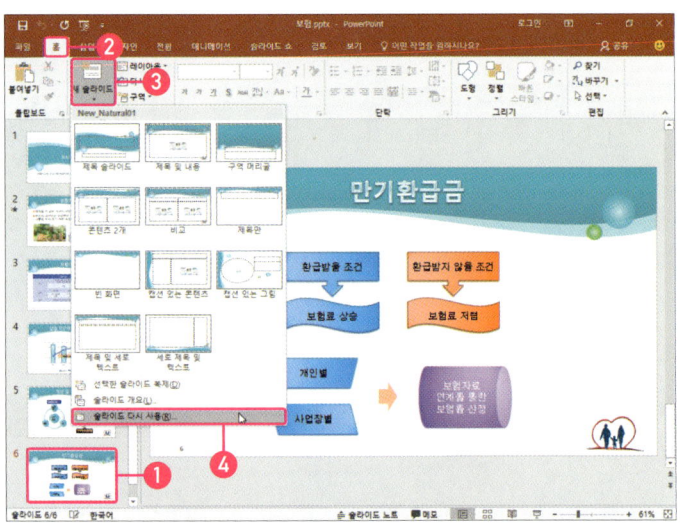

02 [슬라이드 다시 사용] 옵션 창이 표시되면 파일을 불러오기 위해 [찾아보기] - **[파일 찾아보기]**를 클릭합니다.

03 [찾아보기] 대화상자에서 **'안전먹거리.pptx'**를 선택한 후 [열기] 단추를 클릭합니다.

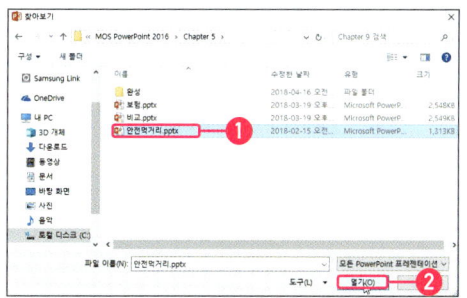

04 [슬라이드 다시 사용] 옵션 창에 '안전먹거리.pptx'의 슬라이드가 모두 표시됩니다. '안전먹거리.pptx'의 **슬라이드1부터 차례대로 클릭**합니다.

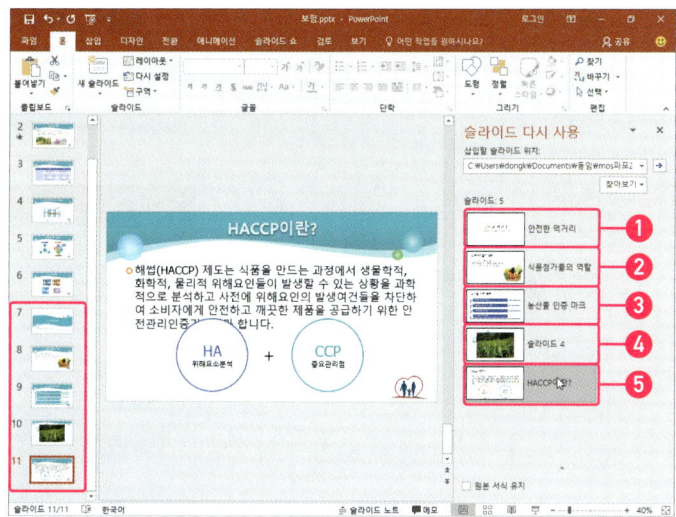

PLUS

원본 서식 유지
[슬라이드 다시 사용] 옵션 창의 아래쪽의 '원본 서식 유지'에 체크하고 슬라이드를 선택하면 원본 서식을 유지한 채 슬라이드가 추가됩니다.

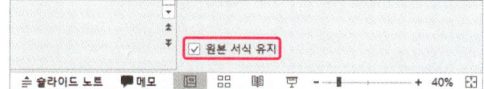

 적응 문제   ⊙ 예제파일 : 예제5-01.pptx, 검토.pptx, 리포트.pptx   ⊙ 완성파일 : 완성5-01.pptx

01. *예제5-01.pptx*를 불러온 후 현재 프레젠테이션을 새 창에 표시합니다.

02. 열려져 있는 모든 창을 계단식으로 정렬합니다.

03. *검토.pptx*를 불러와서 *예제5-01.pptx*와 변경 내용을 비교하고, 모든 변경 내용을 한꺼번에 적용합니다.

04. *리포트.pptx*의 모든 슬라이드를 프레젠테이션 맨 뒤에 추가합니다.

Section 02 프레젠테이션 검토

맞춤법 검사를 통해 문장을 완성할 수 있고 프레젠테이션 검사를 통해 문제점과 개인 정보까지 검사할 수 있습니다.

Check Point 검토, 맞춤법 검사, 문서 검사, 호환성 검사

◉ 예제파일 : 보험-2.pptx

Skill 01 맞춤법 검사

프레젠테이션에서 맞춤법 검사를 하여 "산제"를 "산재"로, "연게"를 "연계"로 교정합니다.

01 슬라이드1을 선택하고, 프레젠테이션 맞춤법 검사를 하기 위해 [검토] 탭 - [언어 교정] 그룹 - **[맞춤법 검사]**를 클릭합니다.

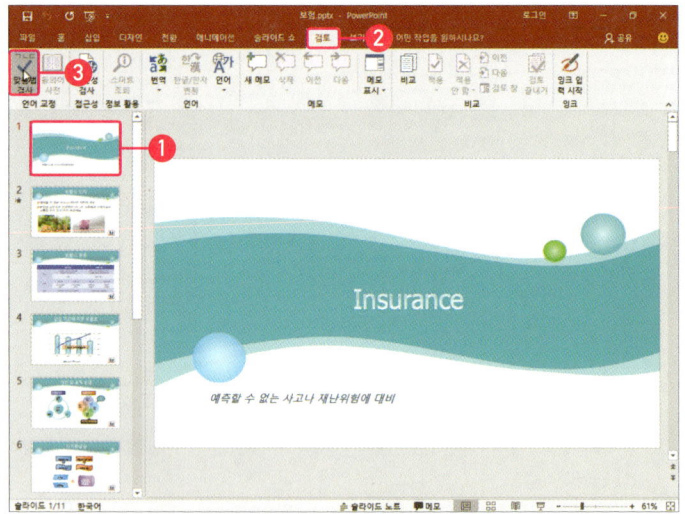

02 오른쪽에 [맞춤법 검사] 옵션 창이 표시되고, 첫 번째 오류 단어 위치로 이동됩니다. 추천 단어로 변경하지 않을 경우 [한 번 건너뛰기] 단추를 클릭합니다. 변경할 오류 단어가 나올 때까지 [한 번 건너뛰기] 단추를 클릭합니다.

03 오류 단어 '산제' 위치로 이동하면 추천 단어 중 **'산재'**를 선택한 후 [변경] 단추를 클릭합니다.

04 계속해서 '연게를'이 나올 때까지 [한 번 건너뛰기] 단추를 클릭합니다. 오류 단어 '연게를'로 이동하면 추천 단어 **'연계를'**을 선택한 후 [변경] 단추를 클릭합니다. 문서 끝까지 같은 방법으로 진행합니다.

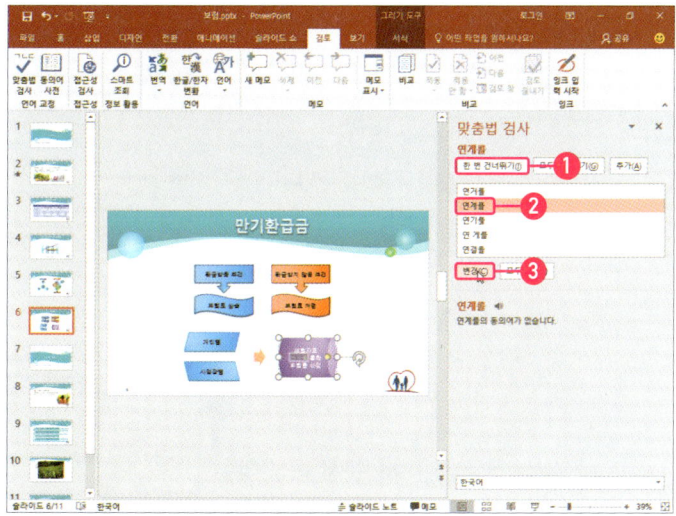

05 맞춤법 검사가 끝났다는 대화상자가 나타나면 [확인] 단추를 클릭합니다.

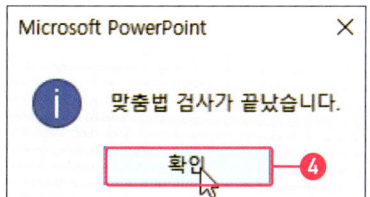

Skill 02 프레젠테이션 검사
문서 속성 및 개인 정보를 제거합니다.

01 프레젠테이션을 검사하기 위해 [파일] 탭 - [정보]에서 [문제 확인] - **[문서 검사]**를 클릭합니다.

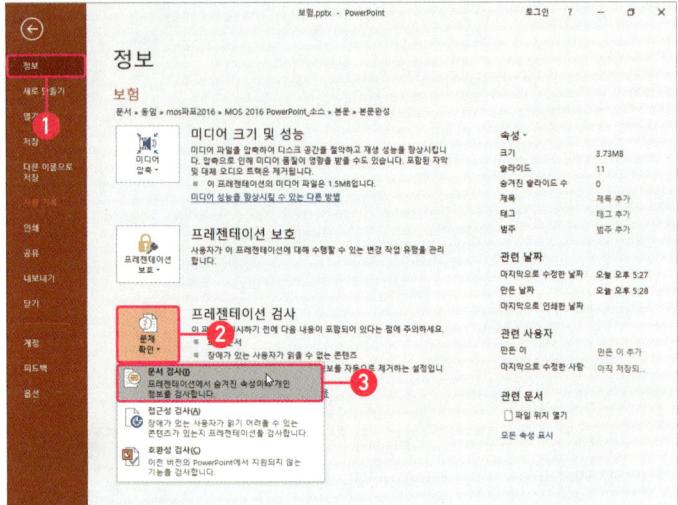

02 [문서 검사 주의 사항] 대화상자가 나타나면 [예] 단추를 클릭합니다.

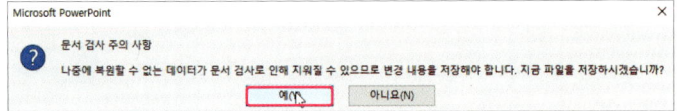

> **PLUS!**
> 문서 검사를 하기 전에 복원 데이터가 문서 검사로 인해 지워질 수 있으므로 미리 문서를 저장한 후에 검사를 진행해야 합니다.

03 [문서 검사] 대화상자에서 **'문서 속성 및 개인 정보'**에 체크되어 있는지 확인한 후 [검사] 단추를 클릭합니다.

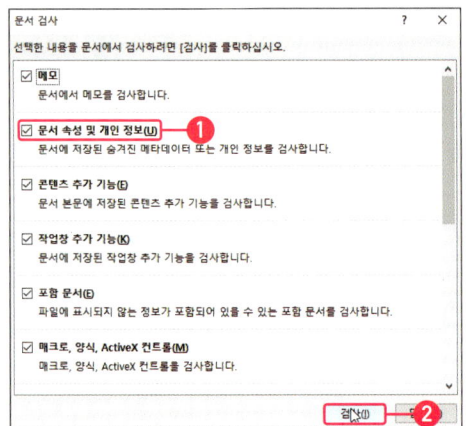

04 문서 검사가 완료되면 문서에 존재하는 검사 항목에는 빨간색 느낌표가 나타납니다. 문서 속성 및 개인 정보를 삭제하기 위해 **[모두 제거]** 단추를 클릭합니다. 제거되었으면 [닫기] 단추를 클릭합니다.

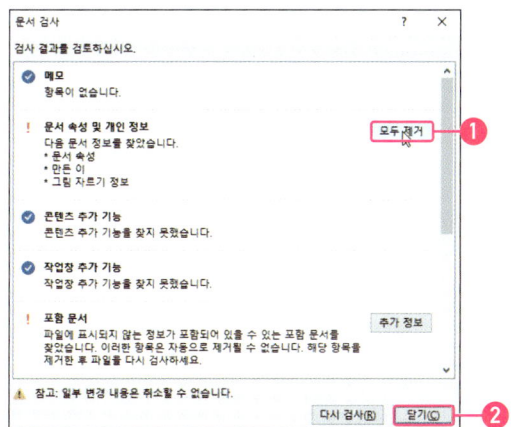

PLUS

호환성 검사

이전 버전의 파워포인트 프로그램을 사용하고 있는 사용자와 프레젠테이션을 공유해야 한다면 호환성 문제가 없는지 확인이 필요합니다. [파일] 탭 – [정보]에서 [문제 확인] – [호환성 검사]를 클릭합니다. [Microsoft PowerPoint 호환성 검사] 대화상자에서 요약 내용을 살펴본 후 [확인] 단추를 클릭합니다.

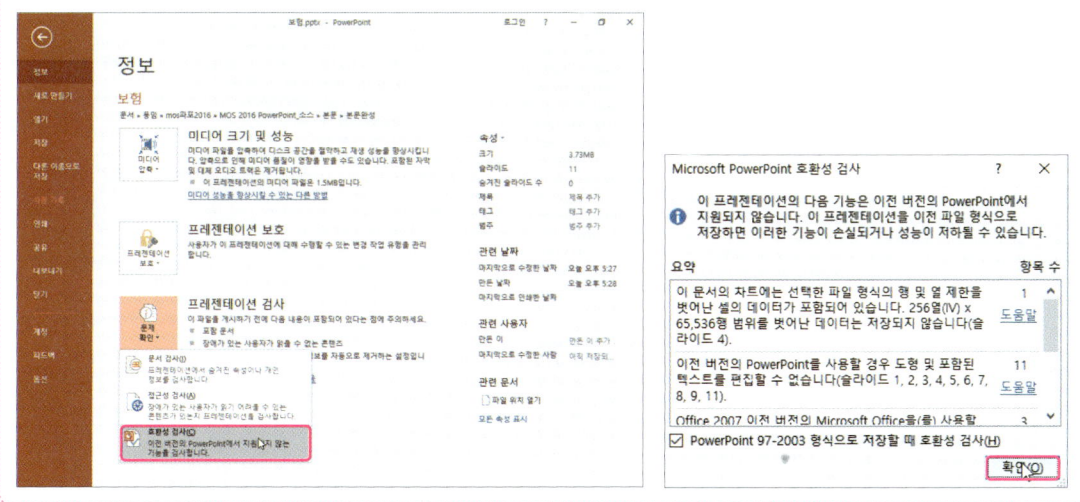

 **적응 문제**

⊙ 예제파일 : 예제5-02.pptx ⊙ 완성파일 : 완성5-02.pptx

01. 프레젠테이션에서 맞춤법 검사를 하여 "초코렛"을 "초콜릿"으로, "인슈린"을 "인슐린"으로 교정합니다.

02. 호환성 검사를 실행합니다.

Section 03 프레젠테이션 보호

프레젠테이션을 보호하기 위해 최종본으로 더 이상 편집할 수 없게 하고, 암호를 입력해야만 열 수 있게 설정할 수도 있습니다. 미디어 파일을 압축하거나 글꼴을 포함하여 저장할 수 있습니다.

Check Point 프레젠테이션 보호, 최종본으로 표시, 암호 설정, 미디어 압축, 글꼴 포함, 내보내기

예제파일 : 보험-3.pptx

Skill 01 프레젠테이션 보호
파일을 최종본으로 표시하고, 다시 편집할 수 있도록 설정합니다.

01 파일을 최종본으로 표시하기 위해 [파일] 탭 - [정보]에서 [프레젠테이션 보호] - **[최종본으로 표시]**를 클릭합니다.

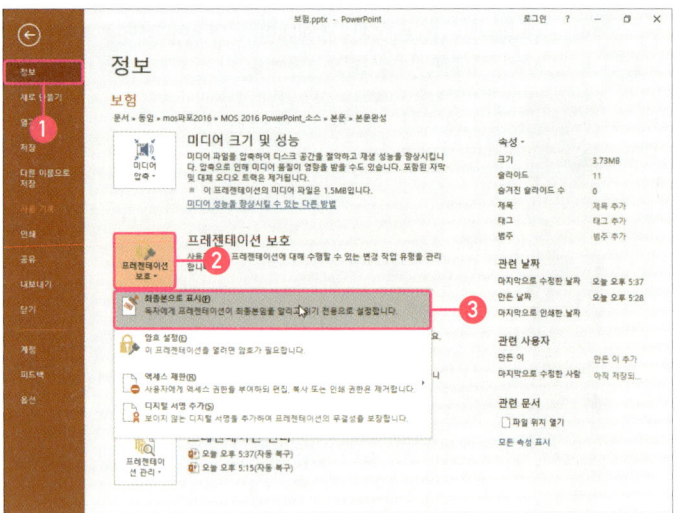

02 프레젠테이션의 최종본으로 표시되고 저장된다는 대화상자가 나타나면 [확인] 단추를 클릭합니다.

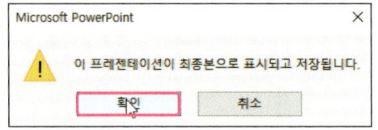

03 편집이 완료되었으며 이 문서가 최종본으로 표시되었다는 대화상자가 나타나면 [확인] 단추를 클릭합니다.

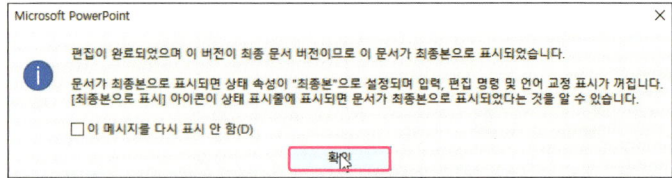

04 문서가 최종본으로 표시되면서 편집 메뉴 및 언어 교정 표시가 비활성화됩니다. 왼쪽 하단에 [최종본으로 표시(🖉)]가 나타납니다. 다시 편집하려면 **[계속 편집]** 단추를 클릭합니다.

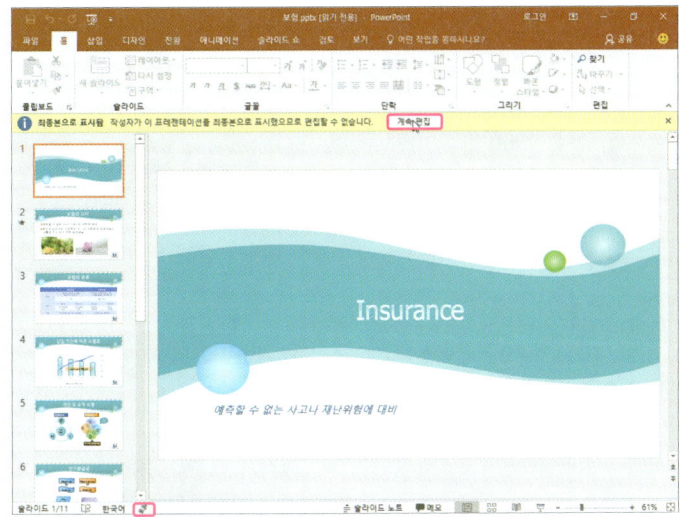

05 다시 편집할 수 있게 비활성이던 편집 메뉴와 언어 교정 표시가 활성화됩니다. 하단 왼쪽에 [최종본으로 표시(🖉)]도 사라졌습니다.

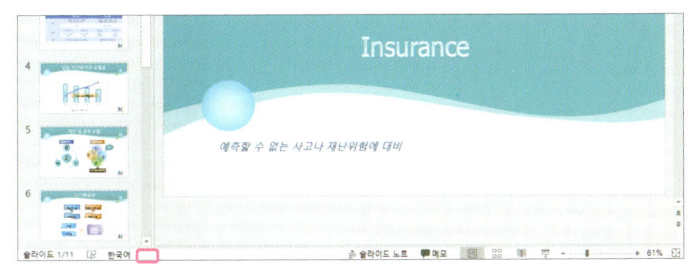

Skill 02 암호 설정하기

프레젠테이션에 "0000"으로 암호를 설정하고, 프레젠테이션에 저장합니다.

01 암호를 설정하기 위해 [파일] 탭 - [정보]에서 [프레젠테이션 보호] - **[암호 설정]**을 클릭합니다.

Chapter 5 • 프레젠테이션 정렬과 보호 **169**

02 [문서 암호화] 대화상자에서 '**0000**'을 입력하고 [확인] 단추를 클릭합니다. [암호 확인] 대화상자에서 다시 '**0000**'을 입력한 후 [확인] 단추를 클릭합니다.

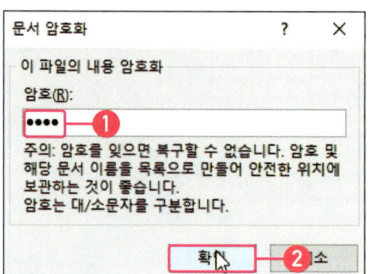 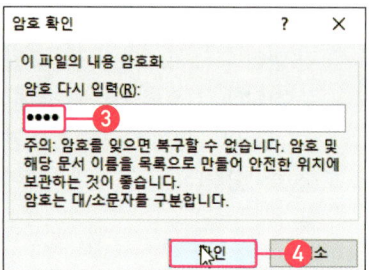

PLUS
암호를 영문으로 입력할 경우 대/소문자를 구분하여 입력해야 합니다.

03 프레젠테이션이 보호되었습니다. [**저장**]을 클릭하여 암호화 문서를 저장합니다. 다시 문서를 열 때는 설정한 암호를 입력해야 문서가 열립니다.

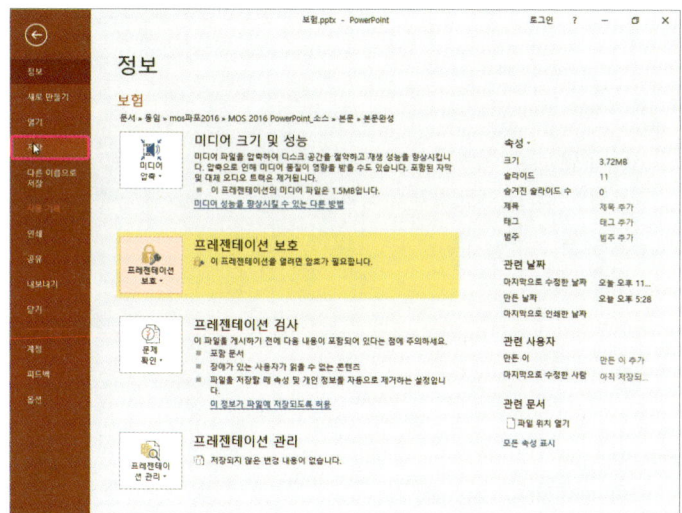

PLUS

암호 해제 방법
[파일] 탭 – [정보]에서 [프레젠테이션 보호] – [암호 설정]을 클릭한 후 [문서 암호화] 대화상자의 암호에 설정된 암호를 지운 후 [확인] 단추를 클릭합니다.

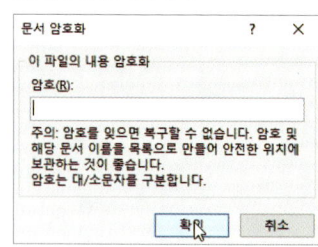

Skill 03 프레젠테이션 압축하기

프레젠테이션에 있는 미디어 파일을 Full HD(1080p) 품질로 압축합니다.

01 미디어 파일을 압축하기 위해 [파일] 탭 - [정보]에서 [미디어 압축] - **[Full HD(1080p)]** 를 클릭합니다.

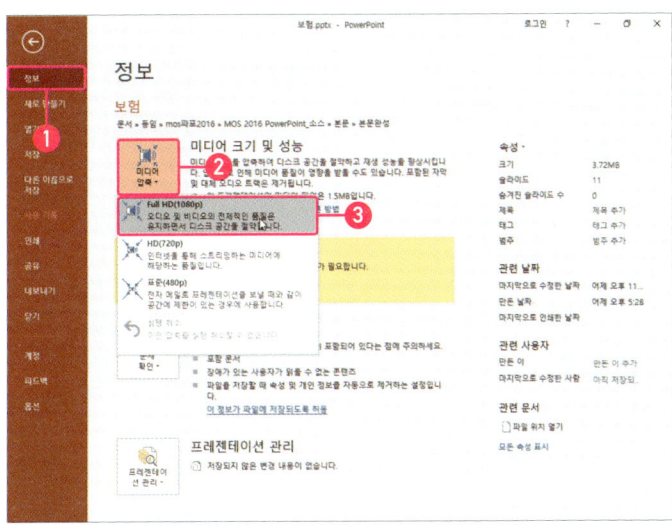

PLUS
설치된 버전에 따라 표현이 다를 수 있습니다.
- 프레젠테이션 품질 = Full HD(1080p)
- 인터넷 품질 = HD(720p)
- 저품질 = 표준(480p)

PLUS
미디어 파일이 포함되어 있는 프레젠테이션에만 미디어 크기 및 성능 기능이 보여집니다.

02 미디어 압축이 진행됩니다. 압축이 완료되면 [미디어 압축] 대화상자의 [닫기] 단추를 클릭합니다.

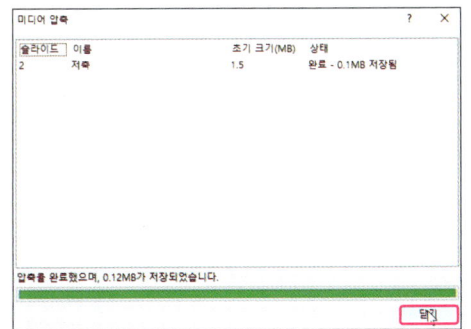

03 [미디어 크기 및 성능]에서 압축된 미디어 파일 용량, 미디어 파일 품질 등을 확인할 수 있습니다.

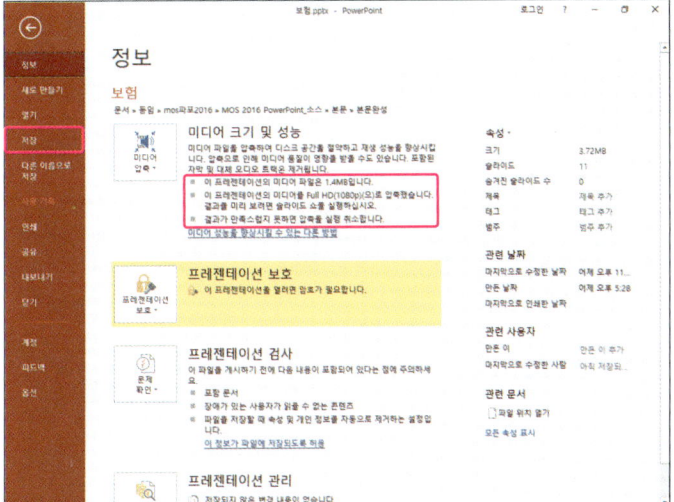

PLUS
미디어 압축 품질이 마음에 들지 않으면 [미디어 압축] - [실행 취소]를 클릭하여 압축을 취소합니다.

Chapter 5 · 프레젠테이션 정렬과 보호 **171**

글꼴 포함해서 저장하기

프레젠테이션에서 사용된 글꼴만 포함되도록 설정하고 저장합니다.

01 프레젠테이션에 사용된 문자의 글꼴을 포함하여 저장하기 위해 [파일] 탭 - **[옵션]**을 클릭합니다.

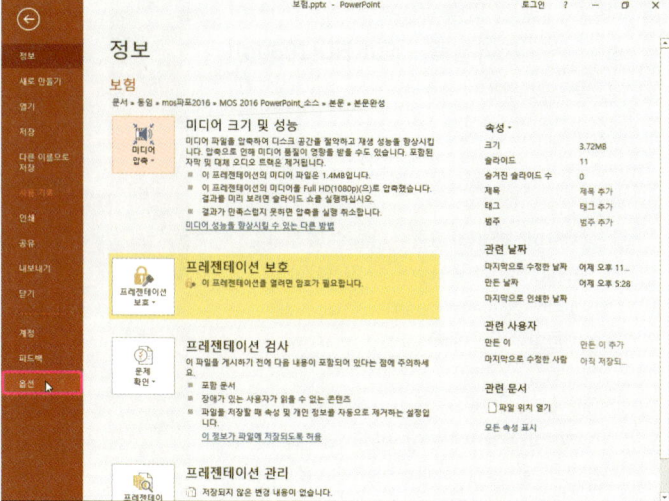

> **PLUS**
> [새로 만들기]에서 [주요 서식 파일]의 목록은 설치된 버전이나 업데이트 상황 등에 따라 다를 수 있습니다.

02 [PowerPoint 옵션] 대화상자에서 [저장] 범주를 클릭합니다. '**파일의 글꼴 포함**'에 체크한 후 '**프레젠테이션에 사용되는 문자만 포함(파일 크기를 줄여줌)**'을 클릭합니다. [파일] 탭 - [저장]을 클릭하여 글꼴이 포함된 프레젠테이션을 저장합니다.

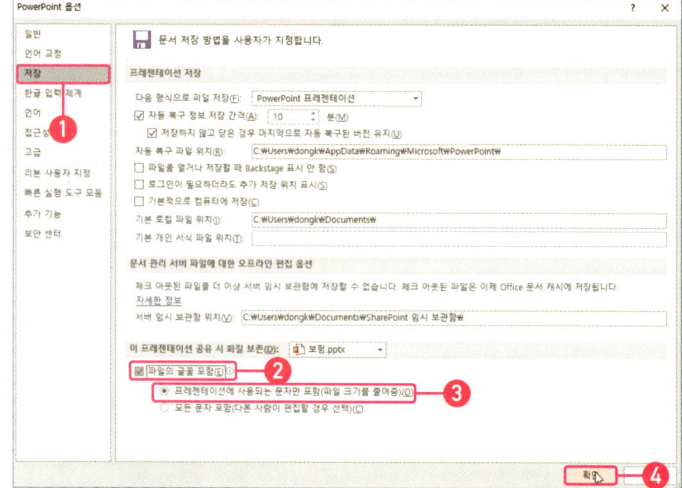

> **PLUS**
> 글꼴을 포함해서 저장을 하면 글꼴이 없는 PC에서도 프레젠테이션을 제대로 실행할 수 있습니다. 다른 사람이 같이 편집할 경우에는 '모든 문자 포함'을 선택하여 저장해야 하는데, 문서에 용량을 많이 차지하는 단점이 있습니다.

프레젠테이션 내보내기

프레젠테이션을 연결된 파일과 사용한 글꼴을 모두 포함하여 "보험종류"라는 이름으로 폴더를 만들고, CD용 패키지로 내보내기 합니다.

01 [파일] 탭 - [내보내기]에서 [CD용 패키지 프레젠테이션]을 클릭한 다음 **[CD용 패키지]**를 클릭합니다.

02 [CD용 패키지] 대화상자에서 복사할 파일 목록에 현재 열려 있는 프레젠테이션이 자동으로 나타납니다. [옵션] 단추를 클릭합니다.

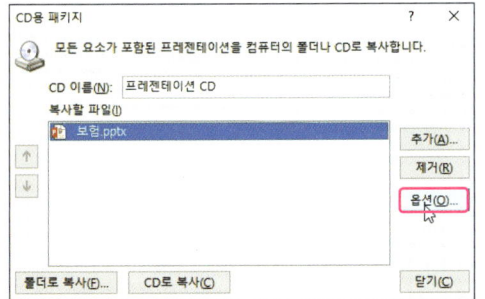

03 [옵션] 대화상자에서 **'연결된 파일'**과 **'포함된 트루타입 글꼴'**에 모두 체크되어 있는지 확인한 후 [확인] 단추를 클릭합니다.

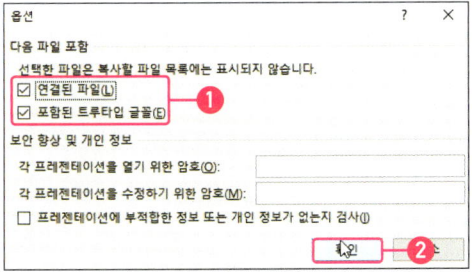

04 [CD용 패키지] 대화상자의 CD 이름에 '**보험종류**'라 입력하고, [폴더로 복사] 단추를 클릭합니다.

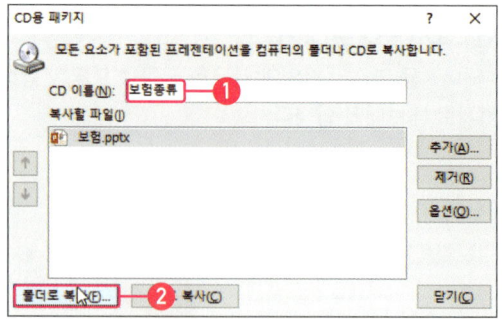

05 [폴더에 복사] 대화상자의 폴더 이름에 자동으로 '보험종류' 이름이 입력되어 있습니다. 저장 위치를 확인한 후 [확인] 단추를 클릭합니다.

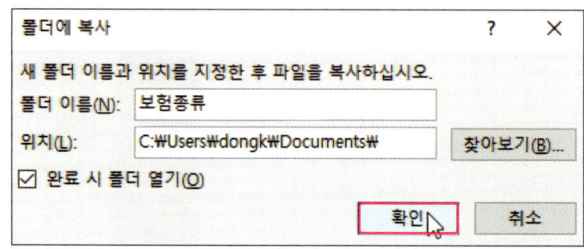

06 연결된 파일을 패키지에 포함하겠냐는 물음에 [예] 단추를 클릭합니다.

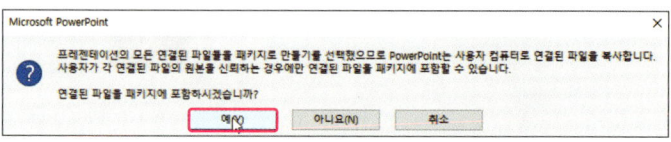

07 CD용 패키지가 만들어지면 폴더가 자동으로 열립니다. '보험종류' 폴더 안에 CD용 패키지가 만들어졌습니다.

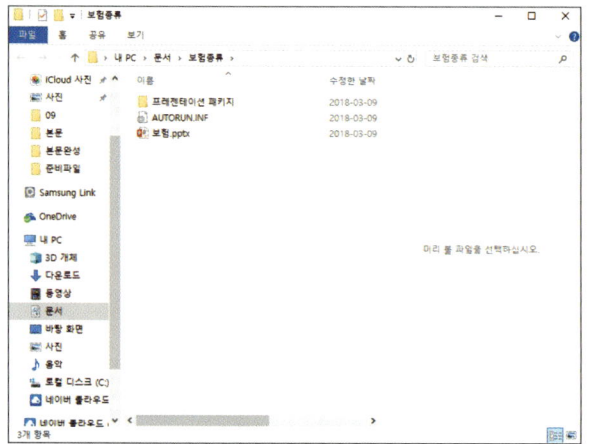

⊙ 예제파일 : 예제5-03.pptx   ⊙ 완성파일 : '영양소' 폴더. 완성5-03.pptx

01. 프레젠테이션에 있는 미디어 파일을 표준(480p) 품질로 압축합니다.

02. 프레젠테이션을 연결된 파일과 사용한 글꼴을 모두 포함하여 "<u>영양소</u>"라는 이름으로 폴더를 만들고, CD용 패키지로 내보내기 합니다.

03. 프레젠테이션에 "<u>1212</u>"로 암호를 설정하고, 프레젠테이션에 저장합니다.

· MEMO ·

Part 02

실전 문제

Chapter 1

모의고사

01 실전모의고사
02 실전모의고사
03 실전모의고사

01 실전모의고사

MOS Powerpoint 2016

프로젝트 01

개요

당신은 빅데이터의 경제적 효과에 관한 보고서를 상사에게 제출하기 위해 프레젠테이션을 작성하고 있습니다.

◉ **예제 파일** : 프로젝트1.pptx, 경제효과.xlsx | ◉ **완성 파일** : 프로젝트1(완성).pptx

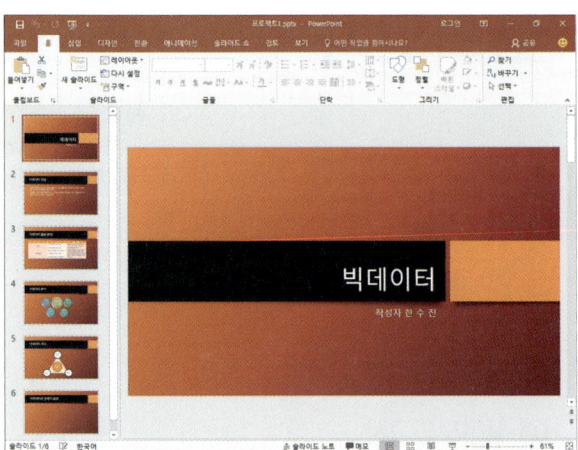

작업 1

왼쪽에는 콘텐츠 개체가 있고, 오른쪽에는 그림 개체가 있는 "콘텐츠 및 그림"이라는 새로운 슬라이드 레이아웃을 만듭니다. 다른 모든 기본 개체들은 그대로 유지합니다. 새로운 개체의 크기와 위치는 중요하지 않습니다.

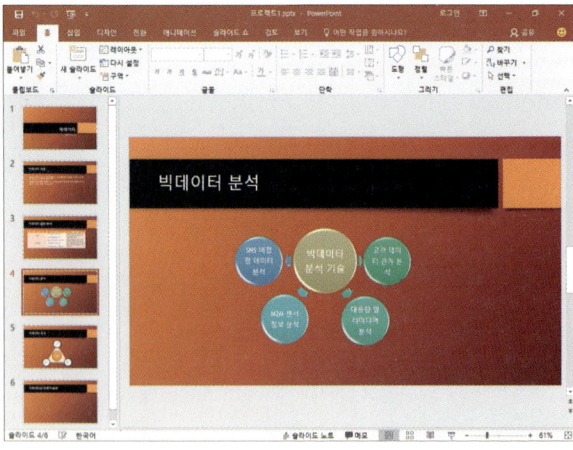

작업 2

슬라이드4에서 분기 방사형을 방사 주기형 SmartArt 그래픽으로 변환합니다.

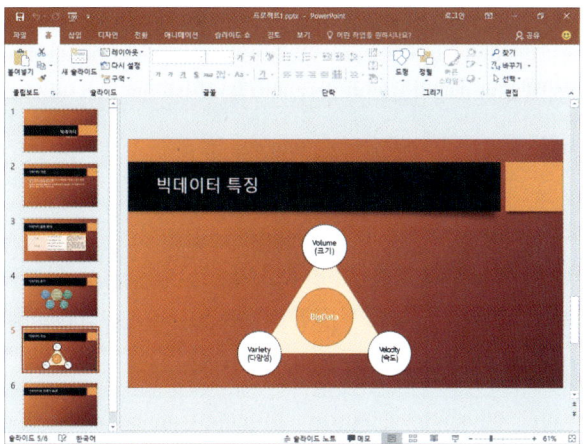

슬라이드5에서 삼각형의 색상을 녹색으로 바꾼 후 윤곽선은 검정, 배경 1로 바꿉니다.

슬라이드5에서 모든 도형 개체를 그룹으로 묶습니다.

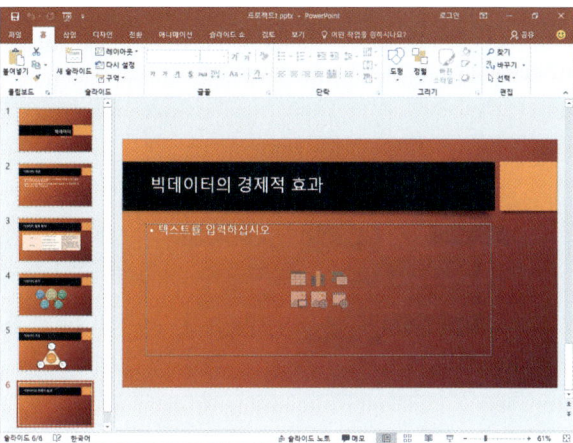

슬라이드6에 *경제효과.xlsx* 파일의 표를 추가합니다.

모든 슬라이드에 나타내기 전환을 추가합니다.

개요

당신은 공무원으로 농업 경제 연례회의를 위해 프레젠테이션을 작성하고 있습니다.

⊙ **예제 파일** : 프로젝트2.pptx, 유기농업.docx | ⊙ **완성 파일** : 프로젝트2(완성).pptx

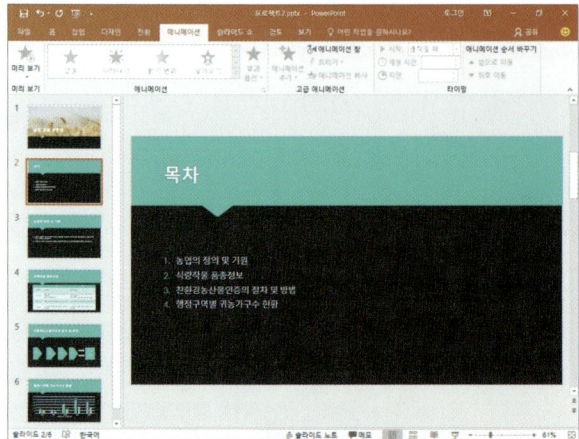

슬라이드2의 내용 텍스트에 왼쪽에서 날아오기 애니메이션을 적용합니다.

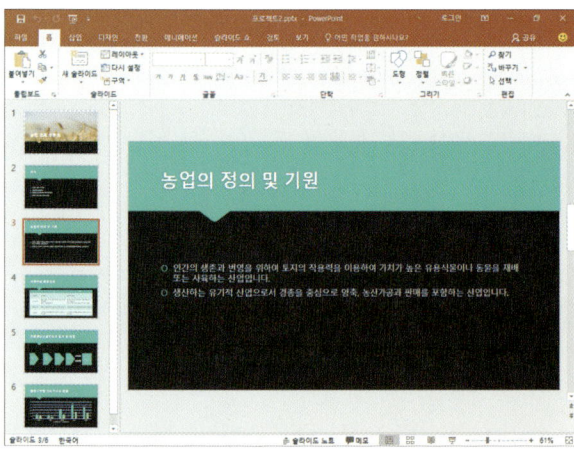

슬라이드3에서만 "농업정의"라는 문구로 바닥글을 추가합니다.

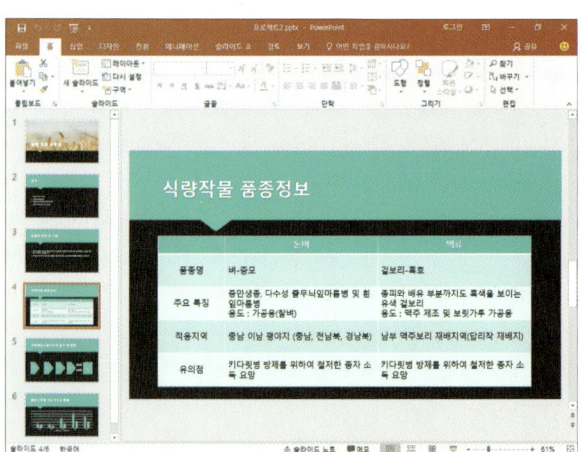

슬라이드4에 있는 표의 스타일을 보통 스타일4-강조3으로 변경합니다.

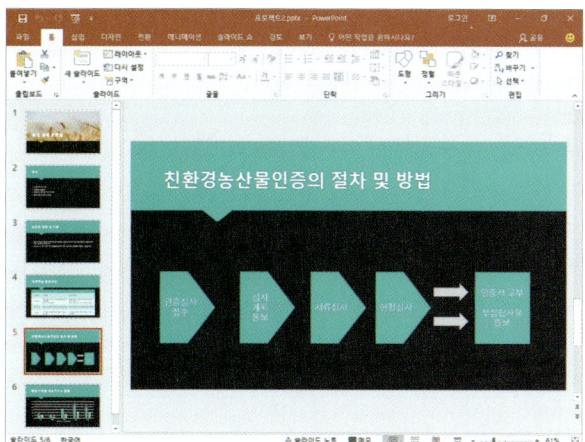

슬라이드5에 있는 화살표:오각형의 가로 간격을 동일하게 적용합니다.

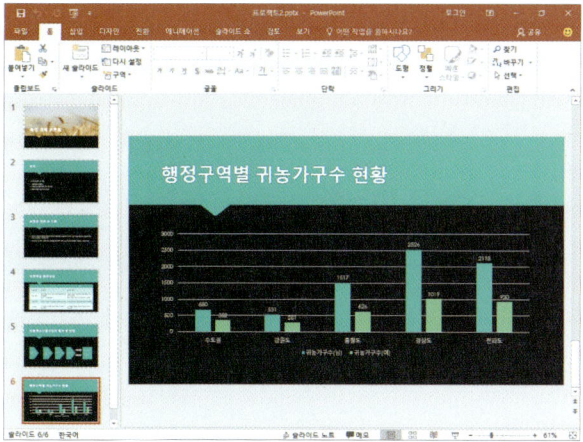

슬라이드6에 있는 차트에서 "귀농가구수(여)" 계열만 꺾은선형 차트로 변경합니다.

유기농업.docx 파일을 프레젠테이션 맨 마지막에 슬라이드 개요로 추가합니다.

개요

당신은 평생학습계좌제에 대해 강의할 프레젠테이션을 준비하고 있습니다.

예제 파일 : 프로젝트3.pptx | 완성 파일 : 프로젝트3(완성).pptx

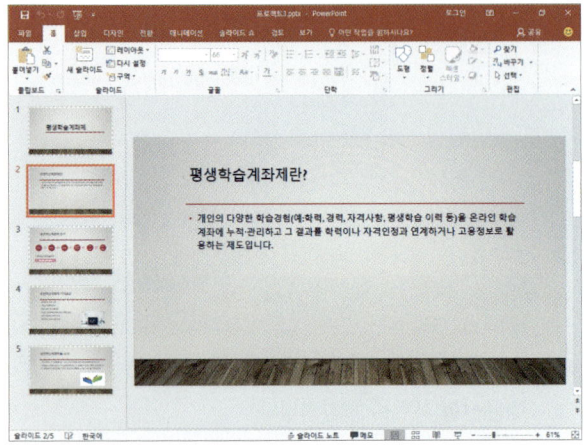

슬라이드2에서 제목 텍스트의 문자 간격을 넓게(4포인트)로 변경한 다음, 텍스트 그림자를 적용합니다.

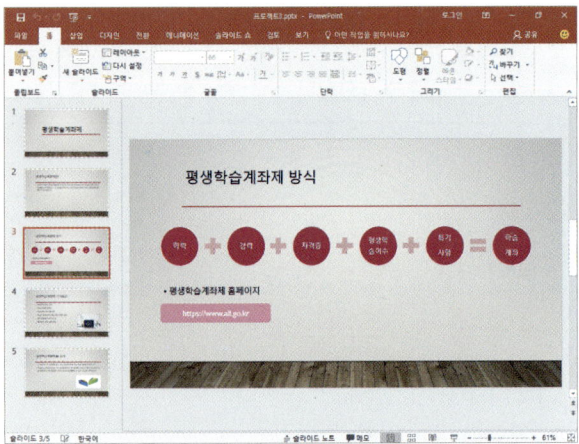

슬라이드3에서 둥근 모서리 사각형에 하이퍼링크 "http://www.all.go.kr"을 추가합니다.

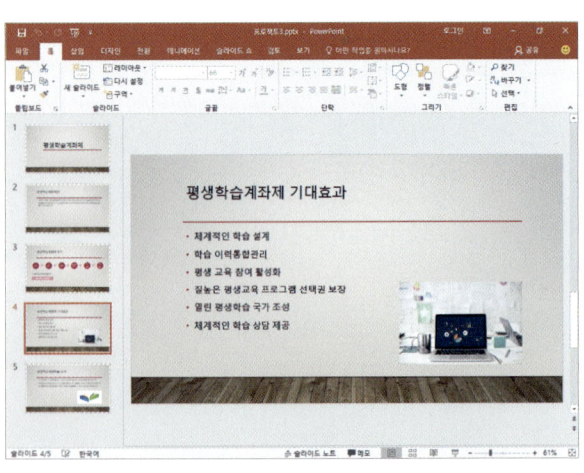

슬라이드4 앞에 "기대효과"라고 하는 구역을 추가합니다.

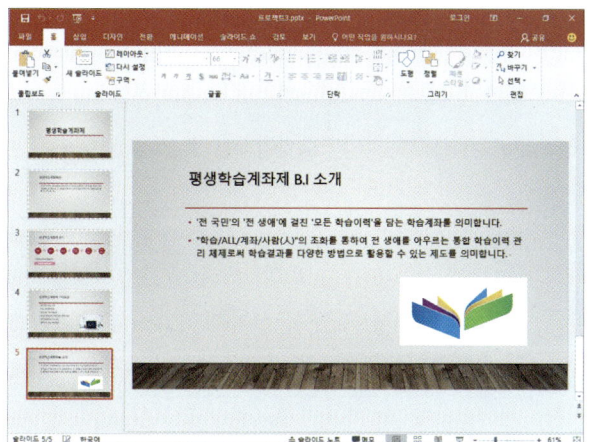

슬라이드5의 그림에 바깥쪽 방향의 오프셋 오른쪽 아래 그림자 효과를 적용합니다. 그림의 그림자 색을 청회색, 강조6으로 하고 그림자의 크기를 102%로, 간격을 7포인트로 설정합니다.

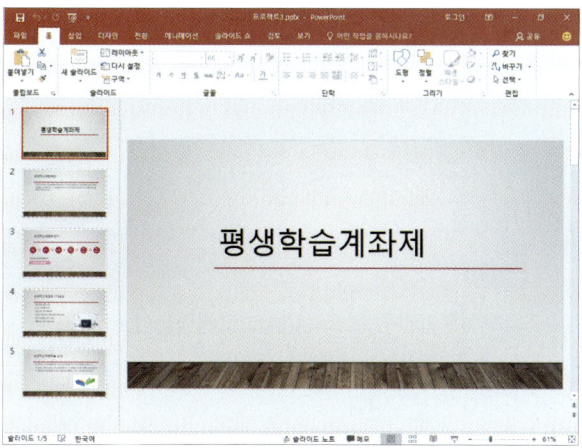

"기대효과" 구역만 인쇄되도록 인쇄를 구성합니다.

개요

당신은 상사에게 국세행정 운영방안에 관한 프레젠테이션을 작성하여 보고할 예정입니다.

예제 파일 : 프로젝트4.pptx | 완성 파일 : 프로젝트4(완성).pptx

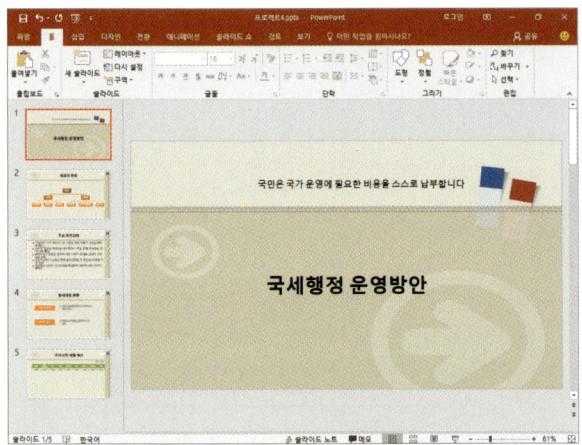

작업 1

슬라이드 너비를 29.7cm, 높이를 21.0cm로 변경합니다. 콘텐츠를 슬라이드에 맞게 조정합니다.

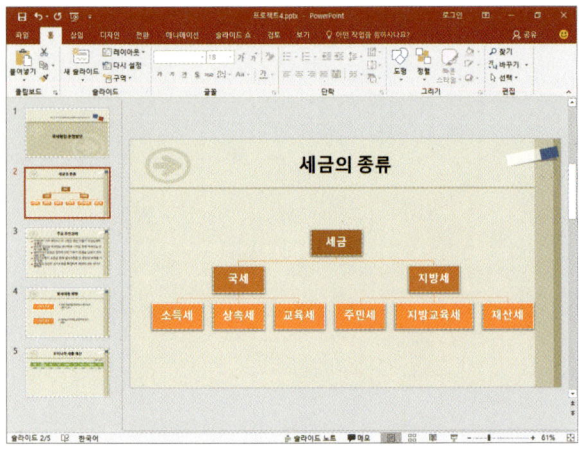

작업 2

슬라이드2에 있는 SmartArt 그래픽을 1초 후에 위에서 수준(개별적으로)별로 닦아내기되도록 애니메이션 효과를 적용합니다.

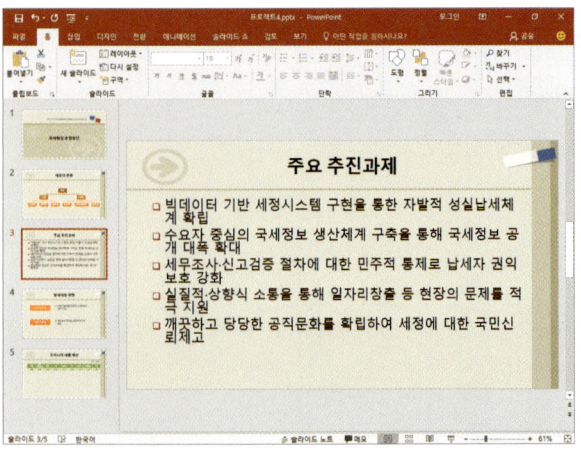

작업 3

슬라이드3에서 글머리 기호를 원 숫자로 변경하고, 색상은 자주색으로 변경합니다.

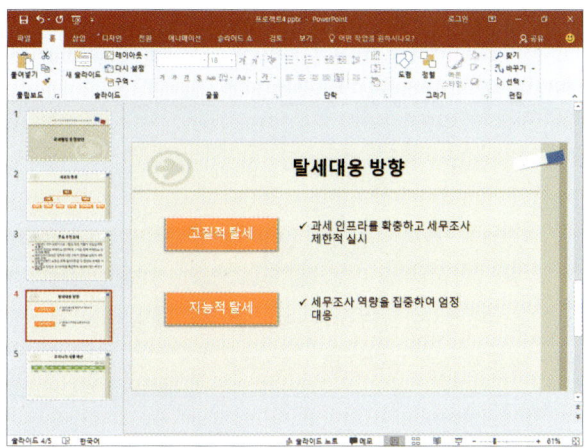

작업 4

슬라이드4에서 사각형 두 개의 크기를 각각 80%로 조정합니다. 이때 도형의 가로 세로 비율은 유지해야 합니다.

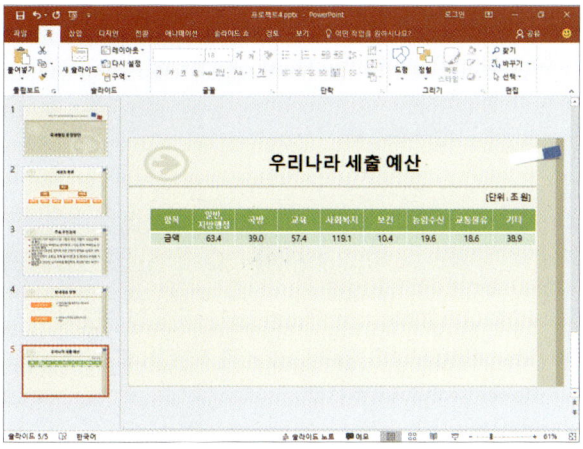

작업 5

슬라이드5의 표에 있는 수치를 사용하여 3차원 묶은 가로 막대형을 만듭니다. "예산"이라는 이름을 계열로 사용합니다. 차트의 크기 조절은 선택 사항이고 차트 제목은 보이지 않게 합니다.

개요

당신은 커피협회 직원으로 바리스타 자격증에 관한 프레젠테이션을 작성 중입니다.

◉ **예제 파일** : 프로젝트5.pptx, coffee.jpg　|　◉ **완성 파일** : 프로젝트5(완성).pptx, 바리스타.pdf

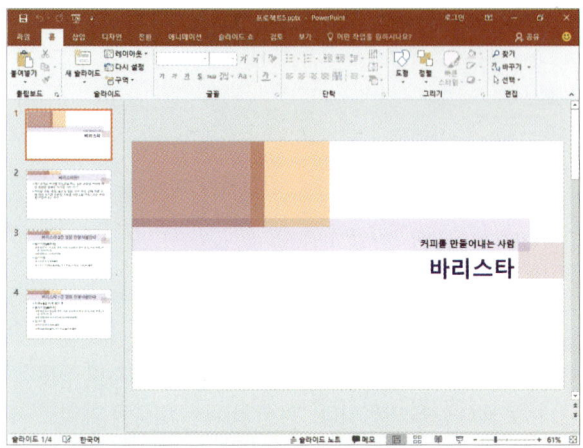

작업 1

슬라이드1에 *coffee.jpg* 파일을 왼쪽에 삽입한 후 1:1 비율의 하트 모양으로 자릅니다.

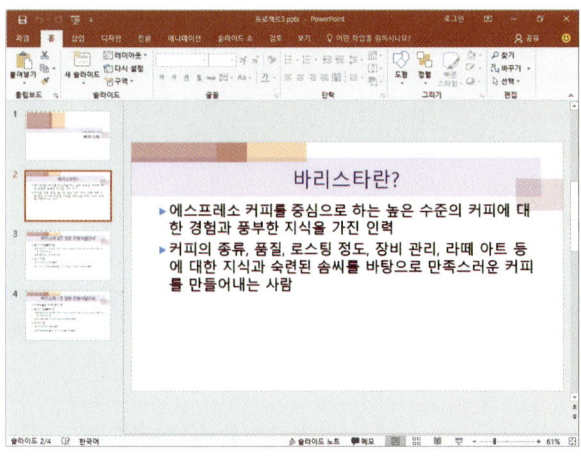

작업 2

슬라이드2에서 내용 텍스트가 2단 목록이 되도록 목록 형식을 지정하고, 간격을 3cm로 적용합니다.

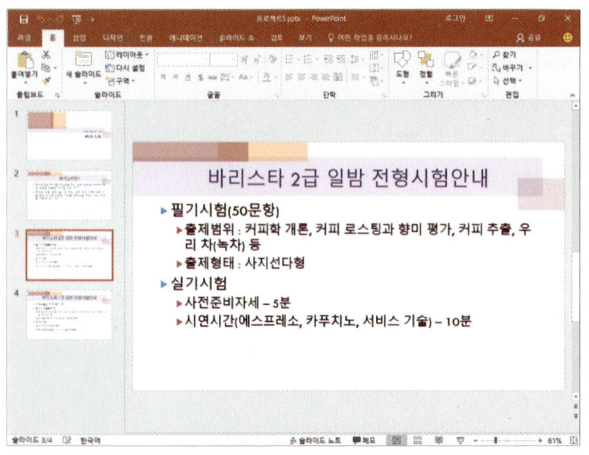

작업 3

제목 슬라이드를 제외한 모든 슬라이드에 페이지 번호와 바닥글 "시험안내"를 추가합니다.

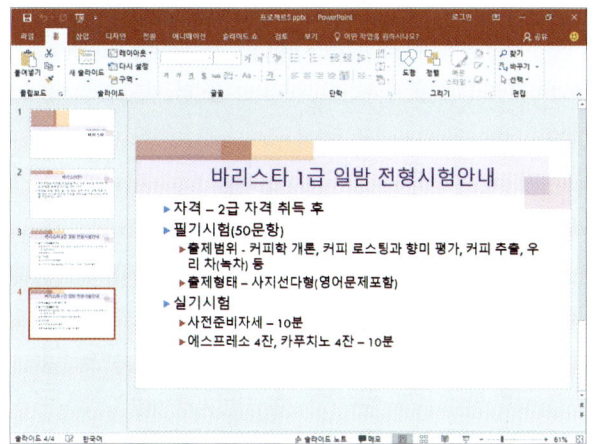

작업 4

페이지당 2개의 슬라이드가 있는 유인물의 복사본을 3부 인쇄하도록 인쇄 옵션을 설정합니다. 첫 페이지의 복사본 3부가 모두 인쇄된 후 두 번째 페이지의 복사본이 인쇄되어야 합니다.

작업 5

프레젠테이션을 "바리스타"라는 이름의 PDF 파일로 문서 폴더에 저장합니다.

개요

당신은 환경부에서 일하는 공무원으로 상사에게 보고할 물 부족 대안에 관한 프레젠테이션을 작성하고 있습니다.

● **예제 파일** : 프로젝트6.pptx, 물.jpg, 생수.mp4 | ● **완성 파일** : 프로젝트6(완성).pptx

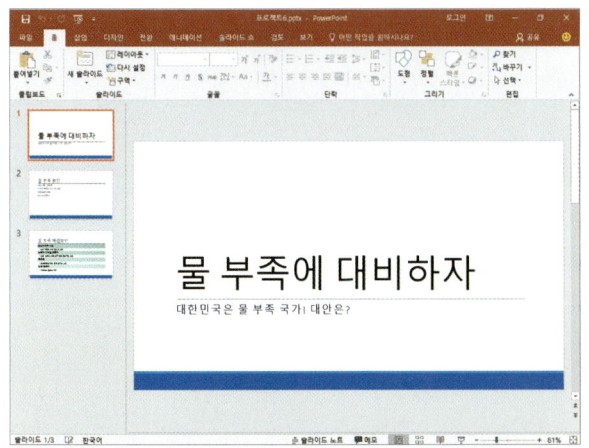

작업 1

물.jpg 파일을 슬라이드 마스터에 배경으로, 투명도는 70%로 적용합니다. 제목 슬라이드 레이아웃에는 배경 그래픽을 숨기기합니다.

작업 2

슬라이드1에 오디오가 자동으로 재생되도록 오디오 클립을 설정합니다. 쇼가 진행되는 동안에는 아이콘을 숨깁니다.

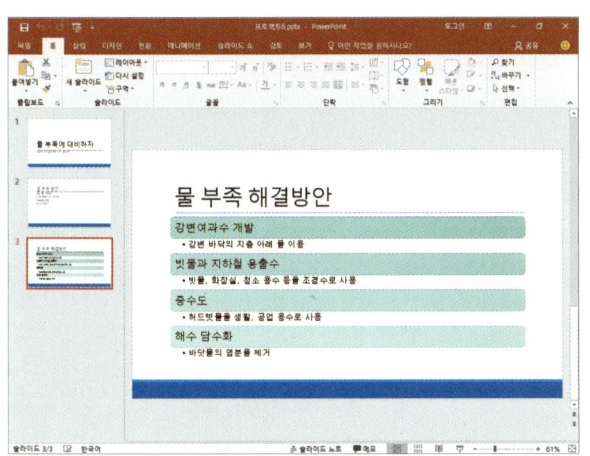

작업 3

슬라이드3을 콘텐츠 2개 슬라이드 레이아웃으로 변경합니다.

작업 4

슬라이드3에 *생수.mp4*를 추가합니다. 비디오는 가로 왼쪽 위 모서리에서 19cm, 세로 왼쪽 위 모서리에서 7cm에 위치시킵니다.

개요

당신은 식중독 예방 캠페인에 사용할 프레젠테이션을 작성하고 있습니다.

◉ **예제 파일** : 프로젝트7.pptx, 균.jpg | ◉ **완성 파일** : 프로젝트7(완성).pptx

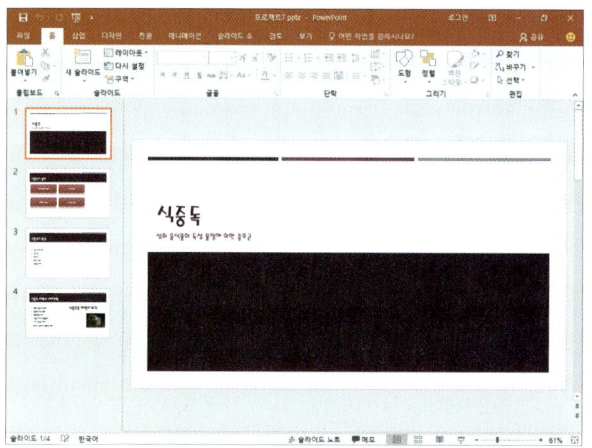

문서 속성 및 개인 정보를 제거합니다.

슬라이드 너비를 17.6cm, 높이를 25cm로 변경합니다. 콘텐츠를 슬라이드에 맞게 조정합니다.

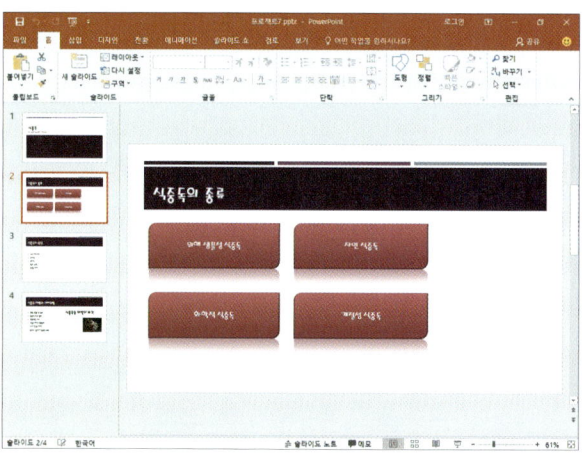

균.jpg 파일을 슬라이드2의 오른쪽 위에 배치하고, 배경을 투명한 색으로 설정합니다. 그림의 크기 조절은 선택 사항입니다.

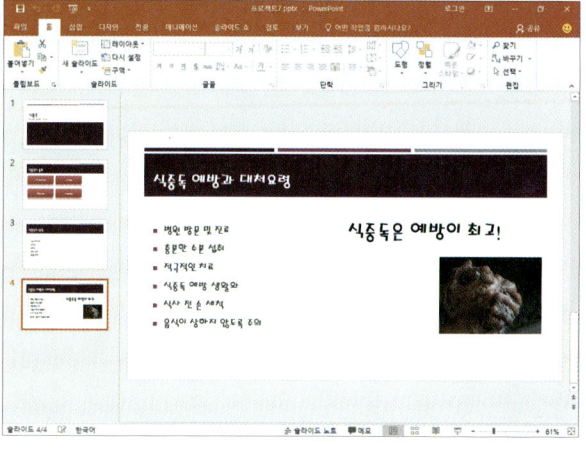

슬라이드4의 "식중독은 예방이 최고!"라는 텍스트에 채우기 : 분홍, 강조색3, 선명한 입체 WordArt 스타일을 적용합니다.

슬라이드4에 있는 그림을 11pt 진한 보라, 강조색1 네온 효과를 적용하고, 절단 입체 효과를 추가합니다.

02 실전모의고사

MOS Powerpoint 2016

개요
당신은 기획팀 직원으로 이벤트 기획안 프레젠테이션을 작성하고 있습니다.

예제 파일 : 프로젝트1.pptx | 완성 파일 : 프로젝트1(완성).pptx, 이벤트.xps

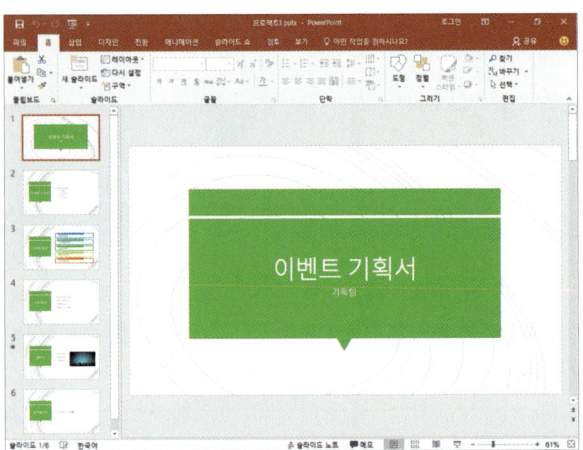

작업 1

프레젠테이션을 "이벤트"라는 이름의 XPS 파일로 문서 폴더에 저장합니다.

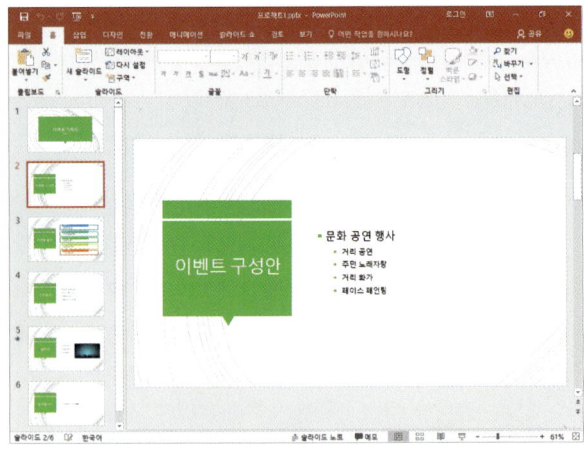

작업 2

슬라이드2의 제목 텍스트에 "페스티벌"이라는 메모를 추가합니다.

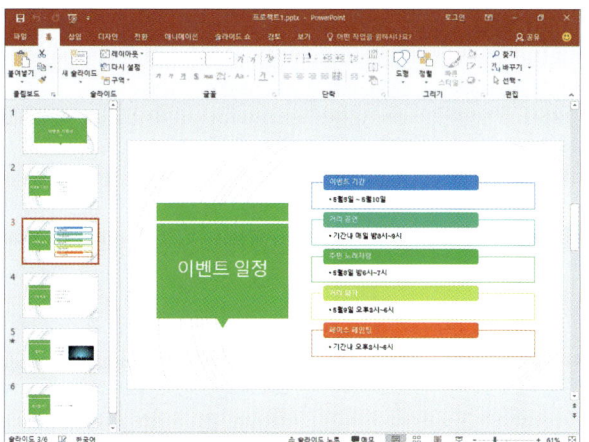

슬라이드3에 있는 SmartArt 그래픽에 세로 바깥쪽으로 나누기 애니메이션을 개별적으로 적용합니다. 1초 후에 차례대로 애니메이션 효과가 나타나도록 적용합니다.

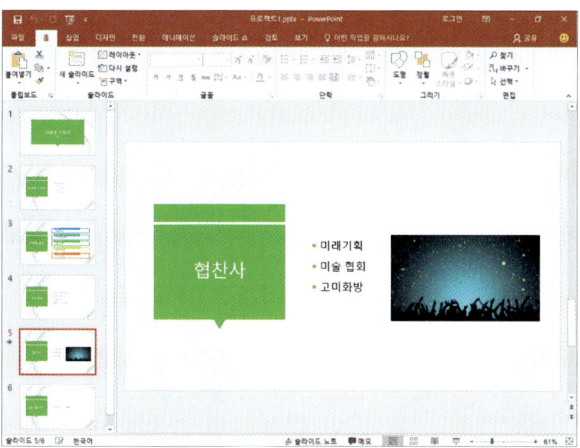

슬라이드5에 있는 비디오를 "00:02"에 시작하여 "00:30"에 종료하도록 트리밍 합니다.

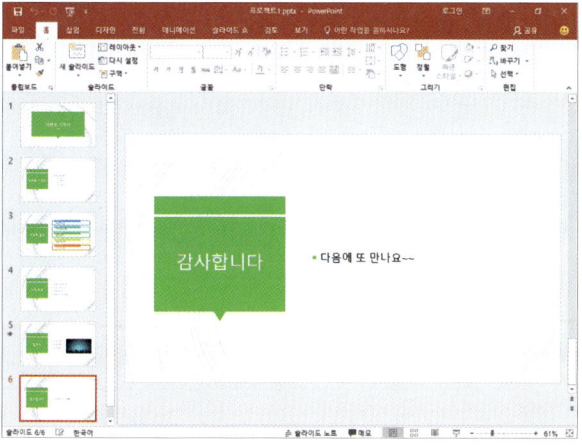

슬라이드6를 제목 슬라이드 레이아웃으로 변경합니다.

개요

당신은 아동 상담소 직원으로 아동복지프로그램에 관한 프레젠테이션을 작성하고 있습니다.

◉ 예제 파일 : 프로젝트2.pptx, 기호.png | ◉ 완성 파일 : 프로젝트2(완성).pptx

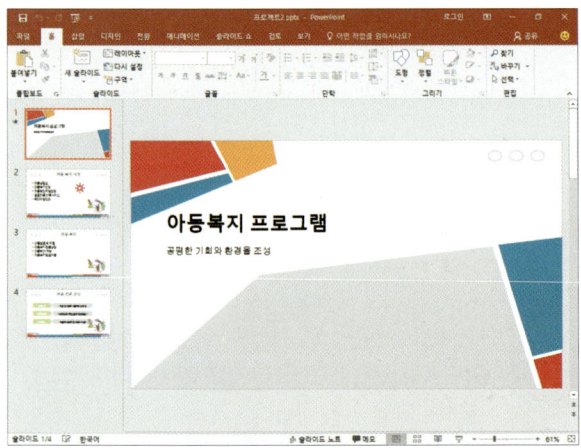

작업 1

모든 슬라이드에 깜박이기 전환 효과를 적용하고, 전환 시 기간을 3초로 설정한 후 소리를 클릭 소리로 설정합니다.

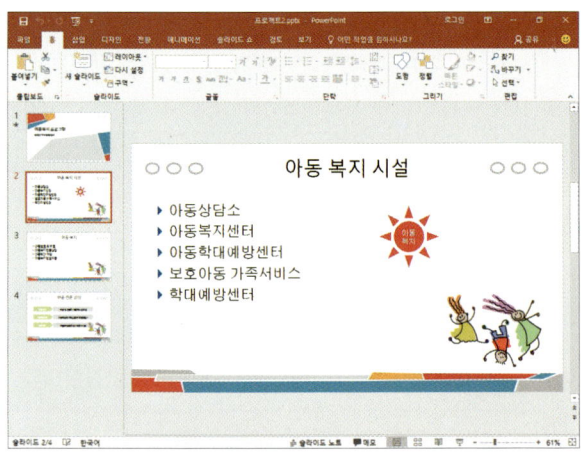

작업 2

슬라이드2에서 해의 크기가 두 배가 되도록 조정합니다. 가로 세로 비율을 유지해야 합니다.

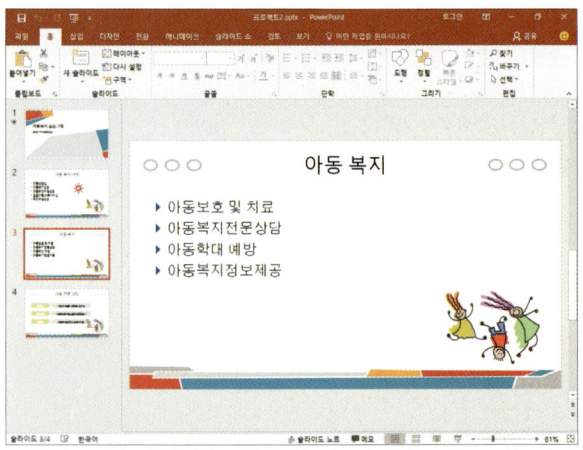

작업 3

슬라이드3에 있는 텍스트 상자의 글머리 기호를 *기호.png* 파일로 변경합니다.

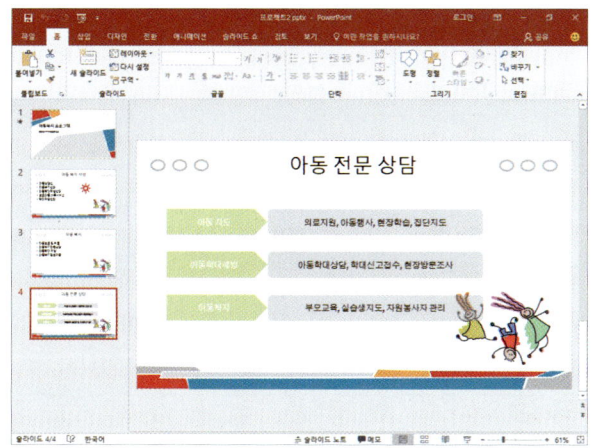

작업 4

슬라이드4에 있는 둥근 모서리 사각형들을 오크 질감으로 채워 줍니다.

작업 5

유인물 마스터에 "검토"라는 왼쪽 바닥글이 표시되도록 변경합니다.

개요

당신은 커피 음료를 만들기 위해 커피의 장단점을 파악한 프레젠테이션을 준비하고 있습니다.

예제 파일 : 프로젝트3.pptx, 커피.pptx, 커피.jpg | 완성 파일 : 프로젝트3(완성).pptx

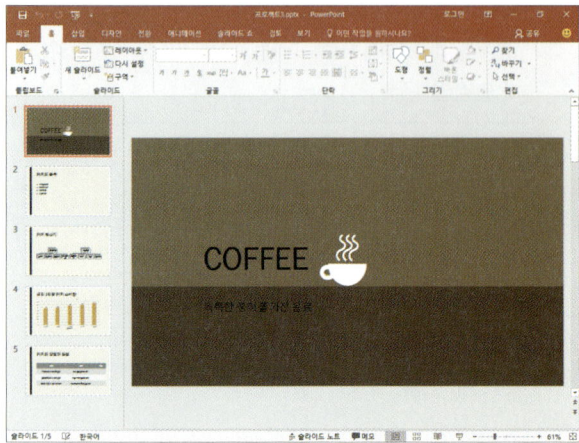

작업 1

*커피.pptx*의 3, 4, 5 슬라이드를 프레젠테이션 맨 뒤에 순서대로 추가합니다.

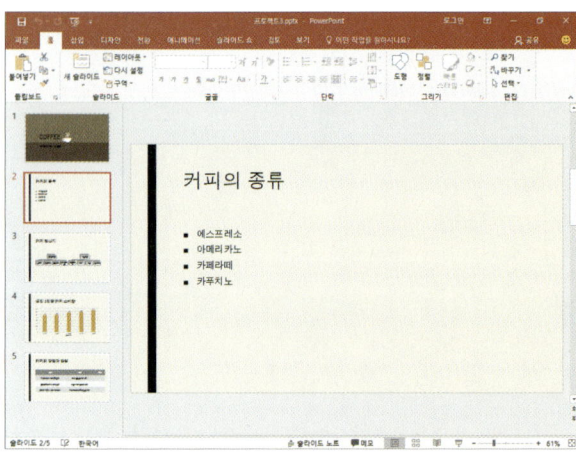

작업 2

슬라이드2에 *커피.jpg* 파일을 삽입합니다. 텍스트 오른쪽에 위치시키고, 밝기 –20%, 대비 -40%를 설정합니다.

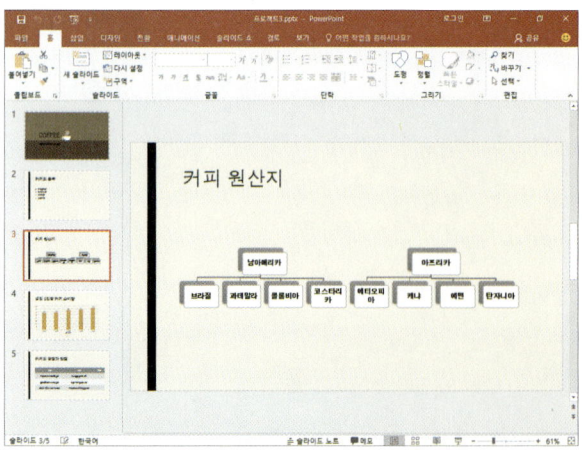

작업 3

슬라이드3에 있는 SmartArt 그래픽에 색상형 범위 – 강조색2 또는 3을 적용하고, SmartArt 스타일은 경사를 적용합니다.

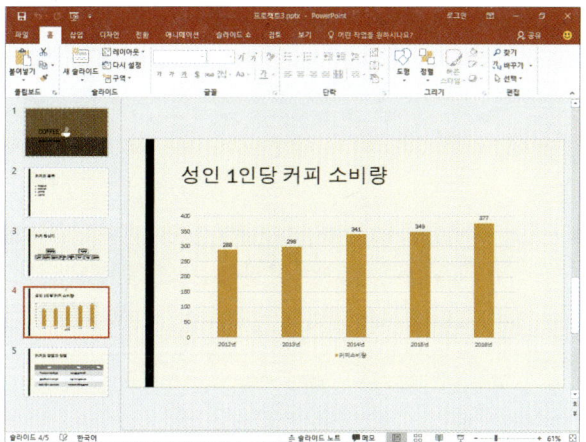

슬라이드4에 있는 차트의 스타일을 스타일4로 변경한 다음, 색을 단색형 구역에 있는 단색 색상표9로 변경합니다.

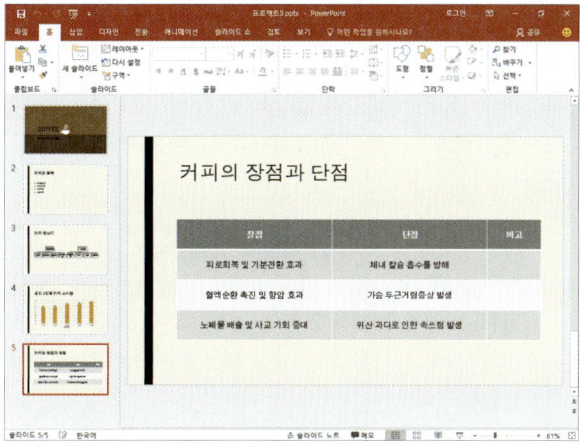

슬라이드5에서 "비고" 열을 삭제하고 표의 마지막에 한 개의 빈 행을 추가합니다.

개요

당신은 지진 대피 요령에 대해서 안내할 프레젠테이션을 작성 중입니다.

예제 파일 : 프로젝트4.pptx | 완성 파일 : 프로젝트4(완성).pptx

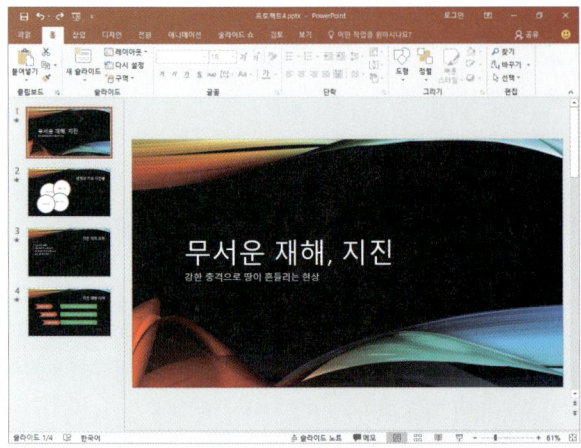

작업 1

파일 속성 범주에 "발표용"을 추가합니다.

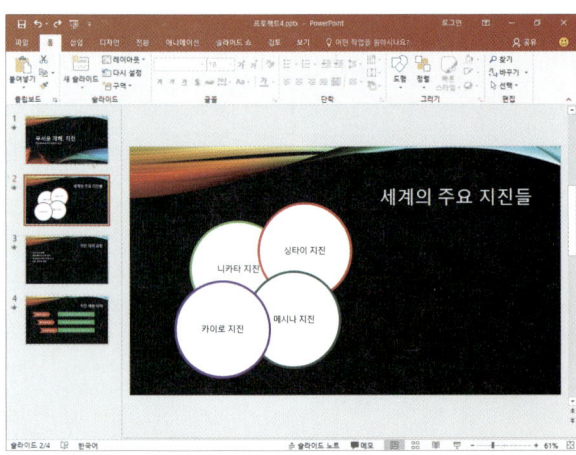

작업 2

슬라이드2에 있는 도형들이 "카이로 지진", "니카타 지진", "메시나 지진", "싱타이 지진" 순으로 보여지도록 정렬합니다.

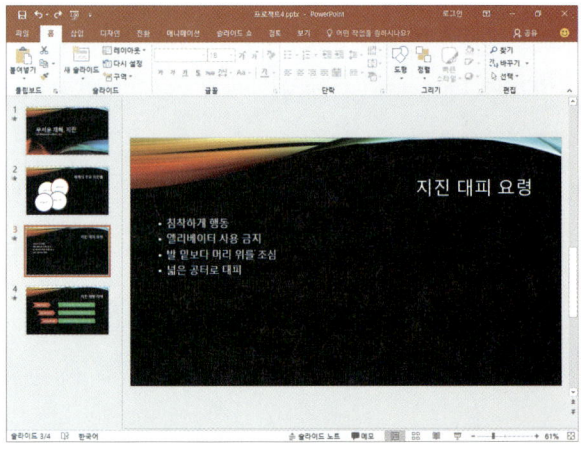

작업 3

슬라이드2에서 슬라이드3으로 전환될 때 왼쪽에서 갤러리 전환 효과를 추가합니다.

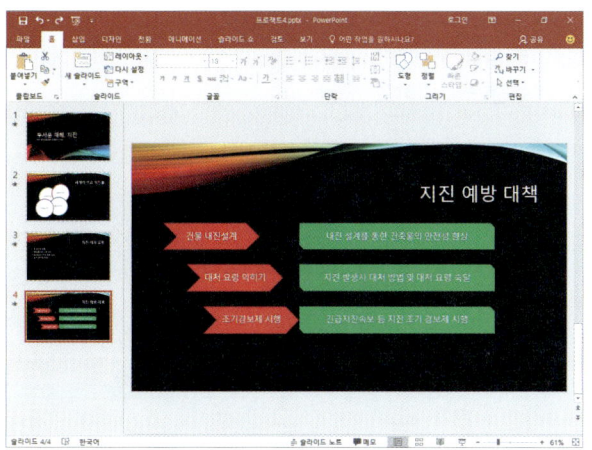

작업 4

슬라이드4의 각 화살표의 오른쪽 끝이 맨 아래에 있는 화살표의 끝과 일치하도록 정렬합니다.

작업 5

슬라이드 쇼 유형을 웹 형식으로 진행하고, 화면 전환을 수동으로 구성합니다.

개요

당신은 음주운전 예방 캠페인을 위한 프레젠테이션을 준비하고 있습니다.

예제 파일 : 프로젝트5.pptx | 완성 파일 : 프로젝트5(완성).pptx

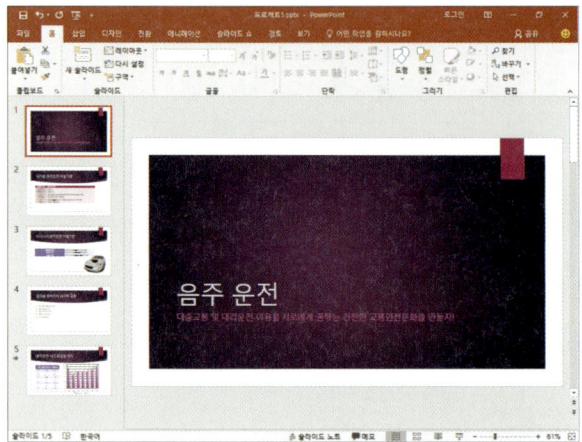

작업 1

슬라이드 1, 3, 5만 포함하는 "음주운전사고"라는 이름의 슬라이드 쇼를 재구성합니다.

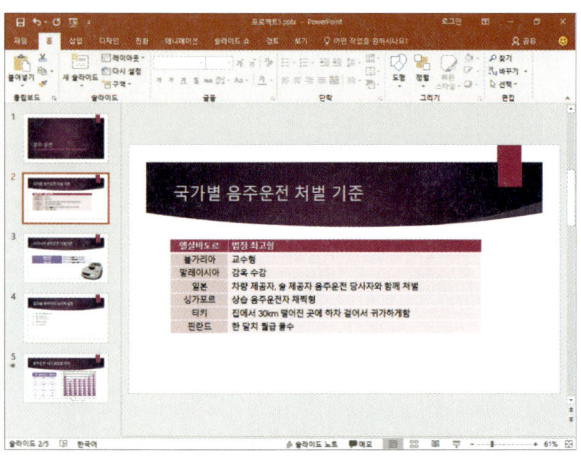

작업 2

슬라이드2에 있는 표에 보통 스타일2-강조2를 적용합니다. 첫째 열을 진하게 하고, 첫째 행은 진하지 않게 표 스타일을 변경합니다.

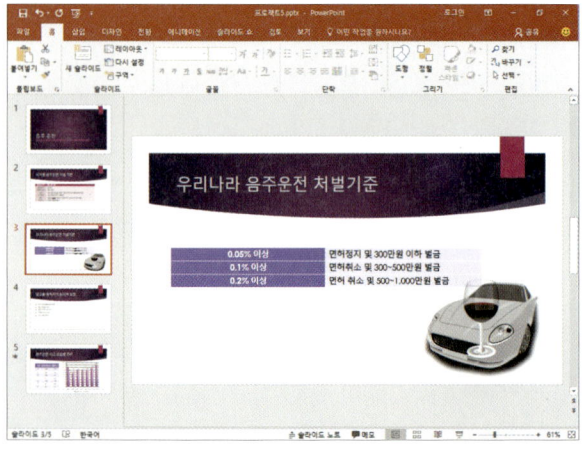

작업 3

슬라이드3에 있는 그림을 복사 꾸밈 효과로 변경합니다.

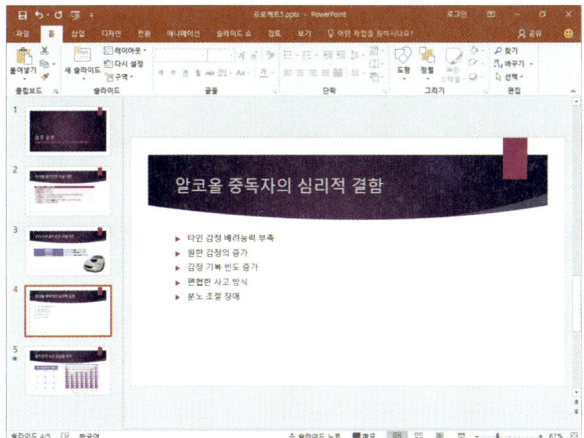

작업 4

제목 슬라이드를 제외한 모든 슬라이드에 페이지 번호를 추가하고, 슬라이드4에만 "알코올 중독자"라는 문구로 바닥글을 추가합니다.

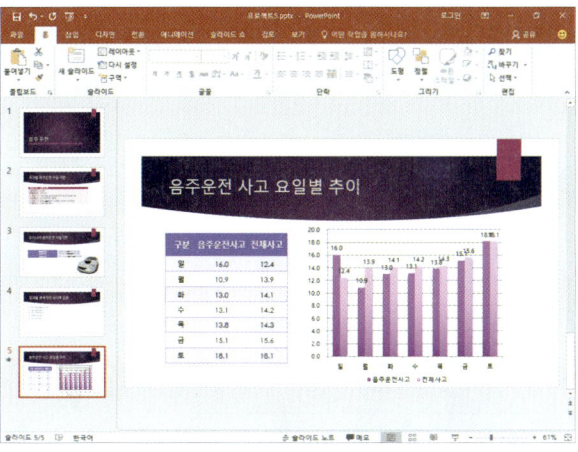

작업 5

슬라이드5의 차트에 범례가 위쪽에 나타나도록 변경합니다. "전체사고"의 레이블만 차트와 가운데 맞춤으로 변경합니다.

개요

당신은 식약청의 직원으로 안전 식품에 대한 프레젠테이션을 만들고 있습니다.

● 예제 파일 : 프로젝트6.pptx | ● 완성 파일 : 프로젝트6(완성).pptx

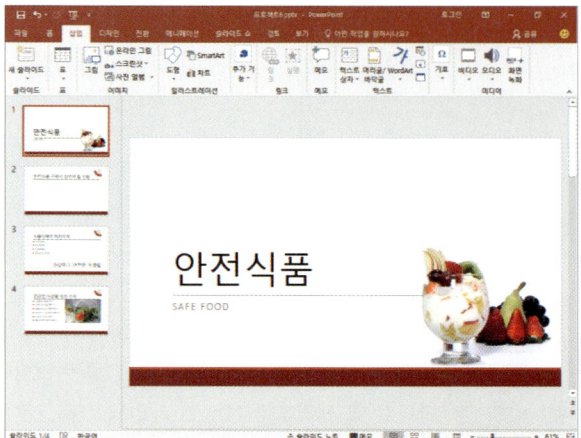

작업 1

슬라이드에서 문서를 검사하여 문서 속성 및 개인 정보와 슬라이드 외부 내용을 모두 제거합니다.

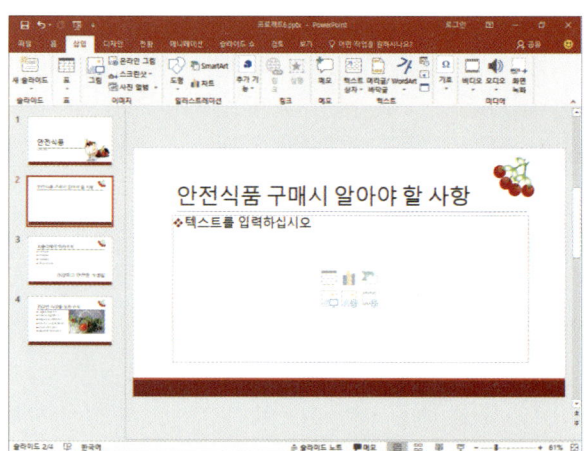

작업 2

슬라이드2에 피라미드 목록형 SmartArt를 삽입합니다. 위에서부터 아래로 "친환경 농산물 인증제", "식품이력추적관리제", "탄소성적표지인증제"라는 텍스트를 입력합니다. 광택 처리 스타일을 적용합니다. (피라미드 목록형의 크기 조절은 선택 사항입니다.)

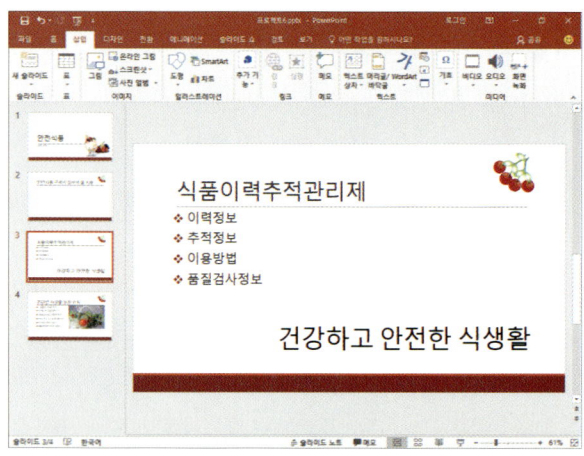

작업 3

슬라이드3의 "건강하고 안전한 식생활"이라는 텍스트에 무늬 채우기:주황, 강조색1, 50%, 진한 그림자: 주황, 강조색1 WordArt 스타일을 적용하고 계단식 위로 변환을 적용합니다.

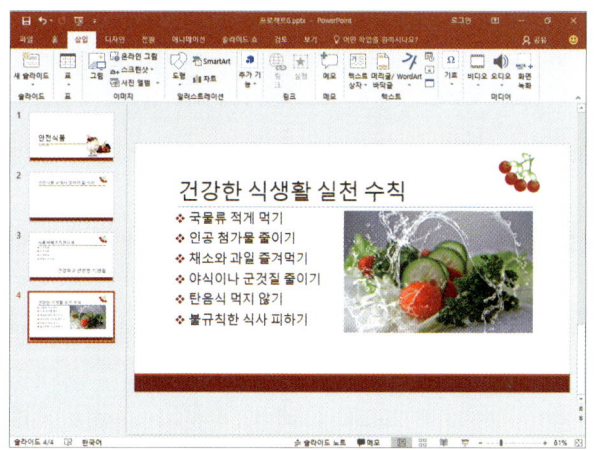

작업 4

슬라이드4에 있는 그림에 낮은 수준의 원근감, 흰색 그림 스타일을 적용합니다.

작업 5

"식품이력추적관리제" 슬라이드를 프레젠테이션 맨 끝 부분에 나타나도록 이동시킵니다.

개요

당신은 개인정보보호에 관한 강의를 위해 프레젠테이션을 작성하고 있습니다.

예제 파일 : 프로젝트7.pptx | 완성 파일 : 프로젝트7(완성).pptx

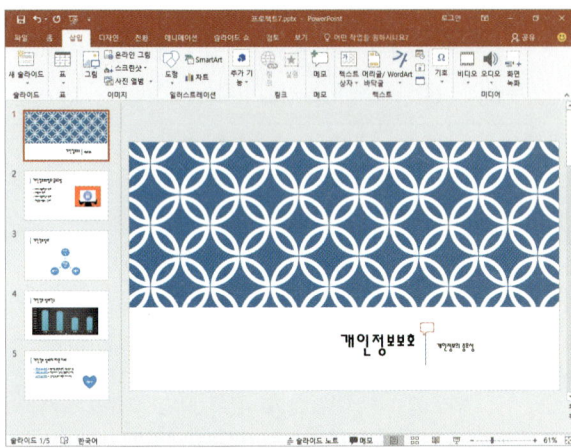

작업 1

프레젠테이션에 있는 메모를 숨깁니다.

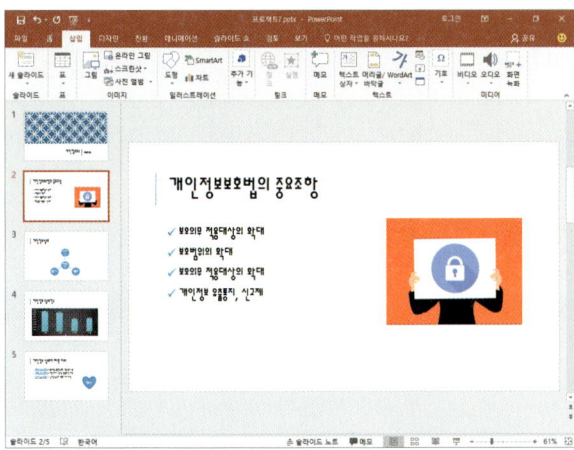

작업 2

슬라이드2에 있는 그림의 주황색 배경을 투명한 색으로 설정합니다.

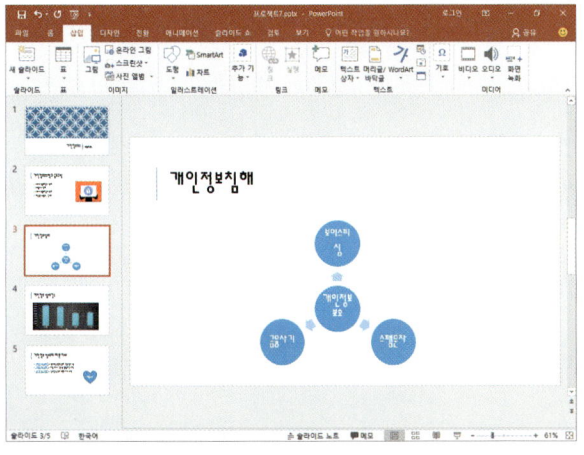

작업 3

슬라이드3에 있는 SmartArt 그래픽에 도형을 추가하고 "파밍"이라고 입력합니다.

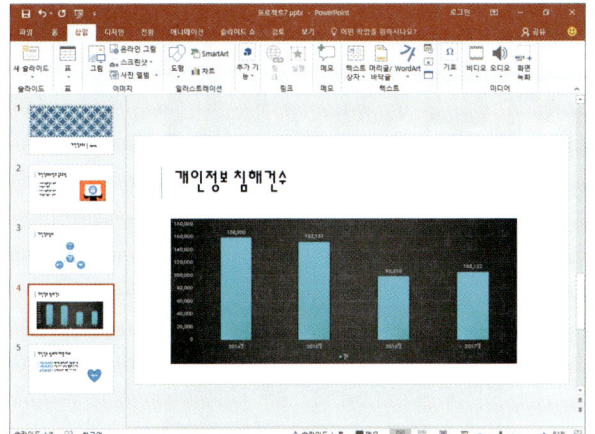

작업 4

슬라이드4에 있는 차트를 표식이 있는 꺾은선형으로 변경하고, 데이터 레이블은 위쪽으로 적용합니다.

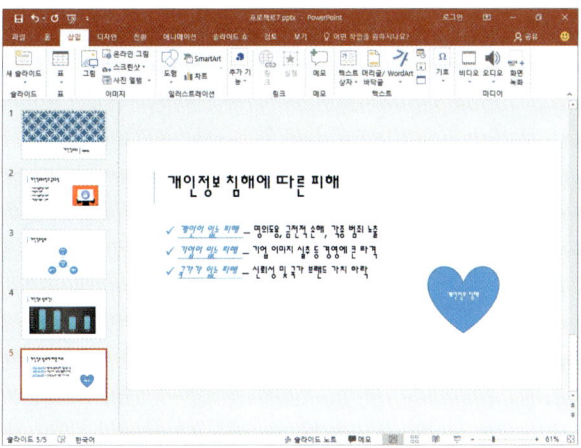

작업 5

슬라이드5에서 하트 도형을 포인트가 12개인 별 도형으로 변경합니다.

작업 6

슬라이드5에서 포인트가 12개인 별 도형에 원형 이동 경로를 적용합니다.

03 실전모의고사

MOS Powerpoint 2016

프로젝트 01

개요

당신은 산림청 직원으로 국립 자연휴양림 이용 현황에 관한 프레젠테이션을 준비하고 있습니다.

◉ 예제 파일 : 프로젝트1.pptx | ◉ 완성 파일 : 프로젝트1(완성).pptx

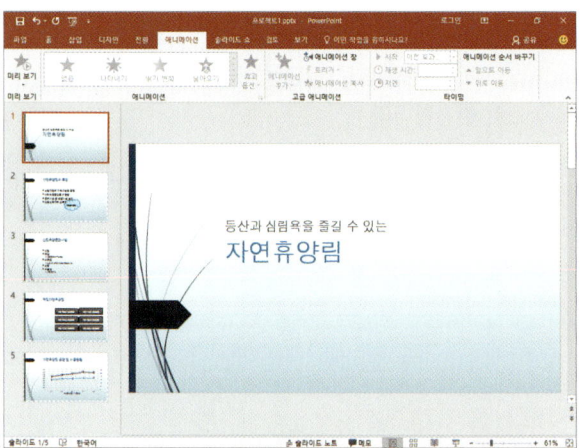

제목이 "휴양림"이 되도록 파일 속성을 변경합니다.

작업 2

슬라이드 마스터의 테마를 틀 테마로 변경한 후, 폰트를 맑은 고딕으로 변경합니다.

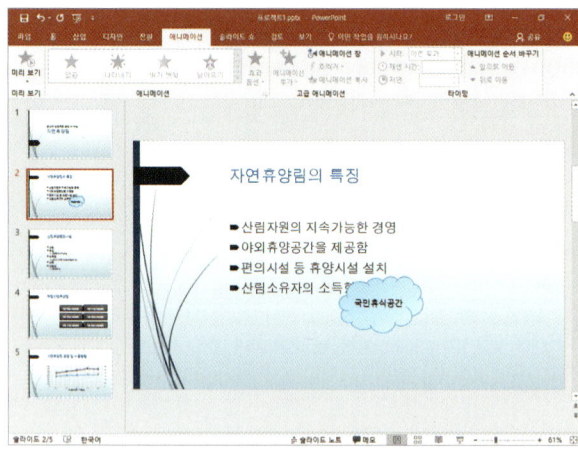

슬라이드2에 있는 텍스트를 구름 도형 앞으로 가져옵니다.

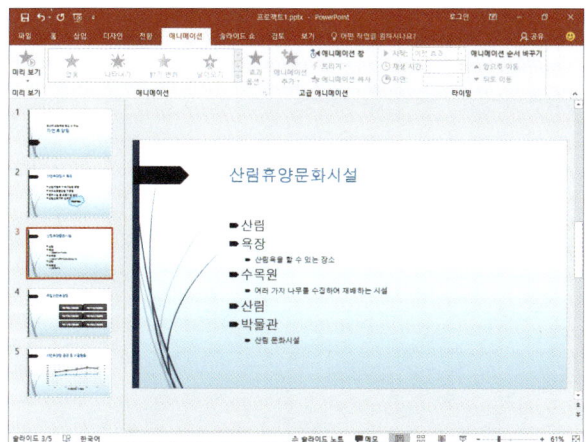

슬라이드3의 텍스트를 교대 육각형 SmartArt 그래픽으로 변환합니다.

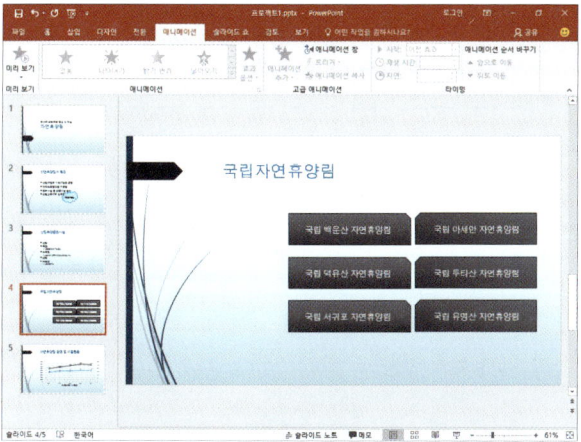

슬라이드4의 모든 도형을 그룹으로 묶은 후 중간 맞춤되도록 정렬합니다.

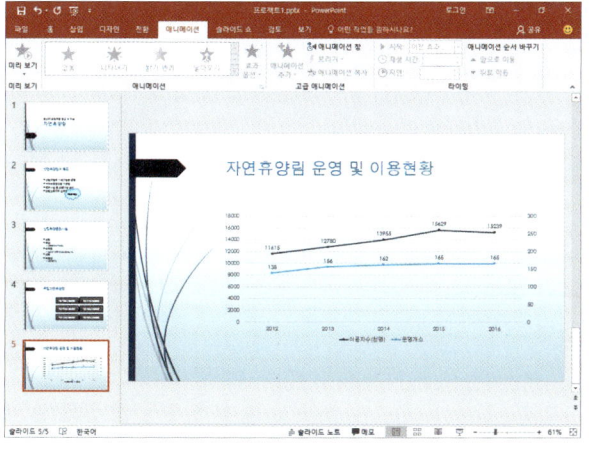

슬라이드5의 차트를 왼쪽에서 계열별로 닦아내기 애니메이션이 자동으로 진행되도록 설정합니다.

개요

당신은 재능 기부 홍보를 위해 프레젠테이션을 작성하고 있습니다.

예제 파일 : 프로젝트2.pptx | 완성 파일 : 프로젝트2(완성).pptx

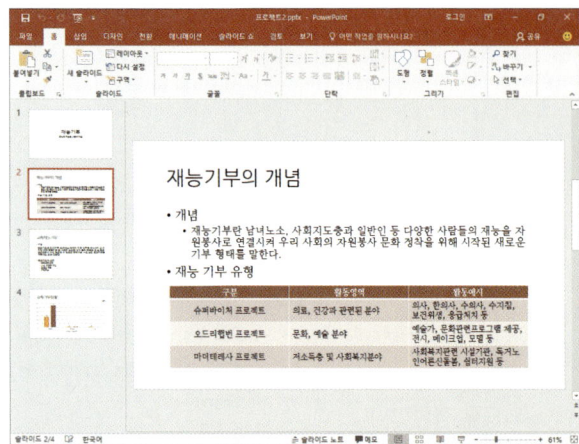

작업 1

슬라이드 마스터에서 배경 서식은 아래쪽 스포트라이트-강조5 그라데이션 채우기를 적용합니다.

작업 2

슬라이드2에 있는 표에 보통 스타일1-강조4를 적용합니다. 열은 줄무늬 열로, 행은 줄무늬 행이 되지 않도록 표 스타일을 변경합니다.

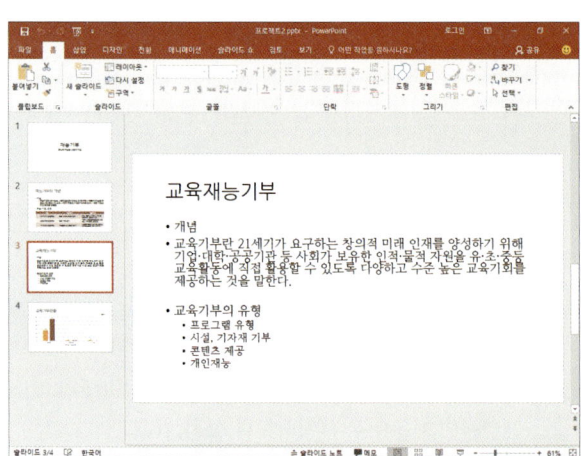

작업 3

슬라이드3의 텍스트 상자의 줄 간격을 1줄로 설정하고, 단락 앞을 6pt로 적용합니다.

작업 4

프레젠테이션에서 사용되는 문자에만 글꼴이 포함되도록 설정합니다. 프레젠테이션을 저장합니다.

개요

당신은 학교에 제출할 제주 해녀에 대한 보고서를 작성 중입니다.

◎ **예제 파일** : 프로젝트3.pptx | ◎ **완성 파일** : 프로젝트3(완성).pptx

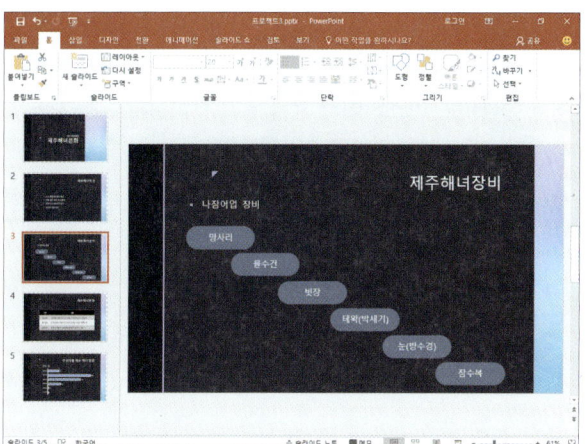

작업 1

파일의 호환성을 검사합니다.

작업 2

슬라이드3에 있는 도형의 애니메이션 순서가 왼쪽에서 오른쪽으로 하나씩 페이드 인되도록 애니메이션 순서를 조정합니다.

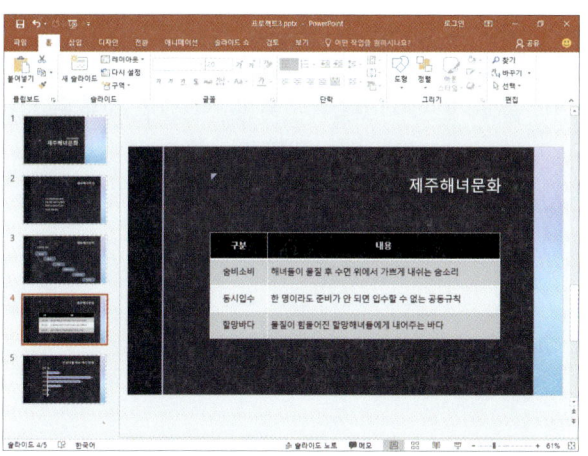

작업 3

슬라이드4에 있는 표의 "구분" 행을 삭제합니다. "숨비소비"와 "동시입수" 사이에 두 개의 빈 행을 추가합니다.

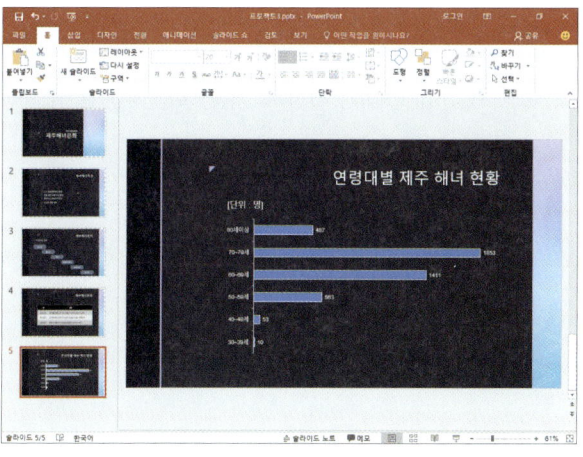

작업 4

슬라이드5에 있는 차트에 범례 표지 포함 데이터 테이블을 추가합니다.

작업 5

슬라이드 노트의 복사본이 가로 방향으로 4부 인쇄되도록 인쇄 옵션을 설정합니다. 첫 슬라이드의 복사본 4부가 모두 인쇄된 후 두 번째 슬라이드의 복사본이 인쇄되어야 합니다.

개요

당신은 헌법 재판소에 관한 교육에 사용될 프레젠테이션을 준비하고 있습니다.

● 예제 파일 : 프로젝트4.pptx | ● 완성 파일 : 프로젝트4(완성).pptx

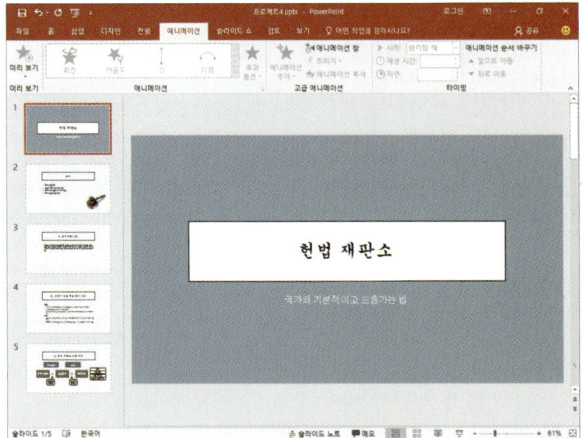

작업 1

슬라이드 마스터에서 제목 위치에 화강암 질감 채우기를 적용합니다. 제목 슬라이드의 제목에는 화강암 질감을 채우지 않습니다.

작업 2

슬라이드2에서 그림을 위쪽 방향으로 이동하는 선 이동 경로 애니메이션을 적용합니다.

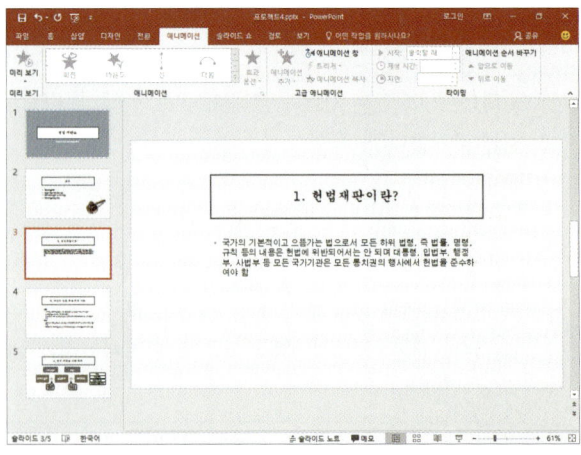

작업 3

유인물 머리글에서 날짜를 나타내는 지정자를 제거합니다.

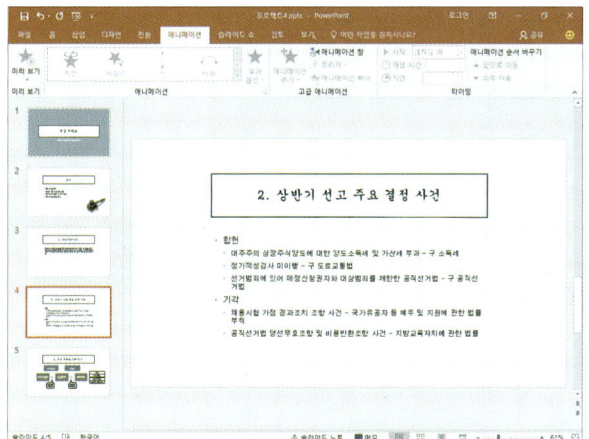

작업 4

각 슬라이드를 3초씩 사용하여 프레젠테이션의 예행 연습을 진행합니다. 소요된 시간은 저장합니다.

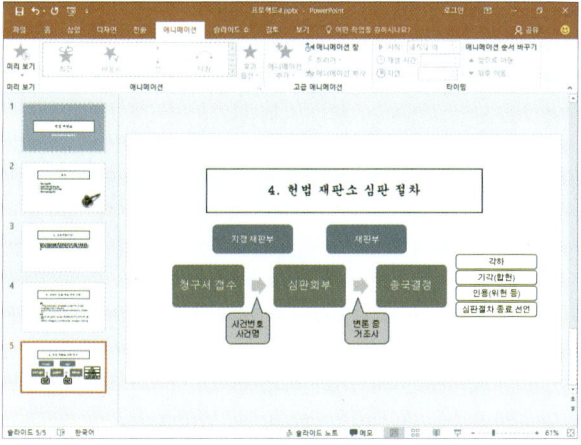

작업 5

PowerPoint에 눈금선을 표시하고 개체를 눈금에 맞춰 이동시키도록 설정합니다.

개요

당신은 진로에 관한 강의를 위해 프레젠테이션을 준비하고 있습니다.

예제 파일 : 프로젝트5.pptx, 선호도차트.xlsx | 완성 파일 : 프로젝트5(완성).pptx

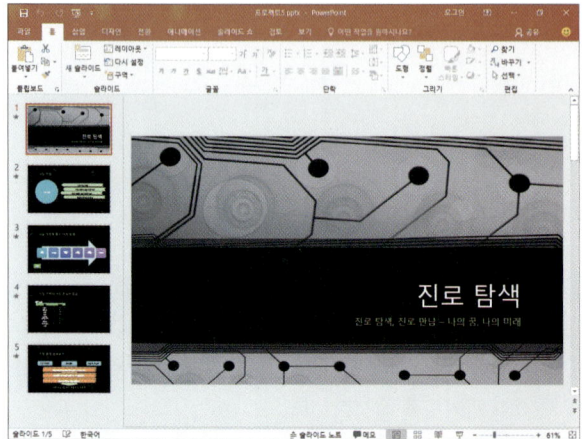

작업 1

모든 슬라이드의 전환 기간을 2초로 변경하고, 5초 이후에 자동으로 전환하도록 설정합니다.

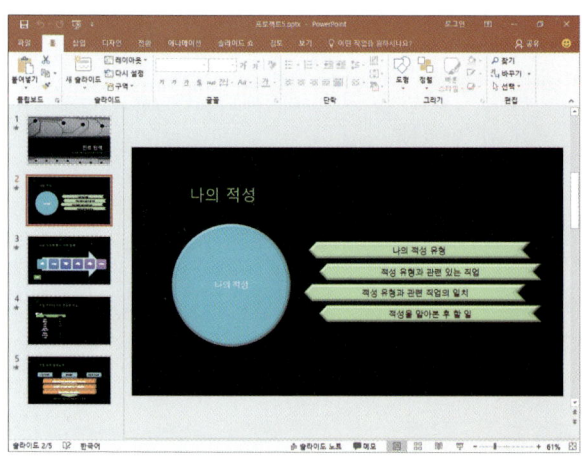

작업 2

슬라이드2에 있는 원형에 적용된 애니메이션을 제거합니다.

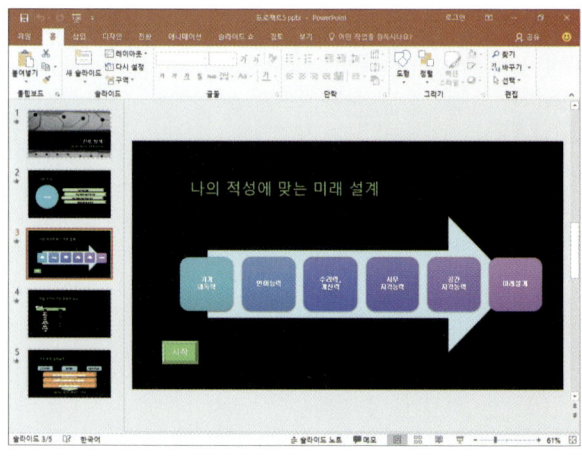

작업 3

슬라이드3에서 빗면 사각형을 클릭할 때 SmartArt 그래픽 애니메이션이 재생되도록 시작 트리거를 설정합니다.

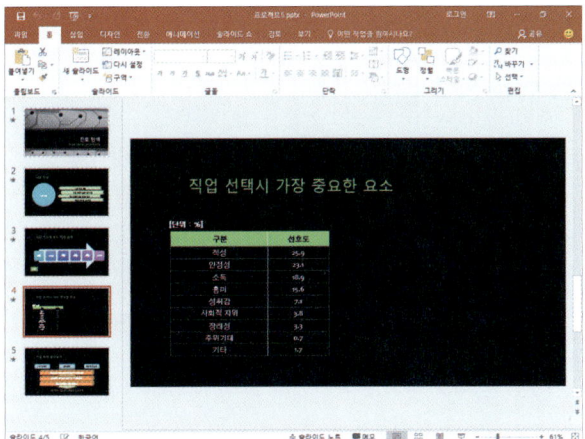

슬라이드4에 있는 표 오른쪽에 *선호도차트.xlsx* 파일의 차트를 추가합니다.

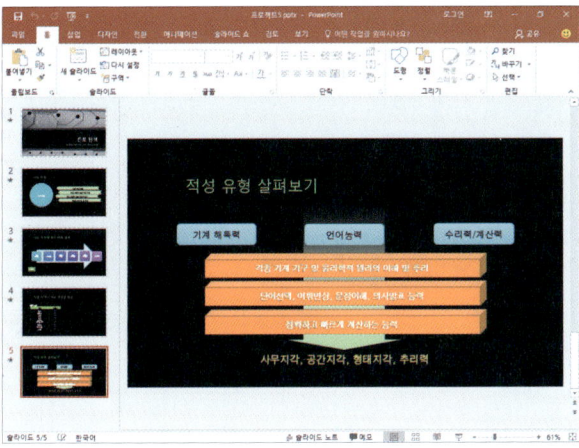

파일에 쓰기 암호를 "9999"로 설정합니다. 암호를 설정한 후 프레젠테이션을 저장합니다.

개요

당신은 상사에게 보고할 경영 분석 프레젠테이션을 작성하고 있습니다.

예제 파일 : 프로젝트6.pptx | 완성 파일 : 프로젝트6(완성).pptx

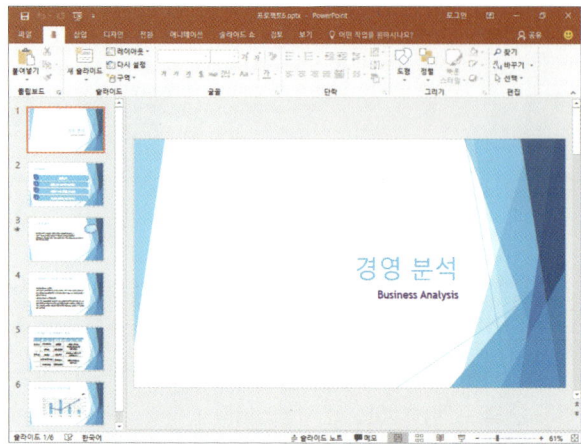

작업 1

슬라이드3에서 6까지를 사용해 "인쇄"라는 이름의 슬라이드 쇼를 재구성합니다.

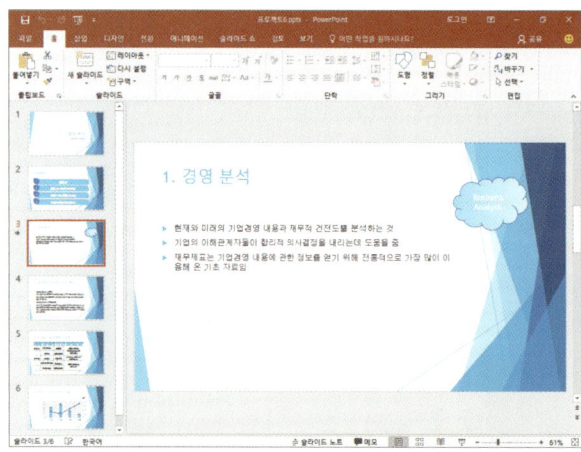

작업 2

슬라이드3에서 강한 효과-녹색, 강조6 스타일을 구름 도형에 적용합니다.

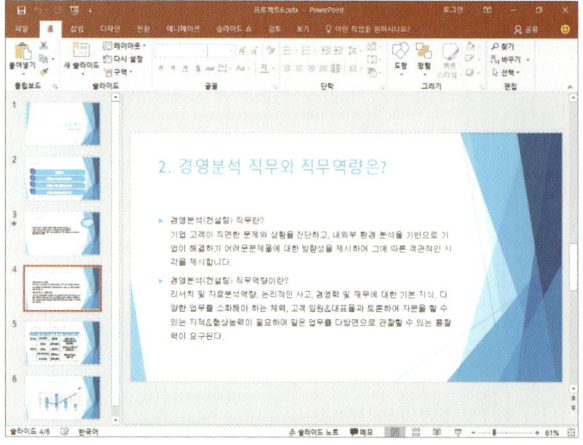

작업 3

슬라이드3의 텍스트의 애니메이션을 복사하여 슬라이드4의 텍스트에 적용합니다.

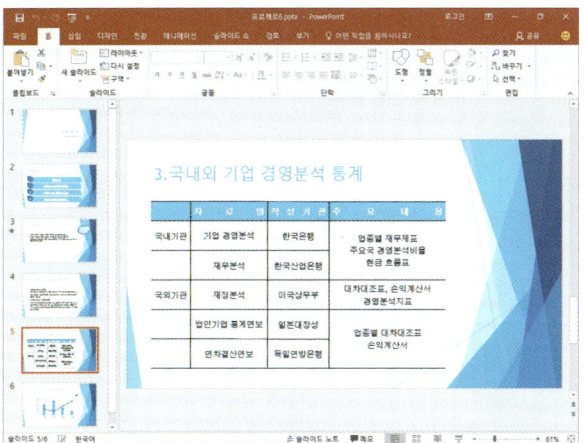

작업 4

슬라이드5에 있는 표에서 2행 1열부터 3행 1열까지 셀 병합하고, 4행 1열부터 6행 1열까지 셀 병합합니다.

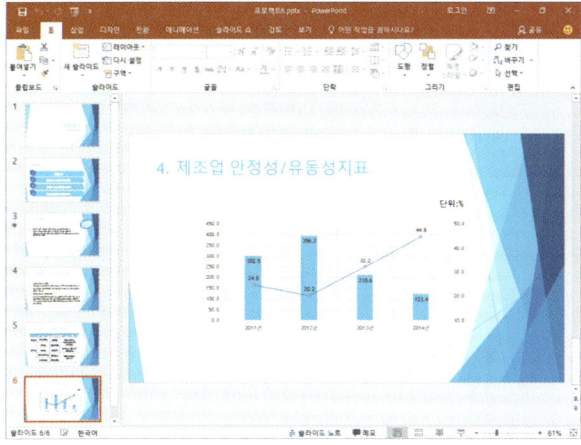

작업 5

슬라이드6에 있는 차트에 레이아웃7을 적용하고, 축 제목은 보이지 않게 설정합니다.

개요

당신은 식약청의 직원으로 어린이들에게 필요한 안전 식품에 대한 프레젠테이션을 만들고 있습니다.

예제 파일 : 프로젝트7.pptx | 완성 파일 : 프로젝트7(완성).pptx

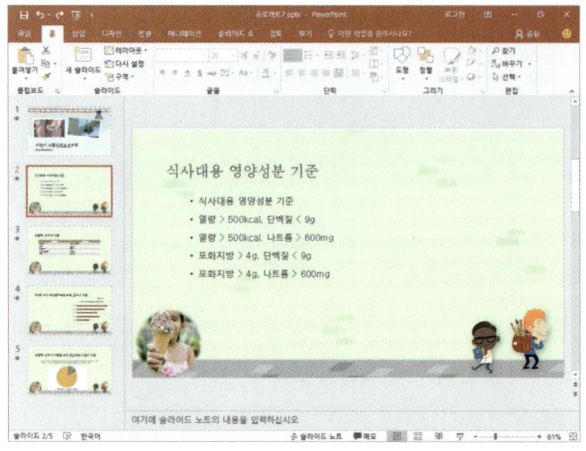

프레젠테이션에 있는 미디어 파일을 표준으로 압축합니다.

슬라이드2에서 텍스트의 애니메이션을 2초가 지난 다음에 3초 동안 효과가 실행되도록 변경합니다.

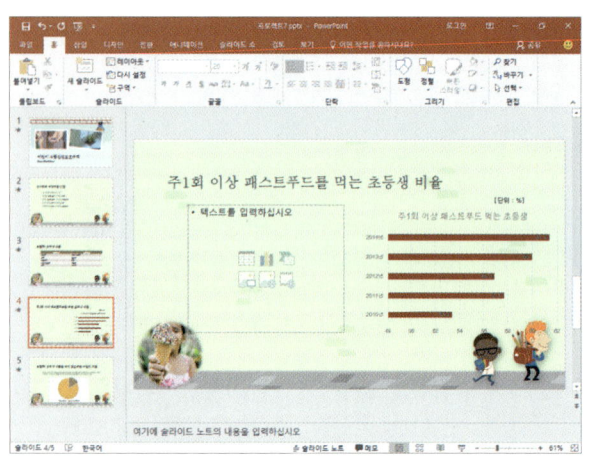

슬라이드4에서 차트 왼쪽에 열 3개와 행 4개로 이루어진 표를 추가합니다.

제목 슬라이드를 제외한 모든 슬라이드에 슬라이드 번호를 표시하고, 슬라이드2부터 시작 번호가 1이 되도록 적용합니다.

프레젠테이션을 최종본으로 표시합니다.

· MEMO ·

Part 03

문제 해설

Chapter 1

적응문제 및 모의고사 해설

적응문제 해설 — Chapter 1 프레젠테이션 만들기 및 관리

Section 01 새 프레젠테이션

완성 파일 : 리포트.pptx | 19 P

01 ① [파일] 탭 - [새로 만들기] - [목판]을 클릭합니다.
② 제목 텍스트에 '한국의 집'이라고 입력하고, 부제목 텍스트에는 '전통문화 복합공간'이라고 입력합니다.
③ [파일] 탭 - [다른 이름으로 저장]을 클릭한 후 [이 PC]를 더블 클릭합니다.
④ [다른 이름으로 저장] 대화상자에서 경로를 [문서]로 설정한 후 파일 이름은 '리포트'라고 입력하고 파일 형식은 'pptx'로 설정하고 [저장] 단추를 클릭합니다.

02 ① 프레젠테이션의 마지막 슬라이드를 선택한 후 [홈] 탭 - [슬라이드] 그룹 - [새 슬라이드] - [슬라이드 개요]를 클릭합니다.
② [개요 삽입] 대화상자에서 '소개.docx'를 선택한 후 [삽입] 단추를 클릭합니다.

Section 02 슬라이드 관리

완성 파일 : 완성1-02.pptx | 25 P

01 슬라이드 목록 창에서 슬라이드2를 선택한 후 [홈] 탭 - [슬라이드] 그룹 - [레이아웃] - [제목 및 세로 텍스트]를 클릭합니다.

02 슬라이드 목록 창에서 슬라이드5를 슬라이드6 아래로 드래그하여 이동합니다.

03 슬라이드 목록 창에서 슬라이드5를 선택한 후 마우스 오른쪽 단추를 눌러서 [슬라이드 숨기기]를 클릭합니다.

04 ① 슬라이드 목록 창에서 슬라이드1을 선택한 후 [디자인] 탭 – [사용자 지정] 그룹 - [배경 서식]을 클릭합니다.
② [배경 서식] 옵션 창이 나타나면 [채우기]에서 '단색 채우기'를 선택하고, [색]을 [자주색]으로 설정한 후 투명도를 '30%'로 설정합니다.

Section 03 프레젠테이션 보기 옵션 변경

완성 파일 : 완성1-03.pptx | 32 P

01 ① 슬라이드 노트를 추가하려는 슬라이드에서 상태 표시줄의 [슬라이드 노트]를 클릭하거나 [보기] 탭 - [프레젠테이션 보기] 그룹 - [슬라이드 노트]를 클릭합니다.
② 슬라이드 노트에 '어떤 일을 대가없이 자발적으로 참여하여 도움'이라고 입력합니다.

02 [보기] 탭 - [확대/축소] 그룹 - [확대/축소]를 클릭한 후 [확대/축소] 대화상자에서 사용자 지정을 '50%'로 설정하고 [확인] 단추를 클릭합니다.

03 ① [파일] 탭 - [정보]를 클릭하면 속성 정보가 표시됩니다. 모든 속성을 표시하기 위해 [모든 속성 표시]를 클릭합니다.
② 제목 부분을 클릭하여 '자원봉사참여'라고 입력하여 제목을 수정합니다.
③ [속성] - [고급 속성]을 클릭한 후 [속성] 대화상자에서 [요약] 탭을 클릭한 후 키워드에 '자원봉사 유형, 가치, 참여 현황'을 입력하고 확인 단추를 클릭합니다.

04 ① [디자인] 탭 - [사용자 지정] 그룹 - [슬라이드 크기] - [사용자 지정 슬라이드 크기]를 클릭합니다.
② [슬라이드 크기] 대화상자에서 슬라이드 크기를 [화면 슬라이드 쇼(4:3)]로 설정한 후 [확인] 단추를 클릭합니다.
③ [Microsoft PowerPoint] 대화상자에서 [맞춤 확인] 단추를 클릭합니다.

Section 04 슬라이드 마스터

완성 파일 : 완성1-04.pptx | 44 P

01 ❶ [보기] 탭 - [마스터 보기] 그룹 - [슬라이드 마스터]를 클릭합니다.
❷ 슬라이드 목록 창에서 최상위 슬라이드를 선택한 후 [슬라이드 마스터] 탭 - [테마 편집] 그룹 - [테마]에서 [어린이 테마]를 선택합니다.
❸ [슬라이드 마스터] 탭 - [닫기] 그룹 - [마스터 보기 닫기]를 클릭합니다.

02 ❶ [보기] 탭 - [마스터 보기] 그룹 - [슬라이드 마스터]를 클릭합니다.
❷ [슬라이드 마스터] 탭 - [마스터 편집] 그룹 - [레이아웃 삽입]을 클릭합니다.
❸ [슬라이드 마스터] 탭 - [마스터 레이아웃] 그룹 - [개체 틀 삽입] - [온라인 이미지]를 클릭하여 슬라이드의 왼쪽에 드래그합니다.
❹ [슬라이드 마스터] 탭 - [마스터 레이아웃] 그룹 - [개체 틀 삽입] - [텍스트]를 클릭하여 슬라이드의 오른쪽에 드래그합니다.
❺ 슬라이드 목록 창의 해당 슬라이드 레이아웃 위에서 마우스 오른쪽 단추를 누르고 [레이아웃 이름 바꾸기]를 클릭합니다. [레이아웃 이름 바꾸기] 대화상자에서 레이아웃 이름을 '온라인 이미지'라고 입력한 후 [이름 바꾸기] 단추를 클릭합니다.
❻ [슬라이드 마스터] 탭 - [닫기] 그룹 - [마스터 보기 닫기]를 클릭합니다.

03 ❶ [보기] 탭 - [마스터 보기] 그룹 - [슬라이드 마스터]를 클릭합니다.
❷ [삽입] 탭 - [텍스트] 그룹 - [머리글/바닥글]을 클릭합니다.
❸ [머리글/바닥글] 대화상자의 [슬라이드] 탭에서 '바닥글'에 체크한 후 '건강한 여름'이라고 입력합니다.
❹ '슬라이드 번호'와 '제목 슬라이드에는 표시 안 함'에 체크하고 [모두 적용] 단추를 클릭합니다.
❺ [슬라이드 마스터] 탭 - [닫기] 그룹 - [마스터 보기 닫기]를 클릭합니다.

04 ❶ [보기] 탭 - [마스터 보기] 그룹 - [슬라이드 노트 마스터]를 클릭합니다.
❷ [슬라이드 노트 마스터] 탭 - [배경] 그룹 - [배경 스타일]의 [스타일10]을 클릭합니다.
❸ [삽입] 탭 - [텍스트] 그룹 - [머리글/바닥글]을 클릭합니다.
❹ [머리글/바닥글] 대화상자의 [슬라이드 노트 및 유인물] 탭에서 '머리글'에 체크한 후 '1조'라고 입력하고, [모두 적용] 단추를 클릭합니다.
❺ [슬라이드 노트 마스터] 탭 - [닫기] 그룹 - [마스터 보기 닫기]를 클릭합니다.

Section 05 슬라이드 구역 관리

완성 파일 : 완성1-05.pptx | 47 P

01 ❶ '제목 없는 구역'을 선택하고 [홈] 탭 - [슬라이드] 그룹 - [구역] - [구역 이름 바꾸기]를 클릭합니다.
❷ [구역 이름 바꾸기] 대화상자의 구역 이름에 '행동요령'이라고 입력하고 [이름 바꾸기] 단추를 클릭합니다.

02 슬라이드 목록 창의 '표' 구역 위에서 마우스 오른쪽 단추를 누른 후 [구역 제거]를 클릭하여 해당 구역을 제거합니다.

Section 06 프레젠테이션 인쇄

50 P

01 ❶ [파일] 탭 - [인쇄]를 클릭합니다.
❷ [설정]에서 인쇄 대상을 인쇄 모양 중 [유인물]의 [3슬라이드]를 선택합니다.
❸ '슬라이드 테두리'와 '용지에 맞게 크기 조정'에 체크합니다.
❹ 5부를 인쇄하기 위해 복사본은 '5'로, 인쇄 순서는 한 부씩 인쇄하는 것이 아니므로 [한 부씩 인쇄 안 함]으로 설정하여 인쇄 옵션 설정을 완료합니다.

02 ❶ [파일] 탭 - [인쇄]를 클릭합니다.
❷ [설정]에서 인쇄 범위를 [구역] 중 [행동요령]으로 설정합니다.

적응문제 해설 **219**

Section 07 슬라이드 쇼 구성

완성 파일 : 완성1-07.pptx | 55 P

01 ❶ 슬라이드2에서 [슬라이드 쇼] 탭 - [슬라이드 쇼 시작] 그룹 - [현재 슬라이드부터]를 클릭합니다.
❷ 왼쪽 하단으로 마우스로 가져가서 펜(🖊)을 선택하고 [빨강]으로 선택합니다.
❸ '직사광선 피하기'를 펜으로 드래그하여 동그라미를 표시합니다.

02 ❶ [슬라이드 쇼] 탭 - [슬라이드 쇼 시작] 그룹 - [슬라이드 쇼 재구성] - [쇼 재구성]을 클릭합니다.
❷ [쇼 재구성] 대화상자에서 [새로 만들기] 단추를 클릭합니다.
❸ 슬라이드 쇼 이름에 '폭염'이라고 입력합니다. 재구성할 슬라이드 '3'과 '4'를 체크한 후 [추가] 단추를 클릭하고 [확인] 단추를 클릭합니다.
❹ [쇼 재구성] 대화상자에서 [닫기] 단추를 클릭합니다.

03 ❶ [슬라이드 쇼] 탭 - [설정] 그룹 - [슬라이드 쇼 설정]을 클릭합니다.
❷ [쇼 설정] 대화상자의 [슬라이드 표시]에서 '재구성한 쇼'를 체크하고 [폭염]을 설정합니다.
❸ [표시 옵션]에서 [펜 색]을 [녹색]으로, '발표자 도구 사용'에 체크한 후 [확인] 단추를 클릭합니다.

적응문제 해설 Chapter 2 텍스트, 도형 및 그림

Section 01 텍스트 삽입과 서식

완성 파일 : 완성2-01.pptx | 63 P

01 ❶ 슬라이드 목록 창에서 슬라이드6을 클릭한 후 [삽입] 탭 - [텍스트] 그룹 - [텍스트 상자] - [가로 텍스트 상자 그리기]를 클릭합니다.
❷ 슬라이드의 오른쪽 위쪽에 드래그하여 가로 텍스트 상자를 그립니다.
❸ 텍스트 상자 안에 '단위:%'라고 입력합니다.

02 ❶ 슬라이드1에서 부제목 텍스트 상자를 선택한 후 [홈] 탭 - [글꼴] 그룹에서 [텍스트 그림자(S)]를 클릭합니다.
❷ [홈] 탭 - [글꼴] 그룹 - [글꼴 색(🅰)]의 목록 단추(▼)를 클릭하고 [표준 색]의 [자주]를 클릭합니다.

03 ❶ 슬라이드4의 '경영분석(컨설팅) 직무란?'을 블록 설정합니다.
❷ [홈] 탭 – [글꼴] 그룹의 표시 아이콘(🗗)을 클릭합니다.
❸ [글꼴] 대화상자에서 [글꼴] 탭의 [모든 텍스트] 중 [밑줄 스타일]을 [점선]으로, [밑줄 색]은 [파랑]으로 설정한 후 [확인] 단추를 클릭합니다.

Section 02 텍스트 단락

완성 파일 : 완성2-02.pptx | 68 P

01 ❶ 슬라이드3에서 텍스트 상자를 선택한 후 [홈] 탭 - [단락] 그룹 - [번호 매기기(☰)]의 목록 단추(▼)를 클릭하고 [글머리 기호 및 번호 매기기]를 클릭합니다.
❷ [글머리 기호 및 번호 매기기] 대화상자의 [번호 매기기] 탭에서 [A, B, C.]를 클릭한 후 [색]을 클릭하여 [표준 색]의 [진한 파랑]을 클릭합니다.

02 ❶ 슬라이드4를 클릭하고 내용 텍스트 상자를 선택한 후 [홈] 탭 - [단락] 그룹 - [단 추가 또는 제거(☰)] - [2단]을 클릭합니다.
❷ [홈] 탭 - [단락] 그룹 - [줄 간격(☰)] - [1.5]를 클릭합니다.

03 슬라이드5에 있는 표에서 '자료명' 셀과 '작성기관' 셀, '주요내용' 셀을 드래그하여 선택한 후, [홈] 탭 - [단락] 그룹 - [균등 분할(▦)]을 클릭합니다.

Section 03 도형 삽입
완성 파일 : 완성2-03.pptx | 70 P

01 ❶ 슬라이드3에서 [홈] 탭 - [그리기] 그룹 - [도형]의 [하트(♡)]를 클릭합니다.
❷ 슬라이드 창 오른쪽 위쪽에 드래그하여 그린 후 'Business Analysis'라고 도형 안에 입력합니다.
02 하트 도형을 선택한 후 [그리기 도구] - [서식] 탭 - [도형 삽입] 그룹 - [도형 편집(⋮⋮)] - [도형 모양 변경]의 [구름(☁)]을 클릭합니다.

Section 04 도형 효과
완성 파일 : 완성2-04.pptx | 77 P

01 ❶ 슬라이드3에서 구름 도형을 선택하고, [그리기 도구] - [서식] 탭 - [도형 스타일] 그룹 - [도형 채우기] - [그라데이션]의 [밝은 그라데이션]에서 [선형 오른쪽]을 선택합니다.
❷ [그리기 도구] - [서식] 탭 - [도형 스타일] 그룹 - [도형 채우기] - [윤곽선 없음]을 클릭합니다.
❸ [그리기 도구] - [서식] 탭 - [도형 스타일] 그룹 - [도형 효과]에서 [네온]의 [네온:11pt, 파랑, 강조색2]를 클릭합니다.
02 ❶ Shift 키나 Ctrl 키를 누른 채, '1, 2, 3, 4' 도형을 모두 선택합니다.
❷ [그리기 도구] - [서식] 탭 - [정렬] 그룹 - [개체 회전(▣▾)] - [좌우 대칭]을 클릭합니다.
03 ❶ Shift 키나 Ctrl 키를 이용하여 사각형:둥근 대각선 방향 모서리 도형들을 선택한 후 [그리기 도구] - [서식] 탭 - [크기] 그룹의 표시 아이콘(▣)을 클릭합니다.
❷ [크기 및 위치] 옵션 창이 표시됩니다. 가로, 세로 비율을 유지하기 위해 '가로 세로 비율 고정'에 체크하고, 도형의 크기를 1.2배로 설정하기 위해 높이 조절에 '120%'를 입력합니다. 자동으로 너비 조절의 값이 '120%'로 설정됩니다.

Section 05 그림 삽입
완성 파일 : 완성2-05.pptx | 79 P

01 ❶ 슬라이드1에서 [삽입] 탭 - [이미지] 그룹 - [그림]을 클릭합니다.
❷ [그림 삽입] 대화상자에서 '일.jpg'를 선택하고 [삽입] 단추를 클릭합니다.
02 '일' 그림을 왼쪽 아래로 드래그하여 이동합니다.

Section 06 그림 효과
완성 파일 : 완성2-06.pptx | 85 P

01 ❶ 슬라이드4에서 이미지를 선택하고, [그림 도구] - [서식] 탭 - [그림 스타일] 그룹 - [그림 효과] - [입체 효과] - [입체 효과]의 [각지게]를 클릭합니다.
❷ [그림 도구] - [서식] 탭 - [그림 스타일] 그룹 - [그림 효과] - [반사] - [근접 반사:터치]를 클릭합니다.
02 ❶ [그림 도구] - [서식] 탭 - [크기] 그룹 - [자르기] - [도형에 맞춰 자르기]의 [정육면체(▣)]를 클릭합니다.
❷ [그림 도구] - [서식] 탭 - [그림 스타일] 그룹 - [그림 테두리]에서 [테마 색]의 [검정, 배경1]을 클릭합니다.
❸ [그림 도구] - [서식] 탭 - [그림 스타일] 그룹 - [그림 테두리] - [두께]에서 [3pt]를 클릭합니다.

Section 07 개체 그룹과 정렬

완성 파일 : 완성2-07.pptx | 90 P

01 슬라이드5에서 화살표를 선택한 후 [그리기 도구] - [서식] 탭 - [정렬] 그룹 - [뒤로 보내기]의 목록 단추(▼)를 클릭하고 [맨 뒤로 보내기]를 클릭합니다.

02 ❶ 슬라이드5에서 Shift 키나 Ctrl 키를 누른 채 주황색 정육면체를 모두 선택한 후 [그리기 도구] - [서식] 탭 - [정렬] 그룹 - [개체 맞춤(📑)]에서 [슬라이드에 맞춤]에 체크합니다.
❷ [그리기 도구] - [서식] 탭 - [정렬] 그룹 - [개체 맞춤(📑)] - [가운데 맞춤]을 클릭합니다.

03 ❶ 슬라이드5에서 Shift 키나 Ctrl 키를 누른 채 바다색 둥근 모서리 사각형을 모두 선택합니다.
❷ [그리기 도구] - [서식] 탭 - [정렬] 그룹 - [개체 맞춤(📑)]을 클릭합니다. [선택한 개체 맞춤]에 체크되어 있는지 확인한 후 [가로 간격을 동일하게]를 클릭합니다.

04 ❶ 바다색 둥근 모서리 사각형을 모두 선택한 후 Ctrl + G 키를 누릅니다.
❷ 주황색 정육면체를 모두 선택한 후 Ctrl + G 키를 누릅니다.

적응문제 해설 — Chapter 3 표, 차트, SmartArt 및 미디어

Section 01 표 삽입

완성 파일 : 완성3-01.pptx | 94 P

01 ❶ 슬라이드2에서 표를 삽입하기 위해 [삽입] 탭 - [표] 그룹 - [표]를 클릭한 후 [3×6]이 되도록 드래그한 후 손을 뗍니다.
❷ 슬라이드에 드래그한 열과 행 개수대로 표가 삽입되었습니다.

02 ❶ 슬라이드6의 오른쪽 개체 틀을 선택한 후 [삽입] 탭 - [텍스트] 그룹 - [개체(🗔)]를 클릭합니다.
❷ [개체 삽입] 대화상자에서 파일을 불러오기 위해 '파일로부터 만들기'를 선택한 후 파일을 불러오기 위해 [찾아보기] 단추를 클릭합니다.
❸ [찾아보기] 대화상자에서 '식생활실천율.xlsx'를 선택한 후 [확인] 단추를 클릭합니다.
❹ [개체 삽입] 대화상자에 불러온 파일을 개체로 삽입하기 위해 [확인] 단추를 클릭합니다.

Section 02 표 편집과 서식

완성 파일 : 완성3-02.pptx | 100 P

01 슬라이드2의 표에서 1행1열부터 1행 3열까지를 선택한 후 [표 도구] - [레이아웃] 탭 - [병합] 그룹 - [셀 병합]을 클릭하면 하나의 셀로 병합됩니다.

02 ❶ 슬라이드2의 표에서 6행에 커서를 두고, [표 도구] - [레이아웃] 탭 - [행 및 열] 그룹 - [삭제] - [행 삭제]를 클릭합니다.
❷ [표 도구] - [레이아웃] 탭 - [행 및 열] 그룹 - [왼쪽에 삽입]을 클릭한 후 1행 1열에 '구분'이라고 입력합니다.
❸ '구분' 열을 선택하고, [표 도구] - [레이아웃] 탭 - [셀 크기] 그룹 - [표 열 너비(▦)]에 '5.5cm'라고 입력한 후 Enter 키를 누릅니다.

03 슬라이드3에서 표의 1행을 선택한 후 [표 도구] - [레이아웃] 탭 - [맞춤] 그룹에서 [가운데 맞춤(≡)]을 클릭합니다.

04 슬라이드3에서 표를 선택한 후 [표 도구] - [디자인] 탭 - [표 스타일] 그룹의 자세히 단추(▼)를 클릭하고 [보통] - [보통 스타일2 – 강조6]을 선택합니다.

05 ① 슬라이드3에서 표의 1행을 선택한 후 [표 도구] - [디자인] 탭 - [표 스타일] 그룹 - [효과( )] - [셀 입체 효과] - [입체 효과]의 [볼록하게]를 클릭합니다.
   ② 표 전체를 선택한 후 [표 도구] - [디자인] 탭 - [표 스타일] 그룹 - [효과( )] - [그림자]에서 [원근감]의 [원근감: 오른쪽 위 그림자]를 클릭합니다.

Section 03 차트 삽입
완성 파일 : 완성3-03.pptx | 104 P

01 ① 슬라이드4에서 차트를 삽입하기 위해 [삽입] 탭 - [일러스트레이션] 그룹 - [차트]를 클릭합니다.
   ② [차트 삽입] 대화상자에서 [꺾은선형] 범주를 선택한 후 차트 종류 중 '꺾은선형' 차트를 클릭하고 [확인] 단추를 클릭합니다.
   ③ 엑셀 창이 나타나면 연도를 항목으로, '주1회 이상 패스트푸드 먹는 초등생' 데이터를 계열로 데이터를 입력합니다. 불필요한 데이터를 삭제하기 위해 C, D 열머리를 선택한 후 마우스 오른쪽 단추를 눌러 [삭제]를 클릭합니다. 불필요한 데이터가 삭제되면 차트 데이터 범위가 설정되므로 엑셀 창을 닫습니다.
02 ① 슬라이드6의 왼쪽 개체 틀을 선택한 후 [삽입] 탭 - [텍스트] 그룹 - [개체( )]를 클릭합니다.
   ② [개체 삽입] 대화상자에서 파일을 불러오기 위해 '파일로부터 만들기'를 체크한 후 [찾아보기] 단추를 클릭합니다.
   ③ [찾아보기] 대화상자에서 '식생활실천율차트.xlsx'를 선택한 후 [확인] 단추를 클릭합니다.
   ④ [개체 삽입] 대화상자에 불러온 파일을 개체로 삽입하기 위해 [확인] 단추를 클릭합니다.

Section 04 차트 종류 변경과 효과
완성 파일 : 완성3-04.pptx | 112 P

01 ① 슬라이드4에서 차트를 선택한 후 [차트 도구] - [디자인] 탭 - [종류] 그룹 - [차트 종류 변경]을 클릭합니다.
   ② [차트 종류 변경] 대화상자에서 [가로 막대형] 범주를 선택한 후 '묶은 가로 막대형' 차트를 클릭하고 [확인] 단추를 클릭합니다.
02 ① 슬라이드4에서 차트를 선택한 후 [차트 도구] - [디자인] 탭 - [차트 레이아웃] 그룹 - [차트 요소 추가] - [범례] - [없음]을 클릭합니다.
   ② [차트 도구] - [디자인] 탭 - [차트 레이아웃] 그룹 - [차트 요소 추가] - [데이터 레이블] - [안쪽 끝에]를 클릭합니다.
   참고 [안쪽 끝에] 외에도 레이블이 차트와 겹치려면 [가운데], [축에 가깝게]로 설정해도 됩니다.
03 ① 슬라이드5에서 차트를 선택한 후 [차트 도구] - [디자인] 탭 - [차트 스타일] 그룹 - [스타일11]을 클릭합니다.
   ② 차트 색상을 변경하기 위해 [차트 스타일] 그룹 - [색 변경] - [색상형]의 [다양한 색상표4]를 클릭합니다.
04 ① 슬라이드5에서 원형 차트를 선택한 후 '노력하지 않는다' 차트 계열을 한 번 더 선택합니다.
   ② 선택한 요소의 서식을 변경하기 위해 [차트 도구] - [서식] 탭 - [현재 선택 영역] 그룹 - [선택 영역 서식]을 클릭합니다.
   ③ [데이터 요소 서식] 옵션 창의 계열 옵션 중 [쪼개진 요소]를 '10%'로 입력한 후 Enter 키를 누릅니다.

Section 05 SmartArt 그래픽 삽입
완성 파일 : 완성3-05.pptx | 115 P

01 ❶ 슬라이드2에서 내용 텍스트 상자를 선택한 후에 [홈] 탭 - [단락] 그룹 - [SmartArt 그래픽으로 변환()]을 클릭하고 [기타 SmartArt 그래픽]을 클릭합니다.
❷ [SmartArt 그래픽 선택] 대화상자에서 [목록형] 범주를 선택한 후 '연속 그림 목록형'을 선택하고 [확인] 단추를 클릭합니다.

02 ❶ 슬라이드3에서 SmartArt 그래픽을 삽입하기 위해 [삽입] 탭 - [일러스트레이션] 그룹 - [SmartArt]를 클릭합니다.
❷ [SmartArt 그래픽 선택] 대화상자에서 [관계형] 범주를 선택한 후 '기본 벤형'을 선택하고 [확인] 단추를 클릭합니다.
❸ 텍스트 창의 첫 번째 항목에서 '기업정보보호'라고 입력한 후 ↓ 키를 누르고, '컨텐츠보호'를 입력하고 ↓ 키를 누른 후 '개인정보보호'를 입력합니다.

Section 06 SmartArt 그래픽 편집
완성 파일 : 완성3-06.pptx | 121 P

01 ❶ 슬라이드2의 SmartArt 그래픽 안에 그림을 삽입하기 위해 첫 번째 원형의 를 클릭합니다.
❷ [그림 삽입] 대화상자의 [찾아보기]를 클릭합니다. '바이너리.jpg'를 선택한 후 [삽입] 단추를 클릭합니다.
❸ 같은 방법으로 두 번째, 세 번째, 네 번째까지 '바이너리.jpg'를 삽입합니다.

02 ❶ 슬라이드3에 있는 SmartArt 그래픽을 선택한 후 [SmartArt 도구] - [디자인] 탭 - [레이아웃] 그룹의 자세히 단추()를 클릭하고 [기타 레이아웃]을 클릭합니다.
❷ [SmartArt 그래픽 선택] 대화상자에서 [관계형] 범주에서 '선형 벤형'을 선택하고 [확인] 단추를 클릭합니다.
❸ [SmartArt 도구] - [디자인] 탭 - [SmartArt 스타일] 그룹의 자세히 단추()를 클릭하고 [평면]을 클릭합니다.

03 ❶ 슬라이드4에 있는 SmartArt 그래픽에서 Shift 키나 Ctrl 키를 누른 채 둥근 모서리 사각형을 모두 선택합니다.
❷ [SmartArt 도구] - [서식] 탭 - [도형] 그룹 - [도형 모양 변경] - [사각형:둥근 대각선 방향 모서리()]를 클릭합니다.
❸ [SmartArt 도구] - [디자인] 탭 - [SmartArt 스타일] 그룹 - [색 변경] - [색상형]의 [색상형 범위 – 강조색5 또는 6]을 클릭합니다.

04 슬라이드4에 있는 SmartArt 그래픽을 선택한 후 [SmartArt 도구] - [디자인] 탭 - [원래대로] 그룹 - [그래픽 원래대로]를 클릭합니다.

Section 07 WordArt 삽입
완성 파일 : 완성3-07.pptx | 123 P

01 ❶ 슬라이드4에서 [삽입] 탭 - [텍스트] 그룹 - [WordArt 삽입]에서 [채우기:흰색, 윤곽선:파랑, 강조색5, 그림자]를 클릭합니다.
❷ '필요한 내용을 적으십시오.'에 '정보를 중심으로 사회경제 역기능 발생'이라고 입력합니다.
❸ WordArt 텍스트를 선택한 후 [홈] 탭 - [글꼴] 그룹에서 글꼴 크기를 [36pt]로 설정합니다.

02 슬라이드1에서 부제목 텍스트를 선택한 후 [그리기 도구] - [서식] 탭 - [WordArt 스타일] 그룹 - [빠른 스타일]의 [채우기:흰색, 윤곽선:라임, 강조색 1, 네온:라임, 강조색1]을 클릭합니다.

Section 08 WordArt 서식

완성 파일 : 완성3-08.pptx | 125 P

01 슬라이드1에서 WordArt 텍스트를 선택한 후 [그리기 도구] - [서식] 탭 - [WordArt 스타일] 그룹 - [텍스트 효과(🗛▾)]에서 [변환] - [삼각형:위로]를 클릭합니다.

02 ❶ 슬라이드4에서 WordArt 텍스트를 선택한 후 [그리기 도구] - [서식] 탭 - [WordArt 스타일] 그룹 - [텍스트 효과(🗛▾)] - [입체 효과]에서 [입체 효과]의 [둥글게]를 클릭합니다.
❷ [WordArt 스타일] 그룹 - [텍스트 효과(🗛▾)] - [3차원 회전]에서 [평행]의 [축 분리1:오른쪽으로]를 클릭합니다.
❸ [WordArt 스타일] 그룹 - [텍스트 효과(🗛▾)] - [그림자]에서 [원근감]의 [원근감:왼쪽 위]를 클릭합니다.

Section 09 오디오 삽입과 편집

완성 파일 : 완성3-09.pptx | 128 P

01 ❶ 슬라이드3에서 [삽입] 탭 - [미디어] 그룹 - [오디오] - [내 PC의 오디오]를 클릭합니다.
❷ [오디오 삽입] 대화상자에서 '배경음악.mp3'를 클릭하고 [삽입] 단추를 클릭합니다.
❸ 삽입된 오디오 클립을 선택한 후 [오디오 도구] - [재생] 탭 - [오디오 옵션] 그룹에서 시작을 [자동 실행], [쇼 동안 숨기기]와 [모든 슬라이드에서 재생]에 체크합니다.

02 슬라이드3에 삽입된 오디오 클립을 선택한 후 [오디오 도구] - [재생] 탭 - [편집] 그룹에서 페이드 인과 페이드 아웃을 '00.10'으로 설정합니다.

Section 10 비디오 삽입과 편집

완성 파일 : 완성3-10.pptx | 133 P

01 ❶ 슬라이드4에서 [삽입] 탭 - [미디어] 그룹 - [비디오] - [내 PC의 비디오]를 클릭합니다.
❷ [비디오 삽입] 대화상자에서 '밀.mp4'를 선택하고 [삽입] 단추를 클릭합니다.
❸ [비디오 도구] - [서식] 탭 - [비디오 스타일] 그룹의 자세히 단추(▾)를 클릭하고 [모서리가 둥근 금속 직사각형] 스타일을 적용합니다.

02 ❶ 슬라이드4의 비디오 클립을 선택한 후 [비디오 도구] - [재생] 탭 - [편집] 그룹 - [비디오 트리밍]을 클릭합니다.
❷ [비디오 트리밍] 대화상자에서 시작 시간에 '00:03'이라고 입력하고, 종료 시간에 '00:12.300'이라고 입력한 후 [확인] 단추를 클릭합니다.

Section 11 메모

완성 파일 : 완성3-11.pptx | 136 P

01 ❶ 슬라이드5에서 차트를 선택한 후 [삽입] 탭 - [메모] 그룹 - [메모]를 클릭합니다.
❷ [메모] 옵션 창의 메모 상자에 '탄수화물 섭취율 높음'이라고 입력하고 Enter 키를 누릅니다.

02 ❶ 슬라이드5에서 [삽입] 탭 - [메모] 그룹 - [메모]를 클릭합니다.
❷ [메모] 옵션 창의 메모 상자에 '2015 수정'이라고 입력한 후 Enter 키를 누릅니다.

03 ❶ 슬라이드5에서 차트에 추가된 메모를 선택합니다.
❷ [검토] 탭 - [메모] 그룹 - [삭제] - [삭제]를 클릭합니다.

Section 12 하이퍼링크

완성 파일 : 완성3-12.pptx | 140 P

01 ❶ 슬라이드5에서 '출처:보건복지부' 텍스트 상자를 선택한 다음 [삽입] 탭 - [링크] 그룹 - [하이퍼링크]를 클릭합니다.
❷ [하이퍼링크 삽입] 대화상자에서 연결 대상으로 [기존 파일/웹 페이지]를 클릭한 후 주소에 'http://www.mohw.go.kr'을 입력하고 [확인] 단추를 클릭합니다.

02 ❶ 슬라이드2에서 [홈] 탭 - [그리기] 그룹 - [도형] - [실행 단추:앞으로 또는 다음으로 이동(▷)]을 클릭합니다.
❷ 슬라이드 위에서 드래그하여 실행 단추를 그리면 [실행 설정] 대화상자가 열립니다. [마우스를 클릭할 때] 탭에서 '하이퍼링크'를 체크하고, 목록 단추를 클릭하여 [다음 슬라이드]를 선택합니다. [실행 설정] 대화상자에서 [확인] 단추를 클릭합니다.
❸ 삽입된 실행 단추를 Ctrl + C 키를 눌러 복사합니다.
❹ 슬라이드3, 슬라이드4, 슬라이드5에서 Ctrl + V 키를 눌러 붙여넣기 합니다.

적응문제 해설 | Chapter 4 애니메이션과 전환

Section 01 애니메이션 효과

완성 파일 : 완성4-01.pptx | 146 P

01 ❶ 슬라이드2에서 그림을 선택한 후 [애니메이션] 탭 - [애니메이션] 그룹의 자세히 단추(▼)를 클릭하고 [확대/축소]를 클릭합니다.
❷ [애니메이션] 탭 - [고급 애니메이션] 그룹 - [애니메이션 추가] - [끝내기]의 [사라지기]를 클릭합니다.

02 ❶ 슬라이드2에서 애니메이션이 적용된 텍스트 상자를 선택한 후 [애니메이션] 탭 - [고급 애니메이션] 그룹 - [애니메이션 복사]를 클릭합니다.
❷ 슬라이드3에서 내용 텍스트 상자를 클릭하여 애니메이션 복사를 적용합니다.

03 슬라이드2에서 내용 텍스트 상자를 선택한 후 [애니메이션] 탭 - [애니메이션] 그룹의 자세히 단추(▼)를 클릭하고 [강조]의 [글꼴 색]을 클릭합니다.

Section 02 애니메이션 타이밍 설정

완성 파일 : 완성4-02.pptx | 150 P

01 ❶ 슬라이드4에서 내용 텍스트 상자를 선택한 후 [애니메이션] 탭 - [타이밍] 그룹의 시작에서 [이전 효과 다음에]를 클릭합니다.
❷ 이미지에 애니메이션 순서를 나타내는 숫자가 모두 '0'으로 변경되었습니다. [타이밍] 그룹에서 지연을 '02.00', 재생 시간은 '01.00'으로 설정합니다.

02 슬라이드6에서 SmartArt 그래픽 애니메이션을 선택한 후 [애니메이션] 탭 - [고급 애니메이션] 그룹 - [트리거] - [클릭할 때] - [그룹]을 클릭합니다.

Section 03 전환 효과

완성 파일 : 완성4-03.pptx | 152 P

01 ❶ 슬라이드1에서 [전환] 탭 - [슬라이드 화면 전환] 그룹의 자세히 단추(▼)를 클릭하고 [화려한 효과]의 [큐브]를 클릭합니다.
❷ 모든 슬라이드에 적용하기 위해 [타이밍] 그룹 - [모두 적용]을 클릭합니다.
02 ❶ [전환] 탭 - [슬라이드 화면 전환] 그룹 - [효과 옵션] - [왼쪽에서]를 클릭합니다.
❷ 모든 슬라이드에 적용하기 위해 [타이밍] 그룹 - [모두 적용]을 클릭합니다.

Section 04 화면 전화 효과 타이밍 설정

완성 파일 : 완성4-04.pptx | 155 P

01 ❶ 전환 기간을 설정하기 위해 [전환] 탭 - [타이밍] 그룹에서 기간을 '03.00'으로 설정합니다.
❷ [타이밍] 그룹에서 소리를 [소리 없음]으로 설정합니다.
❸ 모든 슬라이드에 적용하기 위해 [타이밍] 그룹의 [모두 적용]을 클릭합니다.
02 ❶ 전환 기간을 설정하기 위해 [전환] 탭 - [타이밍] 그룹의 화면 전환에서 [마우스를 클릭할 때]는 체크 해제하고, [다음 시간 후]에 체크 후 '00:04.00'으로 설정합니다.
❷ 모든 슬라이드에 적용하기 위해 [타이밍] 그룹의 [모두 적용]을 클릭합니다.
03 슬라이드2를 선택하고, [전환] 탭 - [타이밍] 그룹에서 소리를 [박수]로 설정합니다.

적응문제 해설 | Chapter 5 프레젠테이션 정렬과 보호

Section 01 프레젠테이션 정렬과 슬라이드 다시 사용

완성 파일 : 완성5-01.pptx | 163 P

01 [보기] 탭 - [창] 그룹 - [새 창]을 클릭합니다.
02 [보기] 탭 - [창] 그룹 - [계단식]을 클릭합니다.
03 ❶ [검토] 탭 - [비교] 그룹 - [비교]를 클릭합니다.
❷ [현재 프레젠테이션에 병합할 파일 선택] 대화상자에서 '검토.pptx'를 선택한 후 [병합] 단추를 클릭합니다.
❸ [검토] 탭 - [비교] 그룹 - [적용] - [프레젠테이션의 모든 변경 내용 적용]을 클릭합니다.
04 ❶ 맨 뒤에 슬라이드를 추가해야 하므로 슬라이드 목록 창에서 마지막 슬라이드를 선택한 후 [홈] 탭 - [슬라이드] 그룹 - [새 슬라이드] - [슬라이드 다시 사용]을 클릭합니다.
❷ [슬라이드 다시 사용] 옵션 창에서 [찾아보기] - [파일 찾아보기]를 클릭합니다.
❸ [찾아보기] 대화상자에서 '리포트.pptx'를 선택한 후 [열기] 단추를 클릭합니다.
❹ [슬라이드 다시 사용] 옵션 창에 '리포트.pptx'의 슬라이드가 모두 펼쳐집니다. '리포트.pptx'의 슬라이드1부터 슬라이드4까지 차례대로 클릭합니다.

Section 02 프레젠테이션 검토

완성 파일 : 완성5-02.pptx | 167 P

01 ❶ 프레젠테이션 맞춤법 검사를 하기 위해 [검토] 탭 - [언어 교정] 그룹 - [맞춤법 검사]를 클릭합니다.
❷ [맞춤법 검사] 옵션 창에서 첫 번째 오류 단어 위치로 이동됩니다. 추천 단어로 변경하지 않을 경우 [한 번 건너뛰기] 단추를 클릭합니다. 변경할 오류 단어가 나올 때까지 [한 번 건너뛰기] 단추를 클릭합니다. 오류 단어 '초코렛'이나 '인슈린' 위치로 이동하면 추천 단어 중 '초콜릿'과 '인슐린'으로 선택한 후 [변경] 단추를 클릭합니다.

02 ❶ [파일] 탭 - [정보]에서 [문제 확인] - [호환성 검사]를 클릭합니다.
❷ [Microsoft PowerPoint 호환성 검사] 대화상자에서 요약 내용을 살펴본 후 [확인] 단추를 클릭합니다.

Section 03 프레젠테이션 보호
◉ 완성 파일 : 완성5-03.pptx | 174 P

01 ❶ [파일] 탭 - [정보] - [미디어 크기 및 성능] - [미디어 압축] - [표준(480p)]를 클릭합니다.
❷ 미디어 압축이 진행됩니다. 압축이 완료되면 [미디어 압축] 대화상자의 [닫기] 단추를 클릭합니다.
02 ❶ [파일] 탭 - [내보내기] - [CD용 패키지 프레젠테이션]을 클릭한 다음 [CD용 패키지]를 클릭합니다.
❷ [CD용 패키지] 대화상자에서 복사할 파일 목록에 현재 열려 있는 프레젠테이션이 자동으로 나타납니다. [옵션] 단추를 클릭합니다.
❸ [옵션] 대화상자에서 '연결된 파일'과 '포함된 트루타입 글꼴'에 모두 체크되어 있는지 확인한 후 [확인] 단추를 클릭합니다.
❹ [CD용 패키지] 대화상자의 CD이름에 '영양소'라고 입력하고 [폴더로 복사] 단추를 클릭합니다.
❺ [폴더에 복사] 대화상자의 폴더 이름에 자동으로 '영양소' 이름이 입력되어 있습니다. 저장 위치를 확인한 후 [확인] 단추를 클릭합니다. '완료 시 폴더 열기'에 체크되어 있어서 CD용 패키지가 만들어지면 폴더가 열리게 됩니다.
❻ 연결된 파일을 패키지에 포함하겠냐는 물음에 [예] 단추를 클릭합니다.
03 ❶ [파일] 탭 - [정보]에서 [프레젠테이션 보호] - [암호 설정]을 클릭합니다.
❷ [문서 암호화] 대화상자에서 '1212'를 입력하고 [확인] 단추를 클릭합니다. [암호 확인] 대화상자에서 다시 '1212' 라고 입력한 후 [확인] 단추를 클릭합니다.
❸ [파일] 탭 - [저장]을 클릭하여 암호화 문서를 저장합니다.

모의고사 해설

01 실전 모의고사

프로젝트 01

◉ 완성 파일 : 프로젝트1(완성).pptx

> **작업 1** 왼쪽에는 콘텐츠 개체가 있고, 오른쪽에는 그림 개체가 있는 "콘텐츠 및 그림"이라는 새로운 슬라이드 레이아웃을 만듭니다. 다른 모든 기본 개체들은 그대로 유지합니다. 새로운 개체의 크기와 위치는 중요하지 않습니다.

❶ Shift + 🖵 를 함께 눌러 슬라이드 마스터 보기 화면으로 이동합니다.
❷ [슬라이드 마스터] 탭 - [마스터 편집] 그룹 - [레이아웃 삽입]을 클릭합니다.
❸ [슬라이드 마스터] 탭 - [마스터 레이아웃] 그룹 - [개체 틀 삽입] - [콘텐츠]를 클릭한 후 슬라이드 창의 왼쪽에 드래그하여 그려 줍니다.
❹ [슬라이드 마스터] 탭 - [마스터 레이아웃] 그룹 - [개체 틀 삽입] - [그림]을 클릭한 후 슬라이드 창의 오른쪽에 드래그하여 그려 줍니다.
❺ 슬라이드 목록 창에서 새로 추가한 레이아웃을 선택한 후 [슬라이드 마스터] 탭 - [마스터 편집] 그룹 - [이름 바꾸기]를 클릭합니다.
❻ [레이아웃 이름 바꾸기] 대화상자에서 '콘텐츠 및 그림'이라고 입력하고 [확인] 단추를 클릭합니다.

> **작업 2** 슬라이드4에서 분기 방사형을 방사 주기형 SmartArt 그래픽으로 변환합니다.

❶ 기본 보기의 슬라이드 목록 창에서 슬라이드4를 선택한 후 SmartArt 그래픽을 선택합니다.
❷ [SmartArt 도구] - [디자인] 탭 - [레이아웃] 그룹의 자세히 단추(▽)를 클릭하고 [방사 주기형]을 선택합니다.

> **작업 3** 슬라이드5에서 삼각형의 색상을 녹색으로 바꾼 후 윤곽선은 검정색으로 바꿉니다.

❶ 슬라이드 목록 창에서 슬라이드5를 선택한 후 슬라이드 창에서 삼각형을 선택합니다.
❷ [홈] 탭 - [그리기 도구] 그룹 - [서식] 탭 - [도형 스타일] 그룹 - [도형 채우기(🎨)]의 [녹색]을 클릭합니다.
❸ [홈] 탭 - [그리기 도구] 그룹 - [서식] 탭 - [도형 스타일] 그룹 - [도형 윤곽선(✏)]의 [검정, 배경1]을 클릭합니다.

> **작업 4** 슬라이드5에서 모든 도형 개체를 그룹으로 묶습니다.

❶ 슬라이드 목록 창에서 슬라이드5를 선택한 후 도형 위에서 모두 포함되도록 드래그하여 선택합니다.
❷ Ctrl + G 키를 눌러 도형을 그룹화합니다.

> **작업 5** 슬라이드6에 경제효과.xlsx 파일의 표를 추가합니다.

❶ 슬라이드 목록 창에서 슬라이드6을 선택한 후 개체를 삽입하기 위해 [삽입] 탭 - [텍스트] 그룹 - [개체(🔲)]를 클릭합니다.
❷ [개체 삽입] 대화상자에서 '파일로부터 만들기'를 선택한 후 [찾아보기] 단추를 클릭합니다.
❸ [찾아보기] 대화상자가 나타나면 '경제효과.xlsx'를 선택한 후 [확인] 단추를 클릭합니다.
❹ [개체 삽입] 대화상자에 불러온 파일을 개체로 삽입하기 위해 [확인] 단추를 클릭합니다.

> **작업 6** 모든 슬라이드에 나타내기 전환을 추가합니다.

❶ [전환] 탭 - [슬라이드 화면 전환] 그룹의 자세히 단추(▼)를 클릭하고 [은은한 효과]의 [나타내기]를 클릭합니다.
❷ 모든 슬라이드에 적용하기 위해 [타이밍] 그룹 - [모두 적용]을 클릭합니다.

프로젝트 02

◉ 완성 파일 : 프로젝트2(완성).pptx

> **작업 1** 슬라이드2의 내용 텍스트에 왼쪽에서 날아오기 애니메이션을 적용합니다.

❶ 슬라이드2에서 텍스트 상자를 클릭한 후 [애니메이션] 탭 - [애니메이션] 그룹의 자세히 단추(▼)를 클릭하고 [날아오기]를 클릭합니다.
❷ [애니메이션] 탭 - [애니메이션] 그룹 - [효과 옵션] - [왼쪽에서]를 클릭합니다.

> **작업 2** 슬라이드3에서만 "농업정의"라는 문구로 바닥글을 추가합니다.

❶ 슬라이드3에서 [삽입] 탭 - [텍스트] 그룹 - [머리글/바닥글]을 클릭합니다.
❷ [머리글/바닥글] 대화상자에서 '바닥글'에 체크한 후 '농업정의'라고 입력하고 [적용] 단추를 클릭합니다.

> 참고 [모두 적용] 단추를 클릭하면 모든 슬라이드에 바닥글이 나타나므로 반드시 [적용] 단추를 클릭합니다.

> **작업 3** 슬라이드4에 있는 표의 스타일을 보통 스타일4-강조3으로 변경합니다.

❶ 슬라이드4에서 표를 선택합니다.
❷ [표 도구] - [디자인] 탭 - [표 스타일] 그룹의 자세히 단추(▼)를 클릭하고 [보통 스타일4-강조3]을 선택합니다.

> **작업 4** 슬라이드5에 있는 화살표:오각형의 가로 간격을 동일하게 적용합니다.

❶ 슬라이드5에 있는 '화살표:오각형'을 Shift 키를 누른 채 차례대로 클릭하여 모두 선택합니다.
❷ [그리기 도구] - [서식] 탭 - [정렬] 그룹 - [개체 맞춤(▤▼)]을 클릭한 후 [선택한 개체 맞춤]에 체크되어 있는지 확인하고 [가로 간격을 동일하게]를 클릭합니다.

> **작업 5** 슬라이드6에 있는 차트에서 "귀농가구수(여)" 계열만 꺾은선형 차트로 변경합니다.

❶ 슬라이드6에서 차트 중 '귀농가구수(여)' 계열을 선택합니다.
❷ [차트 도구] - [디자인] 탭 - [종류] 그룹 - [차트 종류 변경]을 클릭합니다.
❸ [차트 종류 변경] 대화상자에서 [콤보] 범주를 선택한 후 '귀농가구수(여)'의 차트 종류를 '꺾은선형'으로 선택하고 [확인] 단추를 클릭합니다.

| 작업 6 | 유기농업.docx 파일을 프레젠테이션 맨 마지막에 슬라이드 개요로 추가합니다. |

❶ 프레젠테이션의 맨 마지막에 개요를 추가하기 위해 슬라이드 목록 창에서 슬라이드6을 선택합니다.
❷ [홈] 탭 - [슬라이드] 그룹 - [새 슬라이드] - [슬라이드 개요]를 클릭합니다.
❸ [개요 삽입] 대화상자에서 '유기농업.docx' 파일을 선택한 후 [삽입] 단추를 클릭합니다.

프로젝트 03

⊙ 완성 파일 : 프로젝트3(완성).pptx

| 작업 1 | 슬라이드2에서 제목 텍스트의 문자 간격을 넓게(4포인트)로 변경한 다음, 텍스트 그림자를 적용합니다. |

❶ 슬라이드2에서 제목 텍스트 상자를 클릭한 후 [홈] 탭 - [글꼴] 그룹 - [문자 간격( )] - [기타 간격]을 클릭합니다.
❷ [글꼴] 대화상자의 [문자 간격] 탭에서 간격은 '넓게', 값은 '4pt'로 설정한 후 [확인] 단추를 클릭합니다.
❸ [홈] 탭 - [글꼴] 그룹 - [텍스트 그림자( )]를 클릭합니다.

| 작업 2 | 슬라이드3에서 둥근 모서리 사각형에 하이퍼링크 "http://www.all.go.kr"을 추가합니다. |

❶ 슬라이드3에서 둥근 모서리 사각형을 선택합니다.
❷ [삽입] 탭 - [링크] 그룹 - [하이퍼링크]를 클릭합니다.
❸ [하이퍼링크 삽입] 대화상자에서 연결 대상을 [기존 파일/웹 페이지]로 설정한 후 주소에 'http://www.all.go.kr'을 입력하고 [확인] 단추를 클릭합니다.

| 작업 3 | 슬라이드4 앞에 "기대효과"라고 하는 구역을 추가합니다. |

❶ 슬라이드4를 선택한 후 [홈] 탭 - [슬라이드] 그룹 - [구역] - [구역 추가]를 클릭합니다.
❷ [홈] 탭 - [슬라이드] 그룹 - [구역] - [구역 이름 바꾸기]를 클릭합니다.
❸ [구역 이름 바꾸기] 대화상자에서 구역 이름을 '기대효과'라고 입력한 후 [이름 바꾸기] 단추를 클릭합니다.

| 작업 4 | 슬라이드5의 그림에 바깥쪽 방향의 오프셋 오른쪽 아래 그림자 효과를 적용합니다. 그림의 그림자 색을 청회색, 강조6으로 하고 그림자의 크기를 102%로, 간격을 7포인트로 설정합니다. |

❶ 슬라이드5에서 그림을 선택합니다.
❷ [그림 도구] - [서식] 탭 - [그림 스타일] 그룹 - [그림 효과] - [그림자] - [그림자 옵션]을 클릭합니다.
❸ [그림 서식] 옵션 창에서 [미리 설정]을 [바깥쪽]의 [오프셋:오른쪽 아래쪽]으로, [색]은 [청회색, 강조6], [크기]는 '102%', [간격]은 '7pt'로 설정합니다.

| 작업 5 | "기대효과" 구역만 인쇄되도록 인쇄를 구성합니다. |

❶ [파일] 탭 - [인쇄]를 클릭합니다.
❷ [설정]의 인쇄 범위에서 [구역]을 [기대효과]로 선택합니다.

프로젝트 04

완성 파일 : 프로젝트4(완성).pptx

> **작업 1**   슬라이드 너비를 29.7cm, 높이를 21.0cm로 변경합니다. 콘텐츠를 슬라이드에 맞게 조정합니다.

❶ [디자인] 탭 - [사용자 지정] 그룹 - [슬라이드 크기] - [사용자 지정 슬라이드 크기]를 클릭합니다.
❷ [슬라이드 크기] 대화상자의 너비에 '29.7cm', 높이에 '21.0cm'라고 입력한 후 [확인] 단추를 클릭합니다.
❸ 새 슬라이드에 맞게 크기를 조정하겠냐는 대화상자가 나타나면 [맞춤 확인] 단추를 클릭합니다.

> **작업 2**   슬라이드2에 있는 SmartArt 그래픽을 1초 후에 위에서 수준(개별적으로)별로 닦아내기되도록 애니메이션 효과를 적용합니다.

❶ 슬라이드2에서 SmartArt 그래픽을 선택합니다.
❷ [애니메이션] 탭 - [애니메이션] 그룹의 자세히 단추(▼)를 클릭하고 [닦아내기]를 클릭합니다.
❸ [애니메이션] 탭 - [애니메이션] 그룹 - [효과 옵션]에서 방향은 [위에서], 시퀀스는 [수준(개별적으로)]를 클릭합니다.
❹ [애니메이션] 탭 - [타이밍] 그룹에서 지연을 '01.00'으로 설정합니다.

> **작업 3**   슬라이드3에서 글머리 기호를 원 숫자로 변경하고, 색상은 자주색으로 변경합니다.

❶ 슬라이드3에서 텍스트 상자를 선택한 후 [홈] 탭 - [단락] 그룹 - [번호 매기기(▤)]의 목록 단추(▼)를 클릭하고 [글머리 기호 및 번호 매기기]를 클릭합니다.
❷ [글머리 기호 및 번호 매기기] 대화상자의 [번호 매기기] 탭에서 [원 숫자]를 선택하고, 색의 ▦▾ 을 클릭하여 [자주]를 선택한 후 [확인] 단추를 클릭합니다.

> **작업 4**   슬라이드4에서 사각형 두 개의 크기를 각각 80%로 조정합니다. 이때 도형의 가로 세로 비율은 유지해야 합니다.

❶ 슬라이드4에서 먼저 위쪽 사각형을 선택합니다.
❷ [그리기 도구] - [서식] 탭 - [크기] 그룹의 표시 아이콘(▦)을 클릭합니다.
❸ [도형 서식] 옵션 창의 '가로 세로 비율 고정'에 체크한 후 높이 조절에 '80%'를 입력하고 Enter 키를 누릅니다. 너비 조절 값은 자동으로 '80%'로 조절됩니다.
❹ 슬라이드4에서 아래쪽 사각형도 같은 방법으로 크기를 '80%'로 조정합니다.

> **작업 5**   슬라이드5의 표에 있는 수치를 사용하여 3차원 묶은 가로 막대형을 만듭니다. "예산"이라는 이름을 계열로 사용합니다. 차트의 크기 조절은 선택 사항이고 차트 제목은 보이지 않게 합니다.

❶ 슬라이드5에서 [삽입] 탭 - [일러스트레이션] 그룹 - [차트]를 클릭합니다.
❷ [차트 삽입] 대화상자에서 [가로 막대형] 범주를 선택한 후 '3차원 묶은 가로 막대형'을 클릭하고 [확인] 단추를 클릭합니다.
❸ 엑셀 창에 항목을 입력하고 '금액'은 계열에 데이터를 입력하되, 계열 이름은 '예산'이라고 입력합니다.
❹ 엑셀 창에서 C, D의 열머리를 드래그하여 선택한 후 마우스 오른쪽 단추를 눌러 [삭제]를 클릭합니다. 차트 범위가 설정되었으면 엑셀 창을 닫습니다.
❺ [차트 도구] - [디자인] 탭 - [차트 레이아웃] 그룹 - [차트 요소 추가] - [차트 제목] - [없음]을 클릭합니다.
❻ 차트 크기를 알맞게 조절합니다.

프로젝트 05

> **완성 파일** : 프로젝트5(완성).pptx, 바리스타.pdf

작업 1 슬라이드1에 *coffee.jpg* 파일을 왼쪽에 삽입한 후 1:1 비율의 하트 모양으로 자릅니다.

❶ 슬라이드1에서 [삽입] 탭 - [이미지] 그룹 - [그림]을 클릭합니다.
❷ [그림 삽입] 대화상자에서 'coffee.jpg' 파일을 선택하고 [삽입] 단추를 클릭합니다.
❸ 삽입된 그림을 왼쪽에 위치시킨 후 [그림 도구] - [서식] 탭 - [크기] 그룹 - [자르기] - [도형에 맞춰 자르기] - [하트(♡)]를 클릭합니다.
❹ 그림이 하트 모양으로 잘리면 [크기] 그룹 - [자르기] - [가로 세로 비율] - [정사각형]의 [1:1]을 선택합니다.

작업 2 슬라이드2에서 내용 텍스트가 2단 목록이 되도록 목록 형식을 지정하고, 간격을 3cm로 적용합니다.

❶ 슬라이드2에서 텍스트 상자를 선택한 후 [홈] 탭 - [단락] 그룹 - [단 추가 및 제거(▤▾)] - [기타 단]을 클릭합니다.
❷ [단] 대화상자에서 개수는 '2', 간격 '3cm'라고 입력하고 [확인] 단추를 클릭합니다.

작업 3 제목 슬라이드를 제외한 모든 슬라이드에 페이지 번호와 바닥글 "시험안내"를 추가합니다.

❶ [삽입] 탭 - [텍스트] 그룹 - [머리글/바닥글]을 클릭합니다.
❷ [머리글/바닥글] 대화상자의 [슬라이드] 탭에서 '슬라이드 번호'에 체크하고, '바닥글'에 체크한 후 '시험안내'라고 입력합니다.
❸ 제목 슬라이드에는 슬라이드 번호와 바닥글을 표시하지 않기 위해 '제목 슬라이드에는 표시 안 함'에 체크하고 [모두 적용] 단추를 클릭합니다.

작업 4 페이지당 2개의 슬라이드가 있는 유인물의 복사본을 3부 인쇄하도록 인쇄 옵션을 설정합니다. 첫 페이지의 복사본 3부가 모두 인쇄된 후 두 번째 페이지의 복사본이 인쇄되어야 합니다.

❶ [파일] 탭 - [인쇄]를 클릭합니다.
❷ 인쇄 대상을 [유인물]의 [2슬라이드]로 선택합니다.
❸ 한 부씩 인쇄를 [한 부씩 인쇄 안 함]으로 설정한 후 복사본을 '3'으로 입력합니다.

작업 5 프레젠테이션을 "바리스타"라는 이름의 PDF 파일로 문서 폴더에 저장합니다.

❶ [파일] 탭 - [내보내기] - [PDF/XPS 문서 만들기] - [PDF/XPS 만들기] 단추를 클릭합니다.
❷ [PDF/XPS로 게시] 대화상자에서 문서 폴더로 경로를 설정한 후 파일 이름에 '바리스타'라고 입력하고 파일 형식을 [PDF 문서(*.pdf)]로 설정한 후 [게시] 단추를 클릭합니다.

프로젝트 06

완성 파일 : 프로젝트6(완성).pptx

> **작업 1**   물.jpg 파일을 슬라이드 마스터에 배경으로, 투명도는 70%로 적용합니다. 제목 슬라이드 레이아웃에는 배경 그래픽을 숨기기합니다.

❶ Shift + 기본 보기 아이콘을 눌러 슬라이드 마스터 보기 화면으로 이동한 후 슬라이드 목록 창에서 최상위 슬라이드 마스터를 클릭합니다.
❷ [슬라이드 마스터] 탭 - [배경] 그룹 - [배경 스타일] - [배경 서식]을 클릭합니다.
❸ [배경 서식] 옵션 창에서 '그림 또는 질감 채우기'를 선택합니다.
❹ [다음에서 그림 삽입]의 [파일] 단추를 클릭한 후 [그림 삽입] 대화상자에서 '물.jpg' 파일을 선택하고 [삽입] 단추를 클릭합니다.
❺ 투명도를 '70%'로 조정한 후 [모두 적용] 단추를 클릭하고 [배경 서식] 옵션 창을 닫습니다.
❻ 슬라이드 목록 창에서 제목 슬라이드 레이아웃을 선택한 후 [슬라이드 마스터] 탭 - [배경] 그룹에서 [배경 그래픽 숨기기]에 체크합니다.

> **작업 2**   슬라이드1에 오디오가 자동으로 재생되도록 오디오 클립을 설정합니다. 쇼가 진행되는 동안에는 아이콘을 숨깁니다.

❶ 슬라이드1에서 오디오 아이콘을 선택합니다.
❷ [오디오 도구] - [재생] 탭 - [오디오 옵션]에서 시작을 [자동 실행]으로 설정하고 [쇼 동안 숨기기]에 체크합니다.

> **작업 3**   슬라이드3을 콘텐츠 2개 슬라이드 레이아웃으로 변경합니다.

슬라이드3에서 [홈] 탭 - [슬라이드] 그룹 - [레이아웃] - [콘텐츠 2개]를 클릭합니다.

> **작업 4**   슬라이드3에 생수.mp4를 추가합니다. 비디오는 가로 왼쪽 위 모서리에서 19cm, 세로 왼쪽 위 모서리에서 7cm에 위치시킵니다.

❶ [삽입] 탭 - [미디어] 그룹 - [비디오] - [내 PC의 비디오]를 클릭합니다.
❷ [비디오 삽입] 대화상자에서 '생수.mp4'를 선택한 후 [삽입] 단추를 클릭합니다.
❸ 삽입된 비디오 클립을 선택한 후 [비디오 도구] - [서식] 탭 - [크기] 그룹의 표시 아이콘(□)을 클릭합니다.
❹ [비디오 형식 지정] 옵션 창에서 [위치]를 클릭하고 가로 위치를 '19cm'로, 기준은 '왼쪽 위 모서리'로 설정합니다. 세로 위치를 '7cm'로, 기준은 '왼쪽 위 모서리'로 설정합니다.

프로젝트 07

● 완성 파일 : 프로젝트7(완성).pptx

> **작업 1**　문서 속성 및 개인 정보를 제거합니다.

❶ [파일] 탭 - [정보]에서 [문제 확인] - [문서 검사]를 클릭합니다.
❷ [문서 검사] 대화상자에서 '문서 속성 및 개인 정보'에 체크된 것을 확인한 후 [검사] 단추를 클릭합니다.
❸ '문서 속성 및 개인 정보'에 느낌표가 보이면 [모두 제거] 단추를 클릭합니다.
❹ 문서 속성 및 개인 정보가 제거되었으면 [닫기] 단추를 클릭합니다.

> **작업 2**　슬라이드 너비를 17.6cm, 높이를 25cm로 변경합니다. 콘텐츠를 슬라이드에 맞게 조정합니다.

❶ [디자인] 탭 - [사용자 지정] 그룹 - [슬라이드 크기] - [사용자 지정 슬라이드 크기]를 클릭합니다.
❷ [슬라이드 크기] 대화상자에서 너비는 '17.6cm', 높이는 '25cm'로 설정한 후 [확인] 단추를 클릭합니다.
❸ 새 슬라이드에 맞게 크기를 줄이겠냐는 대화상자가 나타나면 [맞춤 확인] 단추를 클릭합니다.

> **작업 3**　균.jpg 파일을 슬라이드2의 오른쪽 위에 배치하고, 배경을 투명한 색으로 설정합니다. 그림의 크기 조절은 선택 사항입니다.

❶ [삽입] 탭 - [이미지] 그룹 - [그림]을 클릭합니다.
❷ [그림 삽입] 대화상자에서 '균.jpg'를 선택하고 [삽입] 단추를 클릭합니다.
❸ 삽입된 그림을 드래그하여 오른쪽 위에 위치시킵니다.
❹ 삽입된 그림을 선택하고, [그림 도구] - [서식] 탭 - [조정] 그룹 - [색] - [투명한 색 설정]을 클릭합니다.
❺ 그림의 흰색 배경을 마우스로 클릭합니다.

> **작업 4**　슬라이드4의 "식중독은 예방이 최고!"라는 텍스트에 채우기 : 분홍, 강조색3, 선명한 입체 WordArt 스타일을 적용합니다.

슬라이드4에서 '식중독은 예방이 최고!' 텍스트 상자를 선택한 후 [그리기 도구] - [서식] 탭 - [WordArt 스타일] 그룹 - [빠른 스타일] - [채우기 : 분홍, 강조색3, 선명한 입체]를 선택합니다.

> **작업 5**　슬라이드4에 있는 그림을 11pt 진한 보라, 강조색1 네온 효과를 적용하고, 절단 입체 효과를 추가합니다.

❶ 슬라이드4에 있는 그림을 선택한 후 [그림 도구] - [서식] 탭 - [그림 스타일] 그룹 - [그림 효과] - [네온] - [네온 : 11pt, 진한 보라, 강조색1]을 클릭합니다.
❷ [그림 도구] - [서식] 탭 - [그림 스타일] 그룹 - [그림 효과] - [입체 효과] - [절단]을 클릭합니다.
참고 프로그램 버전 업데이트에 따라 효과 명칭이 다를 수 있습니다. '절단'이 '급경사'로 바뀐 경우도 있으니 참고해 주세요.

모의고사 해설

02 실전 모의고사

프로젝트 01

완성 파일 : 프로젝트1(완성).pptx, 이벤트.xps

작업 1   프레젠테이션을 "이벤트"라는 이름의 XPS 파일로 문서 폴더에 저장합니다.

1. [파일] 탭 - [내보내기] - [PDF/XPS 문서 만들기] - [PDF/XPS 만들기] 단추를 클릭합니다.
2. [PDF/XPS로 게시] 대화상자에서 문서 폴더로 경로를 설정한 후 파일 이름에 '이벤트'를 입력하고 파일 형식은 'XPS 문서(*.xps)'로 설정한 후 [게시] 단추를 클릭합니다.

작업 2   슬라이드2의 제목 텍스트에 "페스티벌"이라는 메모를 추가합니다.

1. 슬라이드2에서 제목 텍스트를 선택한 후 [삽입] 탭 - [메모] 그룹 - [메모]를 클릭합니다.
2. [메모] 옵션 창에 메모를 입력할 수 있는 메모 상자가 표시되면 '페스티벌'이라고 입력합니다.

작업 3   슬라이드3에 있는 SmartArt 그래픽에 세로 바깥쪽으로 나누기 애니메이션을 개별적으로 적용합니다. 1초 후에 차례대로 애니메이션 효과가 나타나도록 적용합니다.

1. 슬라이드3에 있는 SmartArt 그래픽을 선택한 후 [애니메이션] 탭 - [애니메이션] 그룹의 자세히 단추(▼)를 클릭하고 [나누기]를 선택합니다.
2. [애니메이션] 탭 - [애니메이션] 그룹 - [효과 옵션]에서 방향은 [세로 바깥쪽으로], 시퀀스는 [개별적으로]를 클릭합니다.
3. [애니메이션] 탭 - [타이밍] 그룹에서 지연을 '01.00'으로 설정합니다.

작업 4   슬라이드5에 있는 비디오를 "00:02"에 시작하여 "00:30"에 종료하도록 트리밍 합니다.

1. 슬라이드5에서 비디오 클립을 선택한 후 [비디오 도구] - [재생] 탭 - [편집] 그룹 - [비디오 트리밍]을 클릭합니다.
2. [비디오 트리밍] 대화상자에서 시작 시간을 '00:02', 종료 시간을 '00:30'으로 설정한 후 [확인] 단추를 클릭합니다.

작업 5   슬라이드6에 제목 슬라이드 레이아웃으로 변경합니다.

슬라이드6을 선택한 후 [홈] 탭 - [슬라이드] 그룹 - [레이아웃] - [제목 슬라이드]를 클릭합니다.

프로젝트 02

> 완성 파일 : 프로젝트2(완성).pptx

작업 1   모든 슬라이드에 깜박이기 전환 효과를 적용하고, 전환 시 기간을 3초로 설정한 후 소리를 클릭 소리로 설정합니다.

❶ [전환] 탭 - [슬라이드 화면 전환] 그룹의 자세히 단추(▼)를 클릭하고 [은은한 효과]의 [깜박이기]를 클릭합니다.
❷ [전환] 탭 - [타이밍] 그룹에서 소리는 [클릭]으로, 기간은 '03.00'으로 설정한 후 [모두 적용]을 클릭합니다.

작업 2   슬라이드2에서 해의 크기가 두 배가 되도록 조정합니다. 가로 세로 비율을 유지해야 합니다.

❶ 슬라이드2에서 해 도형을 선택한 후 [그리기 도구] - [서식] 탭 - [크기] 그룹의 표시 아이콘(⬒)을 클릭합니다.
❷ [도형 서식] 옵션 창의 [크기]에서 '가로 세로 비율 고정'에 체크하고 높이 조절에 '200%'로 입력한 후 Enter 키를 누릅니다. 너비도 자동으로 조절됩니다.

작업 3   슬라이드3에 있는 텍스트 상자의 글머리 기호를 *기호.png* 파일로 변경합니다.

❶ 슬라이드3에서 텍스트 상자를 선택한 후 [홈] 탭 - [단락] 그룹 - [글머리 기호(☱▾)]의 목록 단추(▼)를 클릭하고 [글머리 기호 및 번호 매기기]를 클릭합니다.
❷ [글머리 기호 및 번호 매기기] 대화상자의 [글머리 기호] 탭에서 [그림] 단추를 클릭합니다.
❸ [그림 삽입] 대화상자에서 파일에서 [찾아보기]를 클릭한 후 [그림 삽입] 대화상자에서 '기호.png'를 선택한 후 [삽입] 단추를 클릭합니다.

작업 4   슬라이드4에 있는 둥근 모서리 사각형들을 오크 질감으로 채워 줍니다.

❶ 슬라이드4에 있는 둥근 모서리 사각형을 Shift 키를 누른 채 클릭하여 모두 선택합니다.
❷ [홈] 탭 - [그리기] 그룹 - [도형 채우기(◬▾)] - [질감] - [오크]를 클릭합니다.
> **참고** [그리기 도구] - [서식] 탭 - [도형 스타일] 그룹에서 설정할 수도 있습니다.

작업 5   유인물 마스터에 "검토"라는 왼쪽 바닥글이 표시되도록 변경합니다.

❶ [보기] 탭 - [마스터 보기] 그룹 - [유인물 마스터]를 클릭합니다.
❷ [삽입] 탭 - [텍스트] 그룹 - [머리글/바닥글]을 클릭합니다.
❸ [머리글/바닥글] 대화상자의 [슬라이드 노트 및 유인물] 탭에서 '바닥글'에 체크한 후 '검토'라고 입력하고, [모두 적용] 단추를 클릭합니다.
❹ [유인물 마스터] 탭 - [닫기] 그룹 - [마스터 보기 닫기]를 클릭합니다.

프로젝트 03

> 완성 파일 : 프로젝트3(완성).pptx

> **작업 1** *커피.pptx*의 3, 4, 5 슬라이드를 프레젠테이션 맨 뒤에 순서대로 추가합니다.

① 슬라이드 목록 창에서 맨 마지막 슬라이드5를 선택합니다.
② [홈] 탭 - [슬라이드] 그룹 - [새 슬라이드] - [슬라이드 다시 사용]을 클릭합니다.
③ [슬라이드 다시 사용] 옵션 창에서 삽입할 슬라이드 위치의 [찾아보기] - [파일 찾아보기]를 클릭합니다.
④ [찾아보기] 대화상자에서 '커피.pptx'를 선택하고, [열기] 단추를 클릭합니다.
⑤ '커피.pptx'의 슬라이드가 [슬라이드 다시 사용] 옵션 창에 나타나면 추가할 슬라이드 3, 4, 5를 순서대로 클릭하여 추가합니다.

> **작업 2** 슬라이드2에 *커피.jpg* 파일을 삽입합니다. 텍스트 오른쪽에 위치시키고, 밝기 –20%, 대비-40%를 설정합니다.

① 슬라이드2에서 [삽입] 탭 - [이미지] 그룹 - [그림]을 클릭합니다.
② [그림 삽입] 대화상자에서 '커피.jpg'를 선택한 후 [삽입] 단추를 클릭합니다.
③ 삽입한 텍스트 그림을 드래그하여 텍스트 오른쪽에 위치시킵니다.
④ [그림 도구] - [서식] 탭 - [조정] 그룹 - [수정]에서 [밝기/대비]의 [밝기–20%, 대비-40%]를 클릭합니다.

> **작업 3** 슬라이드3에 있는 SmartArt 그래픽에 색상형 범위 – 강조색2 또는 3을 적용하고, SmartArt 스타일은 경사를 적용합니다.

① 슬라이드3에 있는 SmartArt 그래픽를 선택한 후 [SmartArt 도구] - [디자인] 탭 - [SmartArt 스타일] 그룹 - [색 변경]의 [색상형 범위 - 강조색2 또는 3]을 클릭합니다.
② [SmartArt 도구] - [디자인] 탭 - [SmartArt 스타일] 그룹의 자세히 단추(▼)를 클릭하고 [경사]를 선택합니다.

> **작업 4** 슬라이드4에 있는 차트의 스타일을 스타일4로 변경한 다음, 색을 단색형 구역에 있는 단색 색상표 9로 변경합니다.

① 슬라이드4에서 차트를 선택합니다.
② [차트 도구] - [디자인] 탭 - [차트 스타일] 그룹의 자세히 단추(▼)를 클릭하고 [스타일4]를 클릭합니다.
③ [차트 도구] - [디자인] 탭 - [차트 스타일] 그룹 - [색 변경] - [단색형]의 [단색 색상표9]를 클릭합니다.

> **작업 5** 슬라이드5에서 "비고" 열을 삭제하고 표의 마지막에 한 개의 빈 행을 추가합니다.

① 슬라이드5의 '비고'에 커서를 두고, [표 도구] - [레이아웃] 탭 - [행 및 열] 그룹 - [삭제] - [열 삭제]를 클릭합니다.
② 표의 마지막 행에 커서를 두고, [표 도구] - [레이아웃] 탭 - [행 및 열] 그룹 - [아래에 삽입]을 클릭합니다.

프로젝트 04

⦿ 완성 파일 : 프로젝트4(완성).pptx

| 작업 1 | 파일 속성 범주에 "**발표용**"을 추가합니다. |

❶ [파일] 탭 - [정보]를 클릭합니다.
❷ 정보 화면 오른쪽의 속성에서 범주에 '발표용'이라고 입력합니다.

| 작업 2 | 슬라이드2에 있는 도형들이 "카이로 지진", "니카타 지진", "메시나 지진", "싱타이 지진"순으로 보여지도록 정렬합니다. |

❶ 슬라이드2에서 '메시나 지진' 도형을 선택한 후 [그리기 도구] - [서식] 탭 - [정렬] 그룹 - [뒤로 보내기] - [맨 뒤로 보내기]를 클릭합니다.
❷ '싱타이 지진' 도형을 선택한 후 [그리기 도구] - [서식] 탭 - [정렬] 그룹 - [뒤로 보내기] - [맨 뒤로 보내기]를 클릭합니다.

| 작업 3 | 슬라이드2에서 슬라이드3으로 전환될 때 왼쪽에서 갤러리 전환 효과를 추가합니다. |

❶ 슬라이드3을 선택한 후 [전환] 탭 - [슬라이드 화면 전환] 그룹의 자세히 단추(▽)를 클릭하고 [갤러리]를 클릭합니다.
❷ [전환] 탭 - [슬라이드 화면 전환] 그룹 - [효과 옵션] - [왼쪽에서]를 클릭합니다.

| 작업 4 | 슬라이드4의 각 화살표의 오른쪽 끝이 맨 아래에 있는 화살표의 끝과 일치하도록 정렬합니다. |

❶ 슬라이드4에서 화살표:갈매기형 수장들을 Shift 키를 누른 채 클릭하여 모두 선택합니다.
❷ [그리기 도구] - [서식] 탭 - [정렬] 그룹 - 개체 맞춤(▣▼)]에서 [선택한 개체 맞춤]이 체크되어 있는지 확인한 후 [오른쪽 맞춤]을 클릭합니다.

| 작업 5 | 슬라이드 쇼 유형을 웹 형식으로 진행하고, 화면 전환을 수동으로 구성합니다. |

❶ [슬라이드 쇼] 탭 - [설정] 그룹 - [슬라이드 쇼 설정]을 클릭합니다.
❷ [쇼 설정] 대화상자에서 보기 형식은 '웹 형식으로 진행'을 선택하고, 화면 전환은 '수동'으로 설정한 후 [확인] 단추를 클릭합니다.

프로젝트 05

> 완성 파일 : 프로젝트5(완성).pptx

작업 1   슬라이드 1, 3, 5만 포함하는 "음주운전사고"라는 이름의 슬라이드 쇼를 재구성합니다.

1. [슬라이드 쇼] 탭 - [슬라이드 쇼 시작] 그룹 - [슬라이드 쇼 재구성] - [쇼 재구성]을 클릭합니다.
2. [쇼 재구성] 대화상자에서 [새로 만들기] 단추를 클릭합니다.
3. [쇼 재구성 하기] 대화상자의 슬라이드 쇼 이름에 '음주운전사고'라고 입력한 후 프레젠테이션에 있는 슬라이드에서 '1, 3, 5 슬라이드'에 체크하고 [추가] 단추를 클릭합니다.
4. '1, 3, 5 슬라이드'가 추가된 것을 확인한 후 [확인] 단추를 클릭합니다.
5. [쇼 재구성] 대화상자에서 [닫기] 단추를 클릭합니다.

작업 2   슬라이드2에 있는 표에 보통 스타일2-강조2를 적용합니다. 첫째 열을 진하게 하고, 첫째 행은 진하지 않게 표 스타일을 변경합니다.

1. 슬라이드2에 있는 표를 선택한 후 [표 도구] - [디자인] 탭 - [표 스타일] 그룹의 자세히 단추(▽)를 클릭하고 [보통 스타일2-강조2]를 클릭합니다.
2. [표 도구] - [디자인] 탭 - [표 스타일 옵션] 그룹에서 [머리글 행]의 체크를 해제하고 [첫째 열]에 체크합니다.

작업 3   슬라이드3에 있는 그림을 복사 꾸밈 효과로 변경합니다.

1. 슬라이드3에 있는 그림을 선택합니다.
2. [그림 도구] - [서식] 탭 - [조정] 그룹 - [꾸밈 효과] - [복사]를 클릭합니다.

작업 4   제목 슬라이드를 제외한 모든 슬라이드에 페이지 번호를 추가하고, 슬라이드4에만 "알코올 중독자"라는 문구로 바닥글을 추가합니다.

1. [삽입] 탭 - [텍스트] 그룹 - [슬라이드 번호 삽입(▣)]을 클릭합니다.
2. [머리글/바닥글] 대화상자에서 '슬라이드 번호'와 '제목 슬라이드에는 표시 안 함'에 체크 표시한 후 [모두 적용] 단추를 클릭합니다.
3. 슬라이드4에만 바닥글을 추가하기 위해 슬라이드 목록 창에서 슬라이드4를 선택한 후 [삽입] 탭 - [텍스트] 그룹 - [머리글/바닥글]을 클릭합니다.
4. [머리글/바닥글] 대화상자에서 '바닥글'에 체크한 후 '알코올 중독자'라고 입력하고 [적용] 단추를 클릭합니다.

작업 5   슬라이드5의 차트에 범례가 위쪽에 나타나도록 변경합니다. "전체사고"의 레이블만 차트와 가운데 맞춤으로 변경합니다.

1. 슬라이드5의 차트를 선택한 후 [차트 도구] - [디자인] 탭 - [차트 레이아웃] 그룹 - [차트 요소 추가] - [범례] - [위쪽]을 클릭합니다.
2. 차트에서 "전체사고" 계열을 선택한 후 [차트 도구] - [디자인] 탭 - [차트 레이아웃] 그룹 - [차트 요소 추가] - [데이터 레이블] - [가운데]를 클릭합니다.

프로젝트 06

> 완성 파일 : 프로젝트6(완성).pptx

작업 1   슬라이드에서 문서를 검사하여 문서 속성 및 개인 정보와 슬라이드 외부 내용을 모두 제거합니다.

❶ [파일] 탭 - [정보]에서 [문제 확인] - [문서 검사]를 클릭합니다.
❷ 문서 검사 주의 사항에 관한 대화상자가 나타나면 [예] 단추를 클릭합니다.
❸ [문서 검사] 대화상자에서 '문서 속성 및 개인 정보'에 체크된 것을 확인하고, '슬라이드 외부 내용'에 체크한 후 [검사] 단추를 클릭합니다.
❹ '문서 속성 및 개인 정보'와 '슬라이드 외부 내용'에 느낌표가 보이면 [모두 제거] 단추를 각각 클릭한 후 [닫기] 단추를 클릭합니다.

작업 2   슬라이드2에 피라미드 목록형 SmartArt를 삽입합니다. 위에서부터 아래로 "친환경 농산물 인증제", "식품이력추적관리제", "탄소성적표지인증제"라는 텍스트를 입력합니다. 광택 처리 스타일을 적용합니다. (피라미드 목록형의 크기 조절은 선택 사항입니다.)

❶ 슬라이드2에서 [삽입] 탭 - [일러스트레이션] 그룹 - [SmartArt]를 클릭합니다.
❷ [SmartArt 그래픽 선택] 대화상자에서 [피라미드형] 범주를 클릭하고, '피라미드 목록형'을 클릭한 후 [확인] 단추를 클릭합니다.
❸ 텍스트 창에 '친환경 농산물 인증제'를 입력하고 ↓ 키를 누른 후 '식품이력추적관리제'를 입력하고 ↓ 키를 누른 후 '탄소성적표지인증제'라고 텍스트를 입력합니다.
❹ SmartArt 그래픽을 선택한 후 [SmartArt 도구] - [디자인] 탭 - [SmartArt 스타일] 그룹의 자세히 단추(▼)를 클릭하고 [광택 처리]를 클릭합니다.

작업 3   슬라이드3의 "건강하고 안전한 식생활"이라는 텍스트에 무늬 채우기:주황, 강조색1, 50%, 진한 그림자: 주황, 강조색1 WordArt 스타일을 적용하고, 계단식 위로 변환을 적용합니다.

❶ 슬라이드 3에서 '건강하고 안전한 식생활' 텍스트를 선택한 후 [그리기 도구] - [서식] 탭 - [WordArt 스타일] 그룹 - [빠른 스타일] - [무늬 채우기:주황, 강조색1, 50%, 진한 그림자: 주황, 강조색1]을 클릭합니다.
❷ [그리기 도구] - [서식] 탭 - [WordArt 스타일] 그룹 - [텍스트 효과(▼)] - [변환] - [계단식 : 위로]를 클릭합니다.

작업 4   슬라이드4에 있는 그림에 낮은 수준의 원근감, 흰색 그림 스타일을 적용합니다.

❶ 슬라이드4에 있는 그림을 선택합니다.
❷ [그림 도구] - [서식] 탭 - [그림 스타일] 그룹의 자세히 단추(▼)를 클릭하고 [낮은 수준의 원근감, 흰색] 그림 스타일을 클릭합니다.

작업 5   "식품이력추적관리제" 슬라이드를 프레젠테이션 맨 끝 부분에 나타나도록 이동시킵니다.

❶ 슬라이드 목록 창에서 슬라이드3(식품이력추적관리제)을 선택합니다.
❷ 슬라이드3을 드래그하여 프레젠테이션 맨 끝 부분으로 이동시킵니다.

프로젝트 07

> 완성 파일 : 프로젝트7(완성).pptx

작업 1   프레젠테이션에 있는 메모를 숨깁니다.

[검토] 탭 - [메모] 그룹 - [메모 표시] - [메모 및 변경 내용 표시]를 체크 해제합니다.

작업 2   슬라이드2에 있는 그림의 주황색 배경을 투명한 색으로 설정합니다.

❶ 슬라이드2에 있는 그림을 선택한 후 [그림 도구] - [서식] 탭 - [조정] 그룹 - [색] - [투명한 색 설정]을 클릭합니다.
❷ 그림에서 주황색의 배경 부분을 클릭합니다.

작업 3   슬라이드3에 있는 SmartArt 그래픽에 도형을 추가하고 "파밍"이라고 입력합니다.

❶ 슬라이드3에 있는 SmartArt 그래픽을 선택합니다.
❷ SmartArt 그래픽의 텍스트 창에서 '금융사기' 옆에 커서를 둔 후 Enter 키를 누릅니다.
❸ 도형이 추가되면 텍스트 창에서 '파밍'이라고 입력합니다.

작업 4   슬라이드4에 있는 차트를 표식이 있는 꺾은선형으로 변경하고, 데이터 레이블은 위쪽으로 적용합니다.

❶ 슬라이드4에 있는 차트를 선택한 후 [차트 도구] - [디자인] 탭 - [종류] 그룹 - [차트 종류 변경]을 클릭합니다.
❷ [차트 종류 변경] 대화상자에서 [꺾은선형] 범주를 선택한 후 '표식이 있는 꺾은선형'을 선택하고 [확인] 단추를 클릭합니다.
❸ [차트 도구] - [디자인] 탭 - [차트 레이아웃] 그룹 - [차트 요소 추가] - [데이터 레이블] - [위쪽]을 클릭합니다.

작업 5   슬라이드5에서 하트 도형을 포인트가 12개인 별 도형으로 변경합니다.

슬라이드5에 있는 하트 도형을 선택한 후 [그리기 도구] - [서식] 탭 - [도형 삽입] 그룹 - [도형 편집(🔲)] - [도형 모양 변경] - [별:꼭짓점 12개(🔯)]를 클릭합니다.

작업 6   슬라이드5에서 포인트가 12개인 별 도형에 원형 이동 경로를 적용합니다.

❶ 슬라이드5에 있는 포인트가 12개인 별 도형을 선택한 후 [애니메이션] 탭 - [애니메이션] 그룹의 자세히 단추(▽)를 클릭하고 [추가 이동 경로]를 클릭합니다.
❷ [이동 경로 변경] 대화상자에서 [원형]을 선택하고 [확인] 단추를 클릭합니다.

모의고사 해설

03 실전 모의고사

프로젝트 01
◉ 완성 파일 : 프로젝트1(완성).pptx

작업 1 제목이 "휴양림"이 되도록 파일 속성을 변경합니다.

[파일] 탭 - [정보]에서 제목에 '휴양림'이라고 입력합니다.

작업 2 슬라이드 마스터의 테마를 틀 테마로 변경한 후, 폰트를 맑은 고딕으로 변경합니다.

❶ Shift + 📄 를 눌러 슬라이드 마스터 보기 화면으로 이동합니다.
❷ 슬라이드 목록 창에서 최상위에 있는 슬라이드 마스터를 선택한 후 [슬라이드 마스터] 탭 - [테마 편집] 그룹 - [테마] - [틀]을 클릭합니다.
❸ [슬라이드 마스터] 탭 - [배경] 그룹 - [글꼴] - [맑은 고딕]을 클릭합니다.

작업 3 슬라이드2에 있는 텍스트를 구름 도형 앞으로 가져옵니다.

❶ 슬라이드2에서 텍스트 상자를 클릭합니다.
❷ [그리기 도구] - [서식] 탭 - [정렬] 그룹 - [앞으로 가져오기] - [맨 앞으로 가져오기]를 클릭합니다.

작업 4 슬라이드3의 텍스트를 교대 육각형 SmartArt 그래픽으로 변환합니다.

❶ 슬라이드3에서 텍스트 상자를 선택한 후 [홈] 탭 - [단락] 그룹 - [SmartArt 그래픽으로 변환(📊)] - [기타 SmartArt 그래픽]을 클릭합니다.
❷ [SmartArt 그래픽 선택] 대화상자에서 [목록형] 범주를 선택하고 '교대 육각형'을 클릭한 후 [확인] 단추를 클릭합니다.

작업 5 슬라이드4의 모든 도형을 그룹으로 묶은 후 중간 맞춤 되도록 정렬합니다.

❶ 슬라이드4에서 도형이 모두 포함되도록 도형 위에서 드래그한 후 Ctrl + G 키를 눌러 그룹화합니다.
❷ 그룹을 선택하고 [그리기 도구] - [서식] 탭 - [정렬] 그룹 - [개체 맞춤(📐)]에서 [슬라이드에 맞춤]에 체크되어 있는지 확인한 후 [중간 맞춤]을 클릭합니다.

작업 6 슬라이드5의 차트를 왼쪽에서 계열별로 닦아내기 애니메이션이 자동으로 진행되도록 설정합니다.

❶ 슬라이드5의 차트를 선택한 후 [애니메이션] 탭 - [애니메이션] 그룹의 자세히 단추(▼)를 클릭하고 [닦아내기]를 클릭합니다.
❷ [애니메이션] 탭 - [애니메이션] 그룹 - [효과 옵션]에서 [방향]은 [왼쪽에서], [시퀀스]는 [계열별로]를 클릭합니다.
❸ [애니메이션] 탭 - [타이밍] 그룹에서 시작을 [이전 효과 다음에]로 설정합니다.

모의고사 해설 **243**

프로젝트 02

완성 파일 : 프로젝트2(완성).pptx

작업 1 슬라이드 마스터에서 배경 서식은 아래쪽 스포트라이트-강조5 그라데이션 채우기를 적용합니다.

1. Shift + 🖽 를 함께 눌러 슬라이드 마스터 보기 화면으로 이동합니다.
2. 슬라이드 목록 창에서 최상위에 있는 슬라이드 마스터를 선택한 후 [슬라이드 마스터] 탭 - [배경] 그룹 - [배경 스타일] - [배경 서식]을 클릭합니다.
3. [배경 서식] 옵션 창의 [채우기]에서 '그라데이션 채우기'를 체크한 후 그라데이션 미리 설정에서 [아래쪽 스포트라이트-강조5]를 선택합니다.

작업 2 슬라이드2에 있는 표에 보통 스타일1-강조4를 적용합니다. 열은 줄무늬 열로, 행은 줄무늬 행이 되지 않도록 표 스타일을 변경합니다.

1. 슬라이드2에 있는 표를 선택한 후 [표 도구] - [디자인] 탭 - [표 스타일] 그룹의 자세히 단추(▼)를 클릭하고 [보통 스타일1-강조4]를 클릭합니다.
2. [표 도구] - [디자인] 탭 - [표 스타일 옵션] 그룹에서 [줄무늬 행]에 체크 해제하고 [줄무늬 열]에 체크합니다.

작업 3 슬라이드3의 텍스트 상자의 줄 간격을 1줄로 설정하고, 단락 앞을 6pt로 적용합니다.

1. 슬라이드3에서 텍스트 상자를 선택한 후 [홈] 탭 - [단락] 그룹 - [줄 간격(≡▼)] - [줄 간격 옵션]을 클릭합니다.
2. [단락] 대화상자의 간격에서 단락 앞은 '6pt', 줄 간격은 '1줄'로 설정한 후 [확인] 단추를 클릭합니다.

작업 4 프레젠테이션에서 사용되는 문자에만 글꼴이 포함되도록 설정합니다. 프레젠테이션을 저장합니다.

1. [파일] 탭 - [옵션]을 클릭합니다.
2. [PowerPoint 옵션] 대화상자에서 [저장] 범주를 클릭한 후 이 프레젠테이션 공유 시 화질 보존에서 '파일의 글꼴 포함'에 체크하고, '프레젠테이션에 사용되는 문자만 포함(파일 크기를 줄여줌)'을 선택합니다. [확인] 단추를 클릭합니다.
3. [파일] 탭 - [저장]을 클릭합니다.

프로젝트 03

완성 파일 : 프로젝트3(완성).pptx

작업 1 파일의 호환성을 검사합니다.

1. [파일] 탭 - [정보]에서 [문제 확인] - [호환성 검사]를 클릭합니다.
2. [Microsoft PowerPoint 호환성 검사] 대화상자에서 이전 버전과 호환되지 않는 부분을 확인한 후 [확인] 단추를 클릭합니다.

작업 2 슬라이드3에 있는 도형의 애니메이션 순서가 왼쪽에서 오른쪽으로 하나씩 페이드 인 되도록 애니메이션 순서를 조정합니다.

1. 슬라이드3에서 왼쪽의 둥근 모서리 사각형을 선택한 후 [애니메이션] 탭 - [애니메이션] 그룹의 자세히 단추(▼)를 클릭하고 [밝기 변화]를 클릭합니다. 같은 방법으로 둥근 모서리 사각형을 순차적으로 선택하여 각각 적용합니다.

❷ 둥근 모서리 사각형을 모두 선택한 후 [애니메이션] 탭 – [타이밍] 그룹에서 시작을 [이전 효과 다음에]로 설정합니다.

| 작업 3 | 슬라이드4에 있는 표의 "구분" 행을 삭제합니다. "숨비소비"와 "동시입수" 사이에 두 개의 빈 행을 추가합니다. |

❶ 슬라이드4에 있는 표의 '구분' 행을 선택한 후 [표 도구] - [레이아웃] 탭 - [행 및 열] 그룹 - [삭제] - [행 삭제]를 클릭합니다.
❷ '숨비소비' 행에 커서를 두고 [표 도구] - [레이아웃] 탭 - [행 및 열] 그룹 - [아래에 삽입]을 두 번 클릭합니다.

| 작업 4 | 슬라이드5에 있는 차트에 범례 표지 포함 데이터 테이블을 추가합니다. |

❶ 슬라이드5에서 차트를 선택합니다.
❷ [차트 도구] - [디자인] 탭 - [차트 레이아웃] 그룹 - [차트 요소 추가] - [데이터 테이블] - [범례 표지 포함]을 클릭합니다.

| 작업 5 | 슬라이드 노트의 복사본이 가로 방향으로 4부 인쇄되도록 인쇄 옵션을 설정합니다. 첫 슬라이드의 복사본 4부가 모두 인쇄된 후 두 번째 슬라이드의 복사본이 인쇄되어야 합니다. |

❶ [파일] 탭 - [인쇄]를 클릭합니다.
❷ 인쇄 대상에서 [인쇄 모양]의 [슬라이드 노트]를 선택합니다.
❸ 복사본을 '4'로 입력하고, [한 부씩 인쇄]를 [한 부씩 인쇄 안 함]으로 설정합니다.
❹ 인쇄 방향을 [가로 방향]으로 설정합니다.

프로젝트 04

◉ 완성 파일 : 프로젝트4(완성).pptx

| 작업 1 | 슬라이드 마스터에서 제목 위치에 화강암 질감 채우기를 적용합니다. 제목 슬라이드의 제목에는 화강암 질감을 채우지 않습니다. |

❶ Shift + 🖻 를 함께 눌러 슬라이드 마스터 보기 화면으로 이동합니다.
❷ 슬라이드 목록 창에서 최상위에 있는 슬라이드 마스터를 선택한 후 제목 텍스트 상자를 클릭합니다.
❸ [그리기 도구] - [서식] 탭 - [도형 스타일] 그룹 - [도형 채우기] - [질감] - [화강암]을 클릭합니다.

| 작업 2 | 슬라이드2에서 그림을 위쪽 방향으로 이동하는 선 이동 경로 애니메이션을 적용합니다. |

❶ 슬라이드2에서 그림을 선택한 후 [애니메이션] 탭 - [애니메이션] 그룹의 자세히 단추(▼)를 클릭하고 [이동 경로]의 [선]을 클릭합니다.
❷ [애니메이션] 탭 - [애니메이션] 그룹 - [효과 옵션] - [위쪽]을 클릭합니다.

| 작업 3 | 유인물 머리글에서 날짜를 나타내는 지정자를 제거합니다. |

❶ [보기] 탭 - [마스터 보기] 그룹 - [유인물 마스터]를 클릭합니다.
❷ [유인물 마스터] 탭- [개체 틀] 그룹에서 [날짜]의 체크를 해제합니다.
❸ [유인물 마스터] 탭 - [닫기] 그룹 - [마스터 보기 닫기]를 클릭합니다.

> **작업 4** 각 슬라이드를 3초씩 사용하여 프레젠테이션의 예행 연습을 진행합니다. 소요된 시간은 저장합니다.

❶ [슬라이드쇼] 탭 - [설정] 그룹 - [예행 연습]을 클릭합니다.
❷ 슬라이드 쇼가 시작됨과 동시에 녹화 도구 모음이 표시됩니다.
❸ 녹화 도구 모음의 시간이 3초면 [다음]을 클릭합니다.
❹ 마지막 슬라이드까지 예행 연습이 진행되면 슬라이드 쇼에 걸린 총 소요 시간을 표시해주는 대화상자가 나타납니다. 예행 연습이 진행된 시간을 저장하기 위해 [예] 단추를 클릭합니다.

> **작업 5** PowerPoint에 눈금선을 표시하고 개체를 눈금에 맞춰 이동시키도록 설정합니다.

❶ [보기] 탭 - [표시] 그룹의 표시 아이콘(🖼)을 클릭합니다.
❷ [눈금 및 안내선] 대화상자에 맞추기의 '개체를 눈금에 맞춰 이동'와 눈금 설정의 '화면에 눈금 표시'에 체크한 후 [확인] 단추를 클릭합니다.

프로젝트 05

● 완성 파일 : 프로젝트5(완성).pptx

> **작업 1** 모든 슬라이드의 전환 기간을 2초로 변경하고, 5초 이후에 자동으로 전환하도록 설정합니다.

❶ [전환] 탭 - [타이밍] 그룹에서 기간을 '02.00'으로 설정합니다.
❷ [전환] 탭 - [타이밍] 그룹에서 화면 전환의 [다음 시간 후]에 체크하고 '00:05.00'으로 설정합니다.
❸ 모든 슬라이드에 적용하기 위해 [타이밍] 그룹 - [모두 적용]을 클릭합니다.

> **작업 2** 슬라이드2에 있는 원형에 적용된 애니메이션을 제거합니다.

❶ 슬라이드2에서 원형을 선택합니다.
❷ [애니메이션] 탭 - [애니메이션] 그룹의 자세히 단추(▼)를 클릭하고 [없음]을 클릭합니다.

> **작업 3** 슬라이드3에서 빗면 사각형을 클릭할 때 SmartArt 그래픽 애니메이션이 재생되도록 시작 트리거를 설정합니다.

❶ 슬라이드3에서 SmartArt 그래픽을 선택합니다.
❷ [애니메이션] 탭 - [고급 애니메이션] 그룹 - [트리거] - [클릭할 때] - [사각형 : 빗면]을 클릭합니다.

> **작업 4** 슬라이드4에 있는 표 오른쪽에 *선호도차트.xlsx* 파일의 차트를 추가합니다.

❶ 슬라이드4에서 개체를 삽입하기 위해 [삽입] 탭 - [텍스트] 그룹 - [개체(🗖)]를 클릭합니다.
❷ [개체 삽입] 대화상자에서 '파일로부터 만들기'를 선택한 후 [찾아보기] 단추를 클릭합니다.
❸ [찾아보기] 대화상자에서 '선호도차트.xlsx'를 선택한 후 [확인] 단추를 클릭합니다.
❹ [개체 삽입] 대화상자에서 다시 [확인] 단추를 클릭합니다.
❺ 삽입된 차트는 드래그하여 표의 오른쪽에 배치합니다.

| 작업 5 | 파일에 쓰기 암호를 "9999"로 설정합니다. 암호를 설정한 후 프레젠테이션을 저장합니다. |

❶ [파일] 탭 - [정보]에서 [프레젠테이션 보호] - [암호 설정]을 클릭합니다.
❷ [문서 암호화] 대화상자의 암호에 '9999'를 입력한 후 [확인] 단추를 클릭합니다. [암호 확인] 대화상자가 나타나면 다시 한 번 암호를 입력한 후 [확인] 단추를 클릭합니다.
❸ [파일] 탭 - [저장]을 클릭합니다.

프로젝트 06

◉ 완성 파일 : 프로젝트6(완성).pptx

| 작업 1 | 슬라이드3에서 6까지를 사용해 "인쇄"라는 이름의 슬라이드 쇼를 재구성합니다. |

❶ [슬라이드 쇼] 탭 - [슬라이드 쇼 시작] 그룹 - [슬라이드 쇼 재구성] - [쇼 재구성]을 클릭합니다.
❷ [쇼 재구성] 대화상자에서 [새로 만들기] 단추를 클릭합니다.
❸ [쇼 재구성 하기] 대화상자의 슬라이드 쇼 이름에 '인쇄'라고 입력한 후 프레젠테이션에 있는 슬라이드에서 3, 4, 5, 6 슬라이드에 체크하고 [추가] 단추를 클릭합니다.
❹ 재구성한 쇼에 있는 슬라이드에 3, 4, 5, 6 슬라이드가 추가된 것을 확인한 후 [확인] 단추를 클릭합니다.
❺ [쇼 재구성] 대화상자에서 [닫기] 단추를 클릭합니다.

| 작업 2 | 슬라이드3에서 강한 효과-녹색, 강조6 스타일을 구름 도형에 적용합니다. |

❶ 슬라이드3에 있는 구름 도형을 선택합니다.
❷ [그리기 도구] - [서식] 탭 - [도형 스타일] 그룹의 자세히 단추(▽)를 클릭하고 [강한 효과-녹색, 강조6]을 선택합니다.

| 작업 3 | 슬라이드3의 텍스트의 애니메이션을 복사하여 슬라이드4의 텍스트에 적용합니다. |

❶ 슬라이드 3에서 있는 텍스트 상자를 선택한 후 [애니메이션] 탭 - [고급 애니메이션] 그룹 - [애니메이션 복사]를 클릭합니다.
❷ 슬라이드4에 있는 텍스트 상자를 클릭합니다.

| 작업 4 | 슬라이드5에 있는 표에서 2행 1열부터 3행 1열까지 셀 병합하고, 4행 1열부터 6행 1열까지 셀 병합합니다. |

❶ 슬라이드5에 있는 표에서 2행 1열부터 3행 1열까지 선택한 후 [표 도구] - [레이아웃] 탭 - [병합] 그룹 - [셀 병합]을 클릭합니다.
❷ 표에서 4행 1열부터 6행 1열까지 선택한 후 [표 도구] - [레이아웃] 탭 - [병합] 그룹 - [셀 병합]을 클릭합니다.

| 작업 5 | 슬라이드6에 있는 차트에 레이아웃7을 적용하고, 축 제목은 보이지 않게 설정합니다. |

❶ 슬라이드6에 있는 차트를 선택한 후 [차트 도구] - [디자인] 탭 - [차트 레이아웃] 그룹 - [빠른 레이아웃] - [레이아웃7]을 클릭합니다.
❷ 축 제목을 숨기기 위해 차트를 선택한 후 ⊞(차트 요소)를 클릭하고 [축 제목]의 체크를 해제합니다.

모의고사 해설 247

프로젝트 07

> 완성 파일 : 프로젝트7(완성).pptx

작업 1   프레젠테이션에 있는 미디어 파일을 표준으로 압축합니다.

1. [파일] 탭 - [정보]에서 [미디어 압축] - [표준(480p)]를 클릭합니다.
2. 미디어 압축이 진행되고 압축이 완료되면 [미디어 압축] 대화상자의 [닫기] 단추를 클릭합니다.

작업 2   슬라이드2에서 텍스트의 애니메이션을 2초가 지난 다음에 3초 동안 효과가 실행도록 변경합니다.

1. 슬라이드2에 있는 텍스트 상자를 클릭합니다.
2. [애니메이션] 탭 - [타이밍] 그룹에서 시작을 [이전 효과 다음에]로 설정합니다.
3. [애니메이션] 탭 - [타이밍] 그룹의 재생 시간은 '03.00', 지연은 '02.00'으로 설정합니다.

작업 3   슬라이드4에서 차트 왼쪽에 열 3개와 행 4개로 이루어진 표를 추가합니다.

1. 슬라이드4에서 [삽입] 탭 - [표] 그룹 - [표] - [표 삽입]을 클릭합니다.
2. [표 삽입] 대화상자에서 열 개수는 '3', 행 개수는 '4'로 설정한 후 [확인] 단추를 클릭합니다.

작업 4   제목 슬라이드를 제외한 모든 슬라이드에 슬라이드 번호를 표시하고, 슬라이드2부터 시작 번호가 1이 되도록 적용합니다.

1. [삽입] 탭 - [텍스트] 그룹 - [슬라이드 번호 삽입(▣)]을 클릭합니다.
2. [머리글/바닥글] 대화상자에서 '슬라이드 번호'와 '제목 슬라이드에는 표시 안 함'에 체크 표시한 후 [모두 적용] 단추를 클릭합니다.
3. 슬라이드 시작 번호를 변경하기 위해 [디자인] 탭 - [사용자 지정] 그룹 - [슬라이드 크기] - [사용자 지정 슬라이드 크기]를 클릭합니다.
4. [슬라이드 크기] 대화상자에서 슬라이드 시작 번호를 '0'으로 설정한 후 [확인] 단추를 클릭합니다.

작업 5   프레젠테이션을 최종본으로 표시합니다.

1. [파일] 탭 - [정보]에서 [프레젠테이션 보호] - [최종본으로 표시]를 클릭합니다.
2. 이 프레젠테이션이 최종본으로 표시되고 저장된다는 대화상자가 나타나면 [확인] 단추를 클릭합니다.
3. 이 문서가 최종본으로 표시된다는 대화상자가 나타나면 [확인] 단추를 클릭합니다.